BARRON'S

VISUAL DICTIONARY
ITALIAN

CONTENTS
SOMMARIO

14

PEOPLE
PERSONE

36

AT HOME
A CASA

66

FOOD AND DRINK
CIBI E BEVANDE

104

ON THE GO
IN GIRO

130

IN THE CITY
IN CITTÀ

152

EDUCATION AND WORK
ISTRUZIONE E LAVORO

176

COMMUNICATION
COMUNICAZIONE

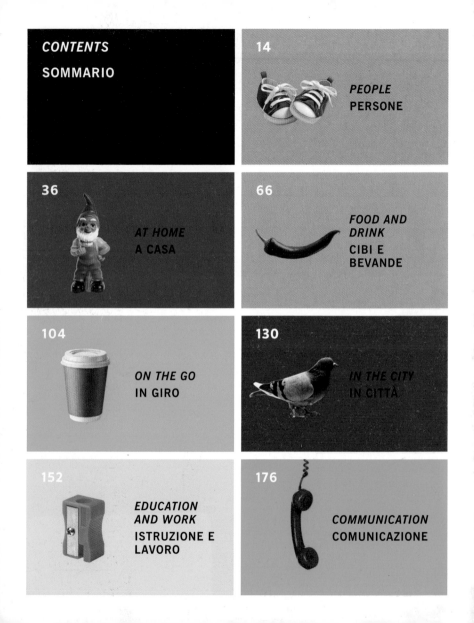

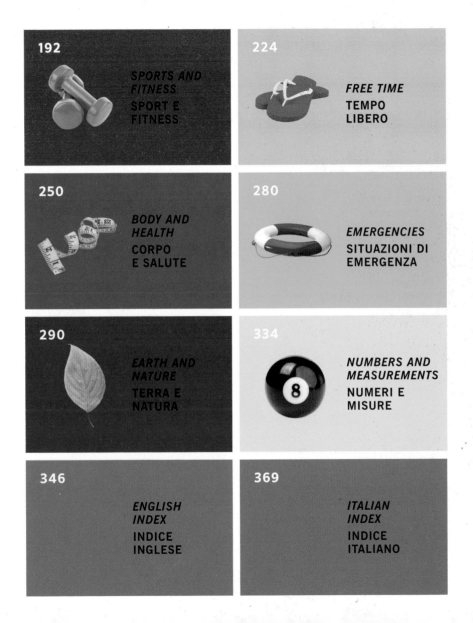

192

SPORTS AND FITNESS

SPORT E FITNESS

224

FREE TIME

TEMPO LIBERO

250

BODY AND HEALTH

CORPO E SALUTE

280

EMERGENCIES

SITUAZIONI DI EMERGENZA

290

EARTH AND NATURE

TERRA E NATURA

334

NUMBERS AND MEASUREMENTS

NUMERI E MISURE

346

ENGLISH INDEX

INDICE INGLESE

369

ITALIAN INDEX

INDICE ITALIANO

PEOPLE –
PERSONE 14

FAMILY – **LA FAMIGLIA** 16
Family tree – L'albero genealogico 16

RELATIONSHIPS – **RAPPORTI** 18
Family and life's phases –
Famiglia e fasi della vita 18
Saying hello and goodbye –
Salutare e congedare 19

LIFE'S MILESTONES – **EVENTI DELLA VITA** 20
Celebrations – Festività 20
Turning points – Svolte 21

DESCRIBING PEOPLE –
DESCRIVERE PERSONE 22
The face – Il viso 22
Hair – I capelli 23
Outer appearance – L'aspetto esteriore 24
Feelings and personality –
Sentimenti e carattere 25

CLOTHING – **L'ABBIGLIAMENTO** 27
Baby things – Corredino 27
Unisex clothing – Abbigliamento unisex 28
Menswear – Abbigliamento maschile 29
Women's clothing – Abbigliamento per signora 30
Accessories – Accessori 32
Shoes and leather goods – Scarpe e pelletterie 33

PERSONAL HYGIENE –
LA CURA DEL CORPO 34

COSMETICS – **TRUCCHI** 35

AT HOME –
A CASA 36

THE APARTMENT – **L'APPARTAMENTO** 38

THE HOUSE – **LA CASA** 40
The entrance foyer – L'entrata 41
The living room – Il soggiorno 42
The dining room – La sala da pranzo 43
The kitchen – La cucina 44
Kitchen appliances – Utensili da cucina 45
Cooking and baking utensils –
Utensili di cucina e pasticceria 46
The bedroom – La camera da letto 49
The nursery – La camera dei bambini 50
The teenager's bedroom – La camera dei ragazzi 51

The study – Lo studio 52
The bathroom – La stanza da bagno 53
Heating and plumbing – Impianti sanitari 54
In the bathroom – In bagno 55
The laundry room – La lavanderia 56
Cleaning equipment – Prodotti per la pulizia 57
The workshop – L'atelier di bricolage 58
Decorating – Ristrutturare 61
Electricity and heating –
Impianti di corrente e di riscaldamento 62

THE GARDEN – **IL GIARDINO** 63
Gardening tools – Attrezzi da giardino 64
Garden work – Il giardinaggio 65

FOOD AND DRINK –
CIBI E BEVANDE 66

ANIMAL PRODUCTS –
PRODOTTI ANIMALI 68
Meat – Carne 68
Poultry – Pollame 69
Fish – Pesce 70
Seafood – Frutti di mare 71
Dairy products and eggs – Latticini e uova 72

VEGETABLES – **ORTAGGI** 74
Root vegetables – Radici commestibili 75
Leafy vegetables – Ortaggi a foglia 76
Fruit vegetables – Ortaggi a frutto 77
Legumes – Legumi 78

FRUIT – **FRUTTA** 79
Berries and stone fruits –
Bacche e frutta a nocciolo 79
Exotic fruit – Frutta esotica 80
Citrus fruit and melons – Agrumi e meloni 81
Nuts and dried fruit – Noci e frutta secca 82

HERBS AND SPICES – **ERBE ED AROMI** 83
Herbs – Erbe aromatiche 83
Spices – Spezie 84
Seasoning and sauces – Aromi e salse 85

GRAINS AND FLOUR – **CEREALI E FARINA** 86
Bread – Pane 88
Spreads –
Alimenti da spalmare sul pane 89
Cakes and pastries – Dolci e pasticcerie 90
Desserts – Dolci 91

DRINKS – **BEVANDE** **92**
Soft drinks – Bibite 92
Hot drinks – Bevande calde 93
Alcoholic drinks – Bevande alcoliche 94

COOKING – **CUCINARE** **95**
Food preparation – Preparazione 95

MEALS AND DISHES –
PASTI E PIATTI **96**
Breakfast – La colazione 96
Snacks and sweets –
Spuntini e snack 98
Fast food – Il fastfood 99
Main dishes – Pasto principale 100
In a restaurant – Al ristorante 101
Dishes and flatwear – Stoviglie e posate 102

FOOD AND DIET – **CIBO E DIETA** **103**

ON THE GO –
IN GIRO **104**

ROADS AND TRAFFIC –
STRADE E TRAFFICO **106**
Road signs – Segni stradali 108

THE CAR – **L'AUTOMOBILE** **109**
Types of car – Tipi di automobili 109
The car exterior –
L'esterno dell'automobile 110
The car interior –
L'interno dell'automobile 112
At the gas station – Alla stazione di servizio 113

THE BUS – **L'AUTOBUS** **115**

THE MOTORCYCLE – **LA MOTOCICLETTA** **116**

THE BICYCLE – **LA BICICLETTA** **118**

THE TRUCK –
IL CAMION **120**

MORE VEHICLES – **ULTERIORI VEICOLI** **121**

THE TRAIN – **IL TRENO** **122**
At the train station – Alla stazione ferroviaria 123

THE AIRPLANE – **L'AEREO** **124**
Inside the airplane – In aereo 125
At the airport – All'aeroporto 126

THE SHIP – **LA NAVE** **128**
At the port – Al porto 129

IN THE CITY –
IN CITTÀ **130**

THE CITY CENTER – **IL CENTRO CITTÀ** **132**
Buildings in the center of the city –
Edifici in centro 134
On the streets – Per strada 135
The hotel – L'albergo 136
The bank – La banca 138

SHOPPING – **ACQUISTI** **140**
At the stores – Negozi e botteghe 140
The shopping mall –
Il centro commerciale 142
The department store – Il grande magazzino 143
The supermarket – Il supermercato 144
The newsstand – L'edicola 146

CAFÉS AND BARS – **CAFFETTERIE E BAR** **147**

THE SIGHTS –
ATTRAZIONI TURISTICHE **148**

ARCHITECTURE –
L'ARCHITETTURA **149**

PARKS AND PLAYGROUNDS –
PARCHI E CAMPI DA GIOCO **150**

EDUCATION AND WORK –
ISTRUZIONE E LAVORO **152**

AT SCHOOL – **A SCUOLA** **154**
In the classroom – In aula 155
School subjects – Le materie scolastiche 156
In the laboratory – Nel laboratorio 158
At lunch time – Durante la ricreazione 160
The gymnasium – La palestra 161

AT COLLEGE – **ALL'UNIVERSITÀ** **162**

THE WORLD OF WORK –
IL MONDO DEL LAVORO **165**
Job applications – La domanda di assunzione 165
Occupations – Professioni e mestieri 166
Organizational structure – L'organigramma 170

THE OFFICE – **L'UFFICIO** **172**
Office furniture – Mobili da ufficio 172
Office supplies – L'occorrente per ufficio 173
Conference room – La sala conferenze 174
Office life – La vita d'ufficio 175

COMMUNICATION – COMUNICAZIONE 176

THE COMPUTER – IL COMPUTER 178
The desktop computer – Il computer desktop 178
Hardware and equipment – Hardware e accessori 179
Working on a computer – Lavorare al computer 180
The Internet – L'internet 182
Mobile devices – Terminali mobili 183

THE TELEPHONE – IL TELEFONO 184

THE MEDIA – I MEDIA 185
Television – La televisione 185
Radio – La radio 187
Print – La stampa 188

THE POST OFFICE – LA POSTA 190

SPORTS AND FITNESS – SPORT E FITNESS 192

BALL SPORTS – GLI SPORT CON LA PALLA 194
Soccer – Il calcio 194
Handball – La pallamano 197
Volleyball – La pallavolo 198
Basketball – La pallacanestro 199

OTHER BALL SPORTS – ALTRI SPORT CON LA PALLA 200

RACKET SPORTS – GLI SPORT CON RACCHETTE 201
Badminton – Il badminton 201
Tennis – Il tennis 202
Table tennis – Il ping pong 203

GOLF – IL GOLF 204

ATHLETICS – L'ATLETICA LEGGERA 206

GYMNASTICS – LA GINNASTICA 207

WATER SPORTS – GLI SPORT ACQUATICI 208
Swimming – Il nuoto 208
Sailing – La vela 210
Diving – L'immersione 211
Surfing – Il surf 212

MARTIAL ARTS – LO SPORT DI COMBATTIMENTO 213

EQUESTRIAN SPORTS – GLI SPORT EQUESTRI 214

FISHING – LA PESCA CON L'AMO 216

WINTER SPORTS – GLI SPORT INVERNALI 218

OTHER SPORTS – ALTRI TIPI DI SPORT 220

FITNESS – IL FITNESS 222

FREE TIME – TEMPO LIBERO 224

THEATER – IL TEATRO 226

MUSIC – LA MUSICA 228
The orchestra – L'orchestra 228
Musical instruments – Gli strumenti musicali 229
Concerts – I concerti 232
Listening to music – Ascoltare musica 233

HOBBIES – GLI HOBBY 234
Arts and crafts – Arte e bricolage 235
Sewing and knitting – Cucito e lavori a maglia 238
Movies – Il cinema 241
Photography – Fotografia 242
Games – Giochi 244

VACATION – VACANZE 246
At the beach – In spiaggia 246
Camping – Il campeggio 248

BODY AND HEALTH – CORPO E SALUTE 250

THE BODY – IL CORPO 252
Hand and foot – La mano e il piede 254
The head – La testa 255
Muscles – I muscoli 256
The skeleton – Lo scheletro 257
Internal organs – Gli organi interni 258
The body's systems – I sistemi fisiologici 259
Sex organs – Gli organi genitali 260

PREGNANCY AND BIRTH – GRAVIDANZA E PARTO 262

AT THE DOCTOR'S – DAL MEDICO 264

SYMPTOMS AND ILLNESSES – SINTOMI E MALATTIE 265

DISABILITIES – DISABILITÀ 268

INJURIES – FERITE 269

AT THE DENTIST'S – DAL DENTISTA 270

AT THE OPTOMETRIST – DALL'OTTICO 272

IN THE HOSPITAL – IN OSPEDALE 273
   Surgery – La chirurgia 274
   Emergency – Il reparto di pronto soccorso 275

THE PHARMACY – LA FARMACIA 276

ALTERNATIVE MEDICINE –
LA MEDICINA ALTERNATIVA 278

WELLNESS – BENESSERE 279

EMERGENCIES –
SITUAZIONI DI EMERGENZA 280

FIRST AID – PRONTO SOCCORSO 282

THE POLICE – LA POLIZIA 284

THE FIRE DEPARTMENT –
I VIGILI DEL FUOCO 286

IN THE MOUNTAINS – IN MONTAGNA 287

AT SEA – IN MARE 288

OTHER EMERGENCIES –
ALTRI CASI DI EMERGENZA 289

EARTH AND NATURE –
TERRA E NATURA 290

SPACE – IL COSMO 292

PLANET EARTH – LA TERRA 295

WORLD MAP – IL MAPPAMONDO 296

U.N. MEMBER STATES –
STATI MEMBRI DELL'O.N.U. 299
   Europe – Europa 299
   North and Central America –
   America settentrionale e America centrale 302
   South America – America del Sud 303
   Africa – Africa 304
   Asia – Asia 307
   Oceania – Oceania 310
   International organizations –
   Organizzazioni internazionali 311

THE WEATHER – IL TEMPO 312
   Natural disasters – Calamità naturali 314

THE LANDSCAPE – IL PAESAGGIO 315

ROCKS AND MINERALS –
PIETRE E MINERALI 317
   Precious and semi-precious stones –
   Pietre preziose e semipreziose 318

PLANTS – PIANTE 319
   Trees – Alberi 319
   Wild plants – Piante selvatiche 320
   Ornamental flowers – Piante ornamentali 321
   Garden plants – Piante da giardino 323

ANIMALS – ANIMALI 324
   Mammals – Mammiferi 324
   Birds – Uccelli 328
   Reptiles and amphibians – Rettili e anfibi 330
   Fish – Pesci 331
   Insects and spiders – Insetti e ragni 332

NUMBERS AND MEASUREMENTS –
NUMERI E MISURE 334

NUMBERS – I NUMERI 336
   Cardinal numbers – I numeri cardinali 336
   Ordinal numbers – I numeri ordinali 337
   Fractions – Le frazioni 338
   Numeric expressions – Espressioni numeriche 339

TIME – IL TEMPO 340
   The time of day – L'orologio 340
   Day and night – Giorno e notte 342
   The calender – Il calendario 343

MEASUREMENTS – LE MISURE 344

WEIGHT – IL PESO 345

CURRENCY – LA VALUTA 345

ENGLISH INDEX –
INDICE INGLESE 346

ITALIAN INDEX –
INDICE ITALIANO 369

IMAGES ACTIVATE THE MEMORY –
BUT HOW?

Dear reader,

For many years educational psychologists have encouraged the use of images in language study. Perhaps this is something you have experienced yourself—if you see a word coupled with an image, your memory is more likely to be activated than if you simply encounter the written word on its own. So if your goal is to understand and memorize vocabulary as well as to simply look it up, combining words with images is an effective way of ensuring greater levels of success. This is due to a few simple reasons:

→ **Images affect us more quickly and more directly than text alone.** As small children we think in images and are able to interpret and absorb them intuitively. When these pictures are linked to words, they form a unit that the mind is able to process and store efficiently.

→ **Images support comprehension.** They provide us with a context and deliver much more information than words alone.

→ **Images speak to us on an emotional level.** They capture our interest, increase our motivation, and lodge themselves in our memory in a way that pure text fails to.

→ **Images are fun.** While blocks of text may deter us, pictures keep the learning process light and easy—and that keeps us going longer.

See it, understand it, memorize it—that's how simple visual learning can be. Why don't you give it a try?

Yours,

Barron's Dictionaries

APPRENDERE PIÙ FACILMENTE CON L'AIUTO
DELLE IMMAGINI – COME SI SPIEGA?

Cara lettrice, caro lettore,

l'importanza delle immagini nell'apprendere nuovi vocaboli è già nota da tempo grazie alla psicologia dell'apprendimento. Le è mai capitato di vedere un'immagine abbinata ad una parola che poi ha memorizzato molto prima rispetto alla semplice versione scritta? E qualora non voglia accontentarsi della semplice consultazione del dizionario, bensí desideri comprendere nonché tenere in mente un'espressione, le immagini Le saranno utili a memorizzare prima e anche meglio i vocaboli. Le ragioni sono semplici:

→ **Le immagini operano in modo più rapido ed immediato rispetto ad un semplice testo.** Già da bambini ragioniamo utilizzando immagini che siamo capaci di decifrare, interpretare ed assimilare. Abbinate ad un vocabolo, formano un'unità che il nostro cervello è in grado di elaborare e memorizzare con un alto grado di efficienza.

→ **Le immagini facilitano e agevolano la comprensione.** Rivelano correlazioni e forniscono decisamente più informazioni di un semplice testo.

→ **Le immagini stimolano emozioni.** Suscitano il nostro interesse, accrescono la nostra motivazione e restano meglio impresse nella nostra memoria rispetto ad un semplice testo.

→ **Le immagini suscitano piacere.** Laddove un testo troppo lungo potrebbe scoraggiare, le illustrazioni fan sì che l'apprendimento risulti piacevole tenendoci più a lungo coinvolti.

Vedere, comprendere e prontamente memorizzare—l'apprendimento visivo può risultare davvero facile. Ne faccia la prova!

La Sua

Redazione Barron's

HOW TO GET THE MOST OUT OF YOUR DICTIONARY

strawberry
la fragola

raspberry
il lampone

blackberry
la mora

blueberry
il mirtillo

Whether you're just starting out or already have sound knowledge of your chosen language—this dictionary is the perfect companion. With around 7,500 terms in each language, it covers all areas of day-to-day usage. The combination of word and image helps you to look up, translate, and memorize words with ease. Before you start, here are a few tips on how to get the most from your dictionary:

Che Lei abbia appena iniziato ad apprendere una lingua straniera o ne possa già vantare una buona conoscenza: Il presente dizionario è un compagno ideale. Per ciascuna lingua vi sono all'incirca 7.500 voci che coprono tutti i campi della vita quotidiana. L'abbinamento parola-immagine Le permette di trovare prontamente un determinato termine, di tradurlo e memorizzarlo senza sforzo. Ecco qualche consiglio su come trarre il massimo vantaggio dall'uso del presente dizionario:

1. Learning words in context

You are more likely to remember words if you learn them in context. For this reason we have divided the dictionary according to different aspects of everyday living. Whichever topic you start with—be it shopping, clothing, groceries, or family—try to regard the subject in its entirety and memorize as many words belonging to it as possible. You will be amazed how many words you learn in no time at all.

1. Apprendere i vocaboli nel loro contesto

La memorizzazione dei vocaboli avviene in modo più rapido se vengono appresi nel loro contesto. Il presente dizionario è quindi suddiviso in ambiti tematici tratti dalla vita quotidiana. Indipendentemente dall'argomento nel quale intenda immergersi—che si tratti di acquisti, abbigliamento, generi alimentari o della famiglia—nell'apprendere nuovi vocaboli, Le raccomandiamo di considerare l'argomento in modo globale e di tentare di assimilare una quantità possibilmente ampia di vocaboli inerenti all'argomento in questione. Stenterà a credere di quanto si sia arricchito il Suo lessico in brevissimo tempo.

COME UTILIZZARE PROFICUAMENTE IL DIZIONARIO ILLUSTRATO

Congratulations!	Auguri!
Happy Birthday!	Buon compleanno!
What time is it, please?	Che ore sono?
It's two o'clock.	Sono le due.
Enjoy your meal!	Buon appetito!
Cheers!	Alla salute!

① ②

2. Key phrases at a glance

Whether asking for the time or saying happy birthday, you will find the most frequent and important phrases surrounding a topic in each of the 13 chapters. Master these key sentences and you will have laid the foundations for sound communication skills.

2. Specchietti con la fraseologia essenziale

Chiedere l'ora o fare gli auguri di buon compleanno in un'altra lingua: Nei 13 capitoli tematici troverà accanto all'abbinamento termine-immagine le frasi indispensabili per le situazioni più frequenti. Raccomandiamo di memorizzare per bene tali frasi, ed ecco che disporrà di una solida base per comunicare con successo.

| ENGLISH INDEX – INDICE INGELSE | 346 |
| ITALIAN INDEX – INDICE ITALIANO | 369 |

③

gluten-free
senza glutine

lactose-free
delattosizzato

④

3. Translating quickly and easily

In a hurry? Simply look up a translation in the alphabetical index at the back of the book. Here you'll find every Italian and English word you need in no time.

3. Traduzione alla mano

Quando bisogna fare presto, basta consultare l'elenco in appendice per trovare la traduzione esatta. Vi è riportata ciascuna voce sia in tedesco sia in italiano in ordine alfabetico, permettendo quindi una consultazione rapida.

4. In emergencies

Pictures are universal and understood by all. Should you ever find yourself short of the words you need, simply point to what you want to say. Whether you are in a hotel, a restaurant, or out and about—pictures help you to communicate, without language wherever in the world you may be.

4. In caso di emergenza

Il linguaggio delle immagini è universale, compreso da tutti i popoli. Se poi Le dovesse capitare di rimanere senza parole, è sufficiente che Lei indichi la relativa illustrazione. In albergo, al ristorante o per strada—sarà in grado di farsi capire in qualsiasi parte del mondo pur non conoscendo la lingua del luogo.

bank clerk
l'impiegata bancaria

teacher
l'insegnante

engineer
l'ingegnere

waiter
il cameriere

Good to know

The terms in this dictionary are always given in the singular unless they are normally used only in their plural form.

Certain terms such as those denoting job titles may not always be gender-neutral. While it is important to treat male and female terms equally, space constraints in this dictionary have prevented us from always giving both variants. For this reason we have oriented ourselves according to the gender of the person shown in the respective image.

Cenni utili

Le voci contenute nel presente dizionario sono riportate al singolare. Ne fanno eccezione le voci che di norma sono utilizzate al plurale.

Nel caso di espressioni che si riferiscono a funzioni e professioni, abbiamo avuto cura di contemplare parimenti nonché equamente le forme sia maschili sia femminili. Non potendo, tuttavia, per penuria di spazio pubblicare immagini raffiguranti entrambi i sessi, siamo stati costretti ad optare per una delle due forme. In tali casi, il genere della voce fa sempre riferimento al genere della persona raffigurata nell'immagine.

PEOPLE

PERSONE

FAMILY – LA FAMIGLIA

Family tree – L'albero genealogico

father-in-law
il suocero

mother-in-law
la suocera

sister-in-law
la cognata

brother-in-law
il cognato

husband
il marito

wife
la moglie

son-in-law
il genero

daughter
la figlia

son
il figlio

grandson
il nipote

granddaughter
la nipote

FAMILY – **LA FAMIGLIA**
Family tree – L'albero genealogico

grandfather
il nonno

grandmother
la nonna

mother
la madre

father
il padre

aunt
la zia

uncle
lo zio

sister
la sorella

brother
il fratello

cousin
la cugina

niece
la nipote

nephew
il nipote

relative	il/la parente
grandparents	i nonni
parents	i genitori
married couple	i coniugi
ancestor	l'antenato
single	celibe (Mann)/nubile (Frau)
married	sposato
divorced	divorziato
engaged	fidanzato
widowed	vedovo
related	imparentato

RELATIONSHIPS – **RAPPORTI**

Family and life's phases – Famiglia e fasi della vita

Mr. ...
signor...

man
l'uomo

baby
il bebè

child
il bambino

woman
la donna

teenager
la giovane (donna)

twins
le gemelle

Mrs./Ms./Miss ...
signora...

boy
il ragazzo

girl
la ragazza

acquaintance
il/la conoscente

friends
gli amici

couple
la coppia

girlfriend
la ragazza

boyfriend
il ragazzo

adults	l'adulto
siblings	i fratelli e sorelle
godfather	il padrino
godmother	la madrina
stepfather	il patrigno
stepmother	la matrigna
stepbrother	il fratellastro
stepsister	la sorellastra
neighbor	il vicino
house guest	l'ospite

RELATIONSHIPS – RAPPORTI

Saying hello and goodbye – Salutare e congedare

to *introduce somebody*
presentare qualcuno

to *greet somebody*
salutare qualcuno

to *shake hands*
darsi la mano

to *bow*
inchinarsi

to *hug*
abbracciarsi

to *laugh*
ridere

to *cry*
piangere

to *say goodbye*
congedarsi

to *curtsy*
fare un inchino

to *wave*
salutare con un cenno
della mano

to *give somebody a kiss*
dare un bacio a qualcuno

to *call somebody*
telefonare a qualcuno

Hi!	Ciao!
Hello!	Buongiorno!
Good morning!	Buondì!
Good evening!	Buonasera!
What's your name?	Come ti chiami?
What's your name?	Come si chiama?
My name is ...	Mi chiamo...
Welcome!	Benvenuto!
Bye!	Ciao!
Goodbye!	Arrivederci!

small gift
il regalino

LIFE'S MILESTONES – **EVENTI DELLA VITA**

Celebrations – Festività

wedding
le nozze

birthday
il compleanno

Christmas
il Natale

Valentine's Day
il giorno di san Valentino

Thanksgiving
il Giorno del ringraziamento

Halloween
la festa di Halloween

New Year's Eve
Vigilia di Capodanno

Easter
la Pasqua

Hanukkah
la Chanukkah

Vesakh
il Vesak

Ramadan
la festa per la fine del
Ramadan

Chinese new year
il capodanno cinese

carnival
il carnevale

Diwali	la Diwali
Passover	la Pasqua ebraica
celebration	la festa
anniversary	l'anniversario di matrimonio
public holiday	la giornata festiva
Mother's day	la festa della mamma
Father's day	la festa del papà
christening	il battesimo
Congratulations!	Auguri!
Happy birthday!	Buon compleanno!

LIFE'S MILESTONES – EVENTI DELLA VITA

Turning Points – Svolte

birth
la nascita

kindergarten
l'asilo (nido)

first day of school
il primo giorno di scuola

prom
il ballo di fine anno (scolastico)

to get engaged
fidanzarsi

to fall in love
innamorarsi

entry into the workforce
l'accesso alla professione

graduation
la laurea

to marry
sposarsi

pregnancy
la gravidanza

to move
traslocare

to retire
andare in pensione

to come of age	raggiungere la maggiore età
to propose to somebody	fare una proposta di matrimonio a qualcuno
wedding dress	l'abito da sposa
bride	la sposa
groom	lo sposo
to start a family	metter su famiglia
divorce	il divorzio
to get divorced	divorziare
to die	morire

funeral
il funerale

DESCRIBING PEOPLE – DESCRIVERE PERSONE
The face – Il viso

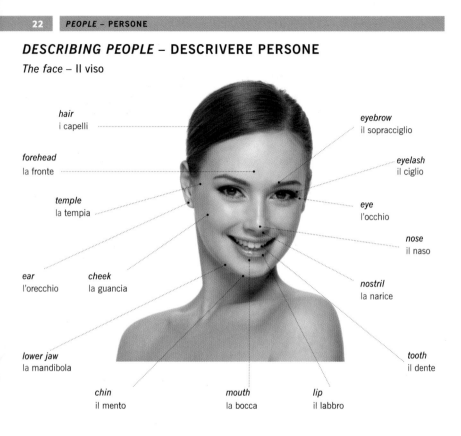

hair
i capelli

forehead
la fronte

temple
la tempia

ear
l'orecchio

cheek
la guancia

lower jaw
la mandibola

chin
il mento

mouth
la bocca

lip
il labbro

eyebrow
il sopracciglio

eyelash
il ciglio

eye
l'occhio

nose
il naso

nostril
la narice

tooth
il dente

to make a face
to fare una boccaccia

skin	la pelle
wrinkle	la ruga
mole	il neo
dimple	la fossetta
freckles	le lentiggini
pore	il poro
pimple	il brufolo

DESCRIBING PEOPLE – **DESCRIVERE PERSONE**

Hair – I capelli

wavy
ondulati

red-haired
dai capelli rossi

bun
lo chignon

brunette
bruni

short haircut
il taglio di capelli corti

graying
brizzolati

bangs
la frangia

highlights
le mèches

wig
la parrucca

layered style
il taglio scalato

bob
il caschetto

straight
lisci

blonde
biondi

dark
scuri

bald
calva

ponytail
la coda di cavallo

curly
ricciuti

braid
la treccia

DESCRIBING PEOPLE – DESCRIVERE PERSONE

Outer appearance – L'aspetto esteriore

beard
la barba

mustache
i baffi

young
giovane

old
anziana

muscular
muscoloso

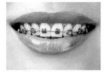

braces
l'apparecchio ortodontico

pale
pallido

tanned
abbronzata

green eyes
gli occhi verdi

brown eyes
gli occhi marroni

gray eyes
gli occhi grigi

blue eyes
gli occhi azzurri

attractive	attraente
pretty	carino
ugly	brutto
beautiful	bello
to judge somebody by his/her appearance	giudicare qualcuno dalle apparenze
slim	snello
fat	grasso
tall	alto
short	basso
scar	la cicatrice

DESCRIBING PEOPLE – **DESCRIVERE PERSONE**

Feelings and personality – Sentimenti e carattere

happy
felice

proud
fieri

surprised
sorpreso

excited
eccitato

embarrassed
imbarazzata

confused
confusa

shy
timido

pensive
pensieroso

curious
curioso

cute
carino

in love
innamorati

confident
sicuro di sè

open	aperto
tolerant	tollerante
patient	paziente
friendly	cortese
likeable	simpatico
nice	gentile
to smile	sorridere
I am annoyed/happy/sad.	Sono arrabbiato/contento/triste.

DESCRIBING PEOPLE – DESCRIVERE PERSONE

Feelings and personality – Sentimenti e carattere

sad
triste

stressed
stressato

irritated
arrabbiato

furious
furiosa

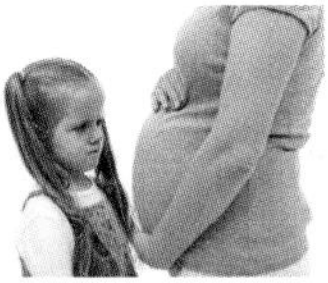

jealous
gelosa

scared
impaurita

nervous
nervosa

tired
stanco

disgusted
disgustato

stubborn
testardo

bored
annoiata

angry
infuriato

to frown	corrugare la fronte
upset	costernato
unpleasant	antipatico
desperate	disperato
envious	invidioso
impatient	impaziente
arrogant	arrogante
intolerant	intollerante
sensitive	sensibile

CLOTHING – L'ABBIGLIAMENTO
Baby things – Corredino

cloth diaper
il pannolino di stoffa

disposable diaper
il pannolino usa e getta

onesie
il body

snow suit
la tutina da neve

baby sleeping bag
il sacchetto da neonato

rattle
il sonaglio

romper
il pagliaccetto

mitten
il guantino

knitted hat
il cappellino

bootie
la scarpina

sun hat
il cappello da sole

sock
la calzetta

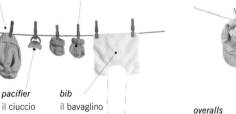

pacifier
il ciuccio

bib
il bavaglino

overalls
la salopette

receiving blanket
la copertina per neonato

baby bottle	il biberon
organic cotton	il cotone organico
made of synthetic material	di fibre sintetiche

CLOTHING – L'ABBIGLIAMENTO

Unisex clothing – Abbigliamento unisex

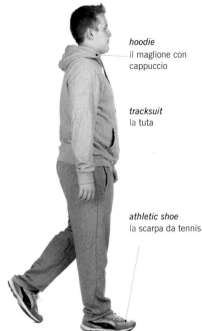

hoodie
il maglione con cappuccio

pajamas
il pigiama

slipper
la pantofola

tracksuit
la tuta

bathrobe
l'accappatoio

winter coat
il cappotto invernale

athletic shoe
la scarpa da tennis

raincoat
la giacca a vento

snow pants
i pantaloni da neve

May I please try this on?	Potrei provarlo?
Do you have this in a bigger/smaller size?	C'è una taglia più grande/piccola?
tight/loose	stretto/largo
short/long	corto/lungo
small/big	piccolo/grande
This fits nicely, I'll take it.	Va bene, lo prendo.
with short/long sleeves	con maniche corte/lunghe
button	il bottone
snap	il bottone automatico
buttonhole	l'asola

CLOTHING – **L'ABBIGLIAMENTO**

Menswear – Abbigliamento maschile

T-shirt
la maglietta

polo shirt
la polo

turtleneck
il maglione col collo alto

down vest
il gilè

sweater vest
il pull senza maniche

bow tie
il papillon

suit
il vestito

collar
il colletto

tie
la cravatta

shirt
la camicia

sports jacket
la giacca da uomo

trousers
i pantaloni

shorts
i pantaloncini

boxers
i boxer

underpants
le mutande

bathing suit
il costume da bagno

CLOTHING – L'ABBIGLIAMENTO

Women's clothing – Abbigliamento per signora

stockings	*tights*	*leggings*	*briefs*
la calza	la calzamaglia	i fuseaux	lo slip

bikini	*swimsuit*	*sports bra*	*bra*
il bikini	il costume da bagno	il reggiseno sportivo	il reggiseno

frill
la ruche

maternity wear	la moda premaman
seam	la cucitura
sleeve	la manica
hem	l'orlo
silk	la seta
lace	il merletto
size	la taglia
neckline	il décolleté
strapless	senza spalline
fitted	sciancrato
casual	casual
formal	formale
comfortable	comodo
stretchy	con stretch
fashionable	alla moda

CLOTHING – L'ABBIGLIAMENTO

Women's clothing – Abbigliamento per signora

bow
il fiocco

dress
il vestito

shoulder pad
la spallina

blazer
il blazer

top
il disopra

jeans
i jeans

ankle boot
lo stivaletto

camisole
il top

blouse
la camicetta

cardigan
la giacca di maglia

skirt
la gonna

shorts
gli shorts

straight-legged pants
i pantaloni a tubo

bell-bottoms
i pantaloni a zampa
d'elefante

boot-cut pants
i pantaloni bootcut

CLOTHING – L'ABBIGLIAMENTO

Accessories – Accessori

sun hat
il cappello da sole

hat
il cappello

glasses
gli occhiali

sunglasses
gli occhiali da sole

backpack
lo zaino

tiepin
lo spillo da cravatta

umbrella
l'ombrello

watch
l'orologio

suspenders
le bretelle

ring
l'anello

glove
il guanto

cap
il berretto

scarf
la sciarpa

earrings
l'orecchino

necklace
la collana

cuff links
il gemello

zipper	la cerniera lampo
Velcro®	la chiusura a strappo
cell phone case	la custodia per cellulare
travel bag	la borsa da viaggio
suitcase	la valigia

CLOTHING – L'ABBIGLIAMENTO
Shoes and leather goods – Scarpe e pelletterie

high heel
la scarpa décolleté

sandals
il sandalo

ballet flat
la ballerina

rain boot
lo stivale di gomma

flip-flop
l'infradito

boot
lo stivale alto

handbag
la borsetta

purse
il portamonete

wallet
il portafoglio

briefcase
la cartella

belt
la cintura

leather jacket
la giacca di pelle

oxford shoes
la scarpa con laccio

walking boot
lo scarpone
(da montagna)

sock
il calzino

shoelace	il laccio da scarpe
belt loop	il passante della cintura
wedge heel	lo zatterone
heel	il tacco
sole	la suola
strap	la cinghia
buckle	la fibbia

hiking sandal
il sandalo da trekking

sneakers
la scarpa da tennis

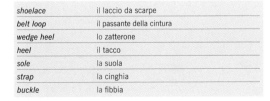

PERSONAL HYGIENE –
LA CURA DEL CORPO

toothpaste	*perfume*	*deodorant*	*face cream*	*comb*
il dentifricio	il profumo	il deodorante	la crema per il viso	il pettine

shower gel	*shampoo*	*conditioner*	*soap*	*hairbrush*
il doccia gel	lo shampoo	il balsamo	il sapone	la spazzola per capelli

sunscreen	*cosmetic bag*	*tweezers*	*nail scissors*	*nail file*
la crema solare	la trousse	la pinzetta	le forbici per le unghie	la limetta

hair clip
il fermacapelli

moisturizer	la crema idratante
to *pluck one's eyebrows*	tirarsi le sopracciglia
depilation	la depilazione
nail polish remover	il solvente per unghie
hair product	il prodotto per i capelli
to *blow-dry one's hair*	asciugarsi i capelli con il fon
to *straighten one's hair*	lisciarsi i capelli
scrunchie	l'elastico per capelli

COSMETICS – TRUCCHI

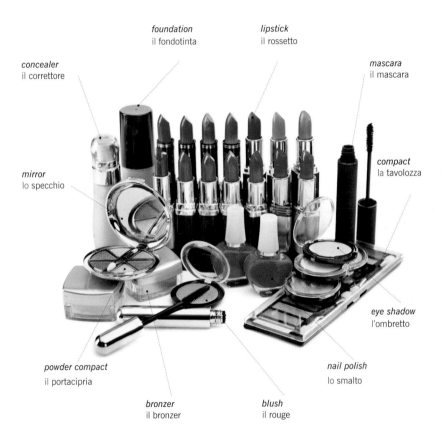

concealer
il correttore

foundation
il fondotinta

lipstick
il rossetto

mascara
il mascara

mirror
lo specchio

compact
la tavolozza

eye shadow
l'ombretto

powder compact
il portacipria

nail polish
lo smalto

bronzer
il bronzer

blush
il rouge

brush	il pennello
eyeliner	il kajal
lip gloss	il lucidalabbra
eyelash curler	il piegaciglia

AT HOME

A CASA

THE APARTMENT –
L'APPARTAMENTO

front-door key
la chiave di casa

intercom
il citofono

house number
il numero civico

doorbell
il campanello

door lock
la serratura

doormat
lo zerbino

mailbox
la cassetta delle lettere

detached house
la casa unifamiliare

*two semi-detached
houses*
la casa bifamiliare

townhouse
la casa a schiera

apartment building
la palazzina

bungalow
il bungalow

umbrella stand
il portaombrelli

condominium	l'appartamento di proprietà
rented apartment	l'appartamento in affitto
courtyard	il cortile
property	la proprietà
plot	il terreno
to remodel	la ristrutturazione
extension	il fabbricato aggiunto
for sale	in vendita

THE APARTMENT –
L'APPARTAMENTO

attic
il solaio

cellar
la cantina

hallway
il corridoio

elevator
l'ascensore

floor plan
la pianta

garage
il garage

carport
la tettoia per auto

old building
la vecchia costruzione

super
il custode

spiral staircase
la scala a chiocciola

smoke detector
il rivelatore di fumo

stairwell
la tromba delle scale

to rent	affittare
rent	il canone di locazione
to sublet	locare
landlord	il locatore
landlady	la locatrice
tenant (male)	il locatario
tenant (female)	la locataria
deposit	la cauzione

lease agreement
il contratto di locazione

THE HOUSE –
LA CASA

skylight	chimney	gutter	shingle
il lucernario	il comignolo	la grondaia	la tegola

dormer	first floor	roof	balcony
l'abbaino	il primo piano	il tetto	il balcone

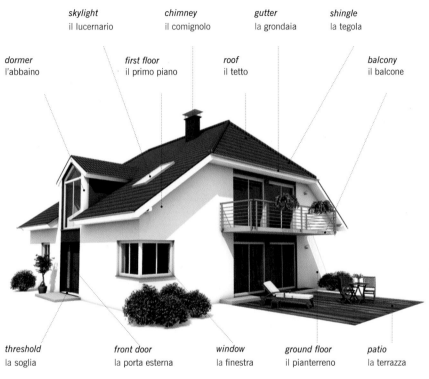

threshold	front door	window	ground floor	patio
la soglia	la porta esterna	la finestra	il pianterreno	la terrazza

detached house	la casa singola
new building	la nuova costruzione
three-room apartment	l'appartamento di tre camere
furnished	ammobiliato
floor	il piano
owner (male)	il proprietario
owner (female)	la proprietaria
to take out a mortgage	accendere un'ipoteca

THE HOUSE – **LA CASA**
The entrance foyer – L'entrata

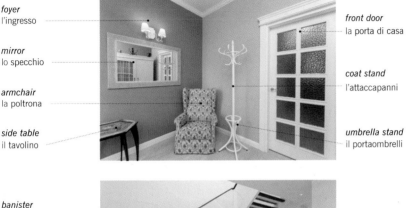

foyer
l'ingresso

mirror
lo specchio

armchair
la poltrona

side table
il tavolino

front door
la porta di casa

coat stand
l'attaccapanni

umbrella stand
il portaombrelli

banister
la ringhiera delle scale

stairs
la scala

landing
il pianerottolo

step
il gradino

key hooks
il portachiavi da parete

coat hook
il gancio attaccapanni

coat hanger
la gruccia appendiabiti

shoehorn
il calzascarpe

THE HOUSE – LA CASA

The living room – Il soggiorno

mirror lo specchio	*fan* il ventilatore	*picture frame* la cornice
curtain la tenda	*ceiling* il soffitto	*painting* il dipinto

sofa
il divano

lamp
la lampada

cushion
il cuscino del divano

end table
l'armadietto

mantel
la mensola del caminetto

ottoman
lo sgabello imbottito

carpeting
la moquette

fireplace
il caminetto

armchair
la poltrona

coffee table
il tavolino da sofà

sofa bed
il divano letto

cabinet
la vetrina

TV stand
il porta TV

bookshelf
la libreria

THE HOUSE – LA CASA
The dining room – La sala da pranzo

roller shades la persiana avvolgibile	*chandelier* il lampadario a bracci	*cabinet* la vetrina	*houseplant* la pianta da appartamento

window sill il davanzale	*runner* il runner da tavolo	*candle* la candela	*chair* la sedia

dining table la tavola	*table decoration* gli addobbi da tavola	*hardwood floor* il tavolato

vase il portafiori	*sideboard* la credenza	*wall clock* l'orologio a muro	*high chair* il seggiolone

THE HOUSE – LA CASA

The kitchen – La cucina

custom kitchen la cucina componibile	*recessed lights* il faretto da incasso	*range hood* la cappa di estrazione

countertop il piano di lavoro	*wall cabinet* il pensile	*control knob* l'interruttore per forno	*stove* la stufa	*oven* il forno

sink il lavello	*kitchen stool* lo sgabello da cucina	*drawer* il cassetto	*fridge* il frigorifero

breakfast bar il banco colazione	*dishwasher* la lavastoviglie	*freezer* il congelatore

dish towel
lo strofinaccio

garbage pail	la pattumiera
waste separation	la separazione dei rifiuti
packaging	l'imballaggio
glass for recycling	il vetro usato
to *preheat the oven*	preriscaldare il forno
to *run the dishwasher*	avviare la lavastoviglie
to *thaw food*	scongelare il cibo
to *drain the sink*	mettere i piatti a sgocciolare

THE HOUSE – LA CASA
Kitchen appliances – Utensili da cucina

hand-held blender
il frullatore a immersione

blender
il frullatore

food processor
il robot da cucina

microwave
il microonde

hand mixer
lo sbattitore

electric kettle
il bollitore

waffle iron
lo stampo per cialde

electric barbeque
il grill elettrico

toaster
il tostapane

kitchen scale
la bilancia da cucina

pressure cooker
la pentola a pressione

sandwich toaster
la piastra sandwich

coffee machine
la macchina da caffè

steam cooker
la vaporiera

raclette grill
la piastra per raclette

rice cooker
il cuociriso

THE HOUSE – LA CASA

Cooking and baking utensils – Utensili da cucina e pasticceria

egg timer
il timer da cucina

cookie cutter
il tagliabiscotti

paper towel roll
la carta da cucina

apron
il grembiule

cupcake liners
lo stampo muffin

cupcake pan
lo stampo tartelette

springform pan
la tortiera apribile

baking tray
la teglia da forno

knife sharpener
l'affilacoltelli

pastry wheel
la rotella tagliapasta

oven mitt
il guantone da cucina

tray
il vassoio

hourglass
la clessidra

cake rack	la griglia per torte
piping bag	la tasca da pasticciere
parchment paper	la carta da forno
plastic wrap	la pellicola
cleaning rag	lo strofinaccio
tinfoil	il foglio di alluminio
freezer bag	il sacchetto per congelare
mixing bowl	la ciotola per mescolare

THE HOUSE – LA CASA

Cooking and baking utensils – Utensili da cucina e pasticceria

peeler
lo sbucciatore

grater
la grattugia

meat cleaver
la mannaia

kitchen knife
il coltello da cucina

sieve
il setaccio

colander
il crivello

potato masher
lo schiacciapatate

garlic press
lo spremiaglio

ladle
il mestolo

whisk
la frusta

skewer
lo spiedino

can opener
l'apriscatole

mortar	il mortaio
pestle	il pestello
knife block	il portacoltelli
meat mallet	il batticarne
egg slicer	il tagliauova
ice-cream scoop	il porzionatore per gelato
Thermos®	il thermos®
dishcloth	il panno spugna

cutting board
il tagliere

THE HOUSE – LA CASA
Cooking and baking utensils – Utensili da cucina e pasticceria

corkscrew
il cavatappi

pastry brush
il pennello da cucina

rolling pin
il matterello

slotted spatula
la spatola da cucina

tongs
la pinza da cucina

kitchen spatula
la spatola di gomma

serving spoon
il cucchiaio da portata

wooden spoon
il mestolo

frying pan
la padella

wok
il wok

saucepan
la pentola

casserole
la casseruola

ramekin
lo stampino per sformati

carving fork	il forchettone per arrosto
trivet	il sottobicchiere
grilling pan	la bistecchiera
measuring cup	il misurino
funnel	l'imbuto
measuring spoon	il cucchiaio di misura
draining board	lo scolapiatti
bottle opener	l'apribottiglie

THE HOUSE - LA CASA
The bedroom - La camera da letto

duvet cover il copripiumino	*duvet* la coperta	*headboard* la testiera

double bed il letto doppio	*pillow* il cuscino	*pillowcase* la federa	*bedside lamp* l'abat-jour

chest of drawers il comò	*bed frame* la lettiera	*sheet* il lenzuolo

rug il tappeto	*ottoman* lo sgabello	*mattress* il materasso	*bedside table* il comodino

wardrobe	l'armadio
alarm clock	la sveglia
to set the alarm clock	mettere la sveglia
hot-water bottle	la borsa dell'acqua calda
electric blanket	la termocoperta
bedspread	il copriletto
sleep mask	la mascherina da notte
en suite bathroom	la camera con bagno

THE HOUSE – LA CASA

The nursery – La camera dei bambini

ball
la palla

doll
la bambola

crib
il lettino con sbarre

soft blanket
la coperta peluche

mobile
la giostrina

bar
la sbarra

diaper bag
la borsa porta pannolini

stroller
il passeggino

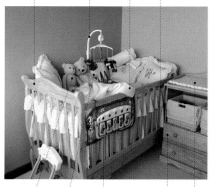

teddy bear
l'orsacchiotto

cuddly toy
il pupazzo di peluche

changing table
il fasciatoio

changing mat
la stuoia per fasciatoio

toy
il giocattolo

baby monitor
il babyphone®

playpen
il box

potty
il vasino

baby carrier
il portabebè

backpack
lo zainetto scuola

building blocks
il cubetto da costruzione

THE HOUSE – LA CASA

The teenager's bedroom – La camera dei ragazzi

single bed
il letto singolo

pendant light
il lampadario

desk
la scrivania

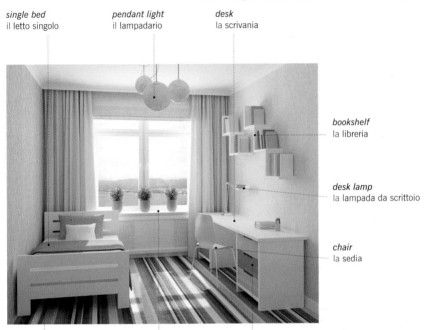

bookshelf
la libreria

desk lamp
la lampada da scrittoio

chair
la sedia

carpeting
la moquette

window sill
il davanzale

drawer
il cassetto

bunk bed	il letto a castello
to sleep	dormire
to go to sleep	addormentarsi
to sleep in	dormire fino a tardi
to be awake	essere sveglio
to dream	sognare
to snore	russare
nightmare	l'incubo

to be sound asleep	dormire profondamente
to wake up	svegliarsi
to make the bed	fare il letto
to get up	alzarsi
to go to bed	andare a letto
to clean one's room	mettere in ordine la camera

THE HOUSE – LA CASA
The study – Lo studio

picture frame la cornice	*patio door* la porta della veranda	*bookcase* la libreria	*houseplant* la pianta da appartamento
photo la foto	*daylight* la luce diurna	*laptop* il portatile	*back rest* lo schienale

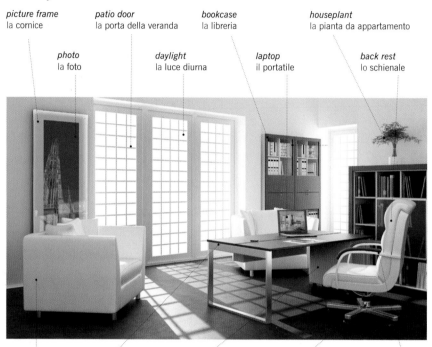

armchair la poltrona	*desk* la scrivania	*roller bin* la cassettiera con rotelle	*swivel chair* la sedia girevole	*arm rest* il bracciolo

document	il documento
tax return	la dichiarazione fiscale
to work	lavorare
to concentrate	concentrarsi
overtime	l'ora di lavoro straordinario
to work from home	lavorare da casa
to take a break	fare una pausa
to be self-employed	lavorare in proprio

THE HOUSE – LA CASA
The bathroom – La stanza da bagno

mirror
lo specchio

sink
il lavandino

soap dispenser
il dispenser per sapone

sink cabinet
il sottolavabo

shower stall
la cabina della doccia

shower
la doccia

towel bar
il portasciugamani

towel
l'asciugamano

faucet
il rubinetto

bathtub
la vasca da bagno

toilet
il gabinetto

toilet flush
il pulsante dello sciacquone

toilet tank
la cassetta

to go to the bathroom
andare in bagno

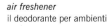

toilet lid
il copriwater

toilet seat
il sedile

toilet bowl
il vaso

toilet brush
lo scopino

toilet paper
la carta igienica

air freshener
il deodorante per ambienti

toilet sanitizer
la tavoletta per WC

THE HOUSE – LA CASA

Heating and plumbing – Impianti sanitari

electric boiler
lo scaldacqua elettrico

wall-mounted gas boiler
la caldaia a gas da parete

container
il serbatoio

thermostat
il termostato

warm water supply
l'uscita dell'acqua calda

cold water supply
l'entrata dell'acqua fredda

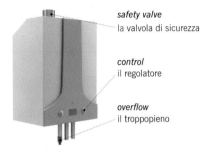

safety valve
la valvola di sicurezza

control
il regolatore

overflow
il troppopieno

sink
il lavandino

supply pipe
l'afflusso

stop valve
il rubinetto di chiusura

drain
lo scarico

siphon
il sifone

toilet tank
la cassetta del water

flush valve
la campana

overflow
il tubo del troppopieno

THE HOUSE – LA CASA
In the bathroom – In bagno

cotton wool pad il dischetto struccante	*exfoliating sponge* la spugna da doccia	*curling iron* il ferro arricciante	*hair straightener* la piastra per capelli

electric razor il rasoio elettrico	*sponge cloth* il panno spugna	*dental floss* il filo interdentale	*toothbrush* lo spazzolino da denti

tissue il fazzoletto	*cotton swab* il bastoncino d'ovatta	*hairdryer* il fon

shaving cream
la schiuma da barba

washcloth	il guanto da bagno
mouthwash	il colluttorio
to shave	radersi
to freshen up	rinfrescarsi
to put on makeup	truccarsi
to brush one's teeth	lavarsi i denti
aftershave	il dopobarba
showerhead	il doccino
shower curtain	la tenda da doccia
bathmat	il tappetino da bagno
to wash	lavarsi
to take a bath	farsi il bagno
to turn on/off the faucet	aprire/chiudere il rubinetto
to shower	farsi la doccia

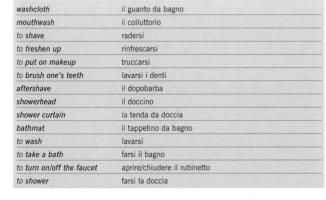

razor
il rasoio

THE HOUSE – LA CASA
The laundry room – La lavanderia

washing machine
la lavatrice

laundry basket
il cesto della biancheria

folded laundry
i panni piegati

detergent drawer
la vaschetta del detersivo

front-loader
la lavatrice a carica
frontale

stain remover	*fabric softener*	*clothesline*	*clothespin*
lo smacchiatore	l'ammorbidente	il filo per il bucato	la molletta da bucato

bleach	*laundry detergent*	*iron*	*ironing board*
lo sbiancante	il detersivo in polvere	il ferro da stiro	l'asse da stiro

to *fill the washing machine*	caricare la lavatrice
to *do the laundry*	fare il bucato
to *spin cycle*	centrifugare il bucato
drying rack	lo stendibiancheria
clothes dryer	l'asciugatrice
laundry basket	il cesto della biancheria sporca
to *hang up the laundry for drying*	stendere la biancheria
to *iron*	stirare

THE HOUSE – **LA CASA**

Cleaning equipment – Prodotti per la pulizia

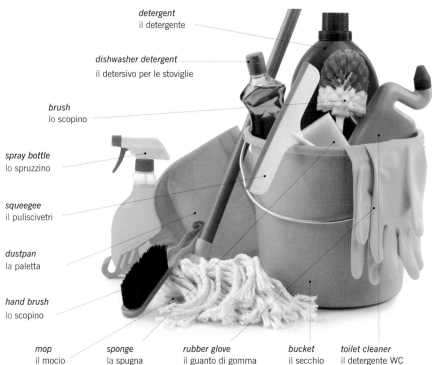

detergent
il detergente

dishwasher detergent
il detersivo per le stoviglie

brush
lo scopino

spray bottle
lo spruzzino

squeegee
il puliscivetri

dustpan
la paletta

hand brush
lo scopino

mop
il mocio

sponge
la spugna

rubber glove
il guanto di gomma

bucket
il secchio

toilet cleaner
il detergente WC

to *scrub*	strofinare
to *sweep*	spazzare
to *polish*	lucidare
to *clean*	pulire
to *wipe*	tergere
vacuum cleaner	l'aspirapolvere
to *vacuum*	passare l'aspirapolvere
feather duster	il piumino

scrubbing brush
lo spazzolone in legno

THE HOUSE – **LA CASA**

The workshop – L'atelier di bricolage

hand saw
la sega manuale

scissors
le forbici

screw
la vite

nut
il dado

open-end wrench
la chiave per dadi

mallet
il mazzuolo

wrench
la chiave giratubi

tape measure
il metro avvolgibile

nail
il chiodo

hammer
il martello

sandpaper
la carta abrasiva

level
la livella

pliers
la tenaglia

screwdriver
il cacciavite

metal saw
il seghetto

carpet knife
il taglierino

THE HOUSE – LA CASA

The workshop – L'atelier di bricolage

cordless drill
il trapano a batteria

battery pack
la batteria ricaricabile

drill bit
la punta del trapano

electric drill
il trapano elettrico

wood chisel	il piede di porco
riveting pliers	la rivettatrice
wire cutter	la pinza a lame laterali
blade	la lama della sega
to screw	avvitare
to solder	saldare
to measure	misurare
to sand	smerigliare
to saw	segare
to cut	tagliare
to drill	forare
to hammer	martellare
to file	limare
to chisel out	asportare
to rivet	rivettare
to paint	verniciare
to plane	piallare

glue gun
la pistola incollatrice

jigsaw
la sega a gattuccio

belt sander
la levigatrice a nastro

circular saw
la sega circolare

THE HOUSE – LA CASA

The workshop – L'atelier di bricolage

trash bag
il sacco della spazzatura

microfiber cloth
il panno microfibra

caulking
la massa sigillante

caulking gun
la pistola per cartuccia

pocket knife
il temperino

toolbox
la cassetta degli attrezzi

workbench
il banco da lavoro

Allen key®
la chiave a brugola

safety goggles
gli occhiali protettivi

soldering iron
il saldatoio

solder
lo stagno per saldare

broom
la scopa

plywood	il (legno) compensato
chipboard	il truciolato
varnish	la vernice
metal	il metallo
stainless steel	l'acciaio inossidabile
plastic	la plastica
wire	il filo metallico
plank of wood	l'asse di legno

THE HOUSE – LA CASA
Decorating – Ristrutturare

acrylic paint
la vernice acrilica

trim brush
il pennello piatto

paint roller
il rullo per pittura

handyman
l'operaio

ladder
la scala

overalls
la tuta

paint tray
la vaschetta per pittura

paint thinner
il diluente

scraper
la spatola

paint can
il barattolo di pittura

to wallpaper
tappezzare

roll of wallpaper
il rotolo di carta da parati

pasting table
il tavolo da tappezziere

paint
la pittura

masking tape
il nastro per mascheratura

to tile	piastrellare
to plaster	intonacare
to fill	stuccare
to strip off wallpaper	rimuovere la carta da parati
dustsheet	il telo protettivo
filler	lo stucco in pasta
solvent	il solvente
sealant	il sigillante

color chart
la cartella dei colori

THE HOUSE – LA CASA

Electricity and heating – Impianti di corrente e di riscaldamento

electricity meter
il contatore
dell'elettricità

fuse
il fusibile

radiator
il radiatore

wood stove
il caminetto

low-energy light bulb
la lampadina a risparmio
energetico

light bulb
la lampadina (a incandescenza)

plug
la spina

socket
la presa (di corrente)

light bulb base
la virola della lampadina

filament
il filamento

extension cord
la prolunga

switch
l'interruttore

power strip
la presa multipla

to **turn the heating on/off**	accendere/spegnere il riscaldamento
renewable energy	l'energia rinnovabile
power supply	la rete elettrica
current	l'intensità di corrente
voltage	la tensione
solar heating	il riscaldamento solare
central heating	il riscaldamento centralizzato
underfloor heating	il riscaldamento a pavimento
fuse box	il quadro dei fusibili
wiring	l'ampère
Watt	il watt
volt	il volt
ground	la presa di terra

THE GARDEN –
IL GIARDINO

patio
il terrazzo

garden pond
lo stagno da giardino

garden path
il viottolo

vegetable garden
l'orto

kitchen herbs
le erbette da cucina

greenhouse
la serra

garden shed
la casetta da giardino

flowerbed
l'aiuola

garden bench
la panchina

patio furniture
i mobili da giardino

garden wall
il muricciolo

roof garden
il giardino pensile

composter
la compostiera

rock garden
il giardino roccioso

fence
il recinto

hedge
la siepe

THE GARDEN – IL GIARDINO

Gardening tools – Attrezzi da giardino

pruning shears
le forbici per rose

garden hose
il tubo da giardino

potted plant
la pianta in vaso

hand rake
il rastrello a mano

trowel
la paletta da giardino

lawn rake
il rastrello per foglie

spade
la vanga

watering can
l'annaffiatoio

gardening glove
il guanto da giardinaggio

lawnmower
il tosaerba

edge trimmer
il tosaerba a filo

rake
il rastrello

pitchfork
il forcone

wheelbarrow
la carriola

hedge clippers
le cesoie

hoe
la zappa

sprinkler
l'irrigatore

THE GARDEN – IL GIARDINO
Garden work – Il giardinaggio

to lay turf
posare il prato a rotoli

to water the lawn
irrigare il prato

to rake the leaves
rastrellare le foglie

to plant
piantare

to trim
tagliare

to mow the lawn
tagliare l'erba

to weed
togliere le erbacce

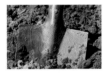

to dig
vangare

to prune
potare

to pick
raccogliere

to sow
seminare

to spray
spruzzare

to fertilize	concimare
to harvest	fare la raccolta
to cultivate	coltivare
to reproduce	riprodurre
to water	annaffiare
seedling	il germe
fertilizer	il concime
weedkiller	l'erbicida

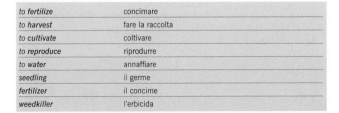

to pot (a plant)
invasare

FOOD AND DRINK

CIBI E BEVANDE

ANIMAL PRODUCTS – PRODOTTI ANIMALI
Meat – Carne

lamb
la carne d'agnello

beef
la carne di manzo

steak
la bistecca

pork
la carne di maiale

fillet
il filetto

veal
la carne di vitello

shank
la coscia

chop
la costoletta

liver
il fegato

kidney
i rognoni

rabbit
il coniglio

ham
il prosciutto

ground meat
la carne macinata

sausage
il würstel

cold cuts
l'affettato

salami
il salame

ANIMAL PRODUCTS – PRODOTTI ANIMALI
Poultry – Pollame

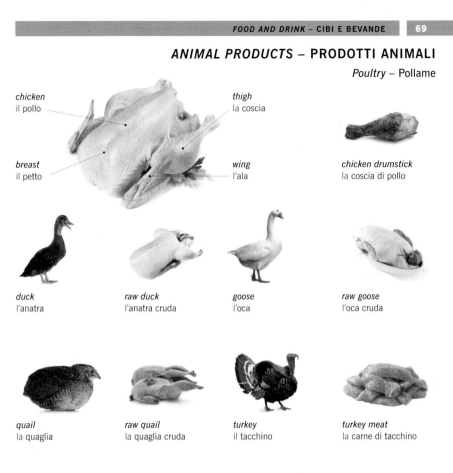

chicken
il pollo

thigh
la coscia

chicken drumstick
la coscia di pollo

breast
il petto

wing
l'ala

duck
l'anatra

raw duck
l'anatra cruda

goose
l'oca

raw goose
l'oca cruda

quail
la quaglia

raw quail
la quaglia cruda

turkey
il tacchino

turkey meat
la carne di tacchino

organic product	il bioalimento
offal	le interiora
marinated	marinato
smoked	affumicato
cured	in salamoia
to roast	arrostire
to braise	stufare
to grill	cuocere sulla griglia

free-range
da allevamento all'aperto

ANIMAL PRODUCTS – PRODOTTI ANIMALI
Fish – Pesce

trout
la trota

carp
la carpa

pike perch
il lucioperca

monkfish
la coda di rospo

mackerel
lo sgombro

sole
la sogliola

sardine
la sardina

flounder
la passera di mare

eel
l'anguilla

tuna
il tonno

cod
il merluzzo

sea bass
il branzino

salmon
il salmone

halibut
l'ippoglosso

caviar
il caviale

fish steak
la bistecca di pesce

ANIMAL PRODUCTS – PRODOTTI ANIMALI

Seafood – Frutti di mare

shrimp	*lobster*	*crab*	*crayfish*
il gamberetto	l'astice	il gambero	il gambero di fiume

blue mussel	*scallop*	*Venus clam*	*cockle*
la cozza	il pettine	la vongola	il cardio

oyster	*squid*	*octopus*	*smoked fish*
l'ostrica	la seppia	il polipo	il pesce affumicato

fillet	il filetto
smoked	affumicato
to *fillet a fish*	spinare un pesce
bone	la spina
scale	la squama
to *scale*	squamare
frozen	surgelato
fresh	fresco

canned fish
il pesce in scatola

ANIMAL PRODUCTS – PRODOTTI ANIMALI

Dairy products and eggs – Latticini e uova

cream
la panna

milk
il latte

cottage cheese
il cottage cheese

goat cheese
il formaggio di capra

farmer's cheese
il (formaggio) quark

yogurt
lo yogurt

Brie
il brie

Gorgonzola
il gorgonzola

feta
la feta

chicken egg
l'uovo di gallina

eggshell
il guscio d'uovo

egg white
l'albume

egg yolk
il tuorlo

quail egg
l'uovo di quaglia

goose egg
l'uovo d'oca

ANIMAL PRODUCTS – **PRODOTTI ANIMALI**

Dairy products and eggs – Latticini e uova

egg carton
il vassoio delle uova

butter
il burro

Parmesan
il parmigiano

Swiss cheese
l'emmental

cheddar
il cheddar

raclette cheese
il formaggio per raclette

Camembert
il camembert

Gouda
il gouda

mozzarella
la mozzarella

grated cheese
il formaggio grattugiato

buttermilk
il latte fermentato

cream cheese
il formaggio fresco

cow's milk	il latte di mucca
goat's milk	il latte di capra
lactose-free milk	il latte delattosizzato
soy milk	il latte di soia
homogenized	omogeneizzato
pasteurized	pastorizzato
low-fat	scremato
whole milk	il latte intero

condensed milk
il latte condensato

VEGETABLES – ORTAGGI

truffle
il tartufo

button mushroom
lo champignon

porcini mushroom
il porcino

chanterelle
il finferlo

asparagus
l'asparago

kohlrabi
la rapa

rhubarb
il rabarbaro

Swiss chard
la bietola

fennel
il finocchio

celery
il sedano

artichoke
il carciofo

cress
il crescione

watercress
il crescione d'acqua

leaf	la foglia
stalk	il torso(lo)
floret	la rosetta
heart	il cuore
tip	la punta
steamed vegetables	le verdure stufate
organic	di coltura biologica
locally grown	di produzione locale

VEGETABLES – ORTAGGI
Root vegetables – Radici commestibili

sweet potato la patata dolce	*carrot* la carota	*potato* la patata	*shallot* lo scalogno

red onion la cipolla rossa	*parsnip* la pastinaca	*garlic* l'aglio	*turnip* la rapa

onion la cipolla	*radish* il ravanello	*scallion* il cipollotto	*beet* la barbabietola

clove of garlic	lo spicchio d'aglio
bulb of garlic	il bulbo d'aglio
root	la radice
bitter	amaro
raw	crudo
hot	piccante
mealy	farinoso
waxy	sodo

leek
il porro

VEGETABLES – ORTAGGI

Leafy vegetables – Ortaggi a foglia

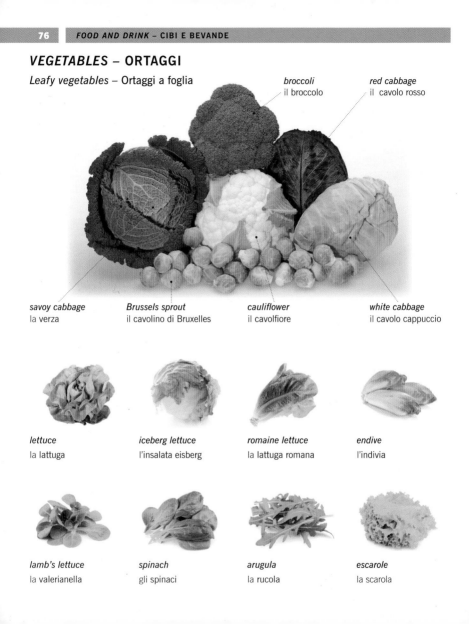

broccoli
il broccolo

red cabbage
il cavolo rosso

savoy cabbage
la verza

Brussels sprout
il cavolino di Bruxelles

cauliflower
il cavolfiore

white cabbage
il cavolo cappuccio

lettuce
la lattuga

iceberg lettuce
l'insalata eisberg

romaine lettuce
la lattuga romana

endive
l'indivia

lamb's lettuce
la valerianella

spinach
gli spinaci

arugula
la rucola

escarole
la scarola

VEGETABLES – ORTAGGI
Fruit vegetables – Ortaggi a frutto

sweet pepper	*zucchini*	*eggplant*	*tomato*
il peperone	la zucchina	la melanzana	il pomodoro

cherry tomato	*olive*	*okra*	*chili*
il pomodoro ciliegino	l'oliva	il gombo	il peperoncino

avocado	*cucumber*	*pumpkin*	*butternut squash*
l'avocado	il cetriolo	la zucca	la zucchina trombetta

to peel	sbucciare
to cut	tagliare
raw	crudo
boiled	bollito
cooked	cotto
purée	il purè
mashed	passato
to fry	arrostire

corn on the cob
il mais

VEGETABLES – ORTAGGI

Legumes – Legumi

green lentil
la lenticchia verde

fava bean
la fava

black bean
il fagiolo nero

pea
il pisello

chickpea
il cece

red lentil
la lenticchia rossa

green bean
il fagiolino

snow pea
il pisello dolce

kidney bean
il fagiolo rosso

lima bean
il fagiolo di Lima

brown lentil
la lenticchia marrone

pod	il baccello
kernel	il nocciolo
seed	il seme
bean sprouts	i germogli di soia
soy bean	il seme di soia
mung bean	il fagiolo mungo
black-eyed pea	il fagiolo dall'occhio nero

FRUIT – FRUTTA

Berries and stone fruits – Bacche e frutta a nocciolo

strawberry
la fragola

raspberry
il lampone

redcurrants
i ribes rossi

blackberry
la mora

blueberry
il mirtillo

blackcurrants
i ribes neri

grape
l'uva

gooseberry
l'uva spina

cranberry
il mirtillo rosso

cherry
la ciliegia

elderberry
la coccola di sambuco

peach
la pesca

nectarine
la pesca noce

plum
la prugna

apricot
l'albicocca

apple
la mela

pear
la pera

quince
la cotogna

FRUIT – FRUTTA

Exotic fruit – Frutta esotica

fig
il fico

pepino
il melone pepino

physalis
il/la Physalis

lychee
il litchi

star fruit
la carambola

pineapple guava
l'Acca sellowiana

papaya
la papaya

cherimoya
la cirimoia

passion fruit
il frutto della passione

mangosteen
il mangostano

pomegranate
la melagrana

horned melon
il kiwano

rambutan
il rambutan

dragon fruit
la Pitaya

pineapple
l'ananas

guava
la guava

banana
la banana

kiwi
il kiwi

mango
il mango

coconut
la noce di cocco

FRUIT – **FRUTTA**

Citrus fruit and melons – Agrumi e meloni

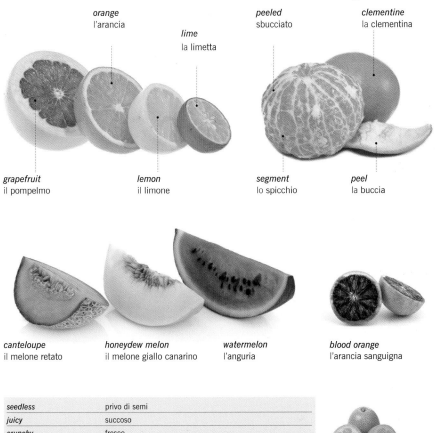

orange
l'arancia

lime
la limetta

peeled
sbucciato

clementine
la clementina

grapefruit
il pompelmo

lemon
il limone

segment
lo spicchio

peel
la buccia

canteloupe
il melone retato

honeydew melon
il melone giallo canarino

watermelon
l'anguria

blood orange
l'arancia sanguigna

seedless	privo di semi
juicy	succoso
crunchy	fresco
core	il torsolo
sour	acido
ripe	maturo
fresh	fresco
rotten	marcio

kumquat
la fortunella

FRUIT – FRUTTA

Nuts and dried fruit – Noci e frutta secca

cashew nut
l'anacardio

almond
la mandorla

chestnut
la castagna

walnut
la noce

hazelnut
la nocciola

peanut
l'arachide

pecan nut
la noce di pekan

macadamia nut
la noce macadamia

pine nut
il pinolo

raisin
l'uva passa

sultana
la sultanina

prune
la prugna secca

date
il dattero

Brazil nut	la noce del Brasile
pistachio	il pistacchio
roasted	tostato
salted	salato
nuts and raisins	la miscela di frutta secca e noci
nutcracker	lo schiaccianoci
nutshell	il guscio di noce
to crack a nut	schiacciare una noce

HERBS AND SPICES – **ERBE ED AROMI**

Herbs – Erbe aromatiche

lavender la lavanda	*tarragon* l'estragone	*oregano* l'origano	*lovage* il levistico

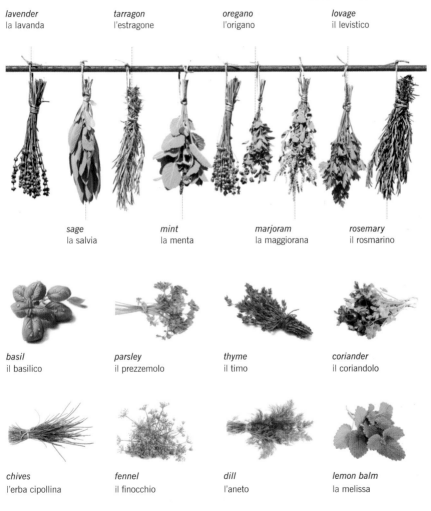

sage la salvia	*mint* la menta	*marjoram* la maggiorana	*rosemary* il rosmarino

basil il basilico	*parsley* il prezzemolo	*thyme* il timo	*coriander* il coriandolo

chives l'erba cipollina	*fennel* il finocchio	*dill* l'aneto	*lemon balm* la melissa

HERBS AND SPICES – **ERBE ED AROMI**

Spices – Spezie

star anise
l'anice stellato

bay leaf
la foglia d'alloro

coriander
i semi di coriandolo

cinnamon bark
la corteccia di cannella

turmeric
la curcuma

curry powder
il curry in polvere

paprika
la paprica

pepper
il pepe

nutmeg
la noce moscata

cardamom
il cardamomo

cloves
i chiodi di garofano

ginger
lo zenzero

crushed chillies
il peperoncino tritato

chili
il peperoncino

fennel
i semi di finocchio

garam masala
il garam masala

HERBS AND SPICES – ERBE ED AROMI

Seasoning and sauces – Aromi e salse

pepper
il pepe

salt
il sale

vinegar
l'aceto

olive oil
l'olio di oliva

pepper mill
la pepaiola

salsa
la salsa

ketchup
il ketchup

mustard
la senape

mayonnaise
la maionese

crushed	pestato
ground	macinato
grated	grattuggiato
salt shaker	la saliera
salad dressing	il condimento
to season	aromatizzare
to dress a salad	condire
to marinate	marinare

soy sauce
la salsa di soia

GRAINS AND FLOUR –
CEREALI E FARINA

spelt
il farro

pumpkin seeds
i semi di zucca

sunflower seeds
i semi di girasole

quinoa
la quinoa

wild rice
il riso selvatico

oats
l'avena

barley
l'orzo

brown rice
il riso naturale

corn
il mais

millet
il miglio

wheat
il frumento

couscous
il couscous

buckwheat
il grano saraceno

basmati rice
il riso Basmati

bulgur
il bulgur

rice
il riso

GRAINS AND FLOUR – CEREALI E FARINA

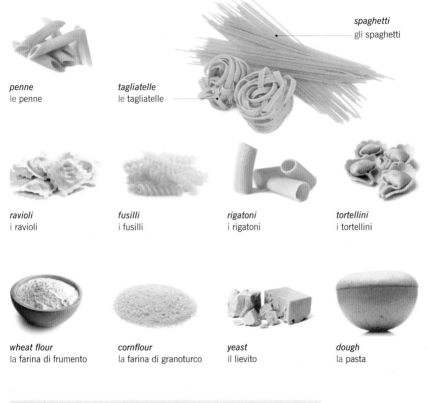

spaghetti
gli spaghetti

penne
le penne

tagliatelle
le tagliatelle

ravioli
i ravioli

fusilli
i fusilli

rigatoni
i rigatoni

tortellini
i tortellini

wheat flour
la farina di frumento

cornflour
la farina di granoturco

yeast
il lievito

dough
la pasta

baking powder	il lievito in polvere
gluten-free flour	la farina senza glutine
rye flour	la farina di segale
whole wheat flour	la farina integrale
to sift	setacciare
to knead	impastare
to stir	mescolare
to bake	cuocere in forno

rice noodles
la pasta di riso

GRAINS AND FLOUR – CEREALI E FARINA

Bread – Pane

pretzel
il brezel

croissant
il cornetto

baguette
la baguette

pumpernickel bread
il pane nero

white bread
il pane bianco

whole wheat bread
il pane integrale

multigrain bread
il pane con semi vari

rye bread
il pane bigio

flatbread
il pane turco

tortilla
la piadina

toast
il pane tostato

sourdough bread
il pane a lievitazione
naturale

roll
il panino

bagel
il bagel

filled roll
il panino imbottito

crispbread
il cracker

GRAINS AND FLOUR – CEREALI E FARINA

Spreads – Alimenti da spalmare sul pane

jar
il vasetto

honey	*honeydew honey*	*clear honey*	*lemon curd*	*jam*
il miele	il miele di bosco	il miele liquido	la crema di limone	la marmellata

preserves
la confettura

maple syrup	*peanut butter*	*chocolate spread*	*margarine*
lo sciroppo d'acero	il burro di arachidi	la crema di cioccolato	la margarina

loaf	*slice*	*breadcrumbs*	*sandwich*
la pagnotta	la fetta	il pangrattato	il panino imbottito

GRAINS AND FLOUR – CEREALI E FARINA

Cakes and pastries – Dolci e pasticceria

cheesecake
la torta di ricotta

chocolate cake
la torta al cioccolato

muffin
il muffin

macaroon
il macaron

gingerbread
il panpepato

lady finger
il savoiardo

doughnut
il bombolone

Bundt cake
il Gugelhupf

fruit pie
la torta alla frutta

Black Forest cake
la torta foresta nera

plum tart
la torta alle prugne

Linzer tart
la torta linzer

jam tart
la crostatina alla
marmellata

icing	la glassa
marzipan	il marzapane
birthday cake	il dolce di compleanno
birthday candle	la candelina di compleanno
cake decoration	la decorazione per dolci
pastry	i dolci
éclair	l'eclair
meringue	la meringa

GRAINS AND FLOUR – **CEREALI E FARINA**

Desserts – Dolci

apple strudel
lo strudel di mele

tiramisu
il tiramisù

ice cream
il gelato

scoop of ice cream
la pallina di gelato

cone
il cono

pancakes
la crespella

crêpe
la crêpe

sundae
la coppa di gelato

flan
la crème caramel

mousse
la mousse

whipped cream
la panna montata

crème brûlée
la crème brûlée

panna cotta
la panna cotta

gelatin
il budino di gelatina

fruit salad
la macedonia di frutta

DRINKS – BEVANDE

Soft drinks – Bibite

water
l'acqua

tonic water
l'acqua tonica

orange juice
il succo d'arancia

tomato juice
il succo di pomodoro

non-alcoholic beer
la birra analcolica

carrot juice
il succo di carota

cola
la cola

lemonade
la gassosa

iced coffee
il caffè freddo con
panna e gelato

iced chocolate
il cioccolato freddo

iced tea
il tè freddo

apple juice
il succo di mele frizzante

milkshake
il frappè

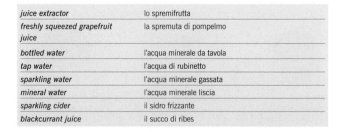

juice extractor	lo spremifrutta
freshly squeezed grapefruit juice	la spremuta di pompelmo
bottled water	l'acqua minerale da tavola
tap water	l'acqua di rubinetto
sparkling water	l'acqua minerale gassata
mineral water	l'acqua minerale liscia
sparkling cider	il sidro frizzante
blackcurrant juice	il succo di ribes

DRINKS – BEVANDE
Hot drinks – Bevande calde

espresso
l'espresso

coffee to go
il caffè da asporto

lid
il coperchio

coffee beans
i chicchi di caffè

Amaretto
l'amaretto

cup
il bicchiere

milk froth
il latte schiumato

tea bag
la bustina di tè

teapot
la teiera

tea leaves
le foglie di tè

black tea
il tè nero

latte
il latte macchiato

coffee
il caffè

cappuccino
il cappuccino

coffee with milk
il caffel(l)atte

mint tea
il tè alla menta

chamomile tea
la camomilla

herbal tea
l'infuso d'erbe

mulled wine
il vin brûlé

DRINKS – BEVANDE

Alcoholic drinks – Bevande alcoliche

on the rocks
con ghiaccio

cocktail
il cocktail

sangria
la sangria

whiskey
il whisky

gin and tonic
il Gin Tonic

rum
il rum

beer
la birra

lager
la pils(e)ner

dark beer
la birra scura

vodka
la vodka

rosé wine
il vino rosato

white wine
il vino bianco

red wine
il vino rosso

sparkling wine
lo spumante

tequila
la tequila

brandy	il brandy
schnapps	l'acquavite
sherry	lo sherry
liqueur	il liquore
cider	il sidro
spritzer	il vino allungato con acqua minerale gassata
wheat beer	la birra di frumento
champagne	lo champagne

COOKING – CUCINARE
Food preparation – Preparazione

to peel
sbucciare

to chop
tagliare

to whisk
montare

to grate
grattuggiare

to crush
pestare

to glaze
glassare

to sift
setacciare

to mash
schiacciare

to tenderize
battere

to roll
spianare

to add salt
salare

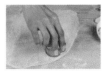

to cut out
tagliare con lo stampino

to roast	arrostire
to boil	bollire
to simmer	cuocere a fuoco lento
to grill	fare ai ferri
to sauté	rosolare
to fry	arrostire
to deep fry	friggere
to poach	cuocere in camicia

to sprinkle
spargere

MEALS AND DISHES – PASTI E PIATTI

Breakfast – La colazione

bread
il pane

orange juice
il succo d'arancia

roll
il panino

milk
il latte

cheese
il formaggio

jam
la marmellata

cappuccino
il cappuccino

boiled egg
l'uovo sodo

muesli
il müsli

melon
il melone

ham
il prosciutto

butter
il burro

cereal
i cereali

croissant
il cornetto

cornflakes
i cornflakes

fruit yogurt
lo yogurt alla frutta

fresh fruit
la frutta fresca

cereal bar
la barretta müsli

wheatgerm
i germogli di frumento

MEALS AND DISHES – PASTI E PIATTI

Breakfast – La colazione

toast
il toast

grilled tomato
il pomodoro alla griglia

baked beans
i fagioli cotti

hash brown
i rösti

black pudding
il sanguinaccio

bacon
la pancetta

mushrooms
i funghi

sausage
la salsiccia

fried egg
l'uovo fritto

scrambled eggs
le uova strapazzate

omelette
la frittata

French toast
il pane in carrozza

waffle
la cialda

pancake
la crespella

oatmeal
la pappa di avena

smoothie
il frappè alla frutta

hot chocolate
la cioccolata calda

MEALS AND DISHES – PASTI E PIATTI

Snacks and sweets – Spuntini e snack

chips
le patatine

pretzels
il bretzel

popcorn
il pop-corn

hard candy
la caramella

gummy bears
l'orsacchiotto gommoso

licorice
la liquirizia

chewing gum
la gomma da masticare

lollipop
il lecca lecca

white chocolate
il cioccolato bianco

chocolate bar
la barretta al cioccolato

dark chocolate
il cioccolato semiamaro

milk chocolate
il cioccolato al latte

popsicle
il ghiacciolo

frozen yogurt
lo yogurt gelato

cookie
il biscotto

chocolate
il cioccolatino

MEALS AND DISHES – PASTI E PIATTI

Fast food – Il fastfood

slice of pizza	*pizza*	*burger*	*fries*
il pezzo di pizza	la pizza	l'hamburger	le patatine fritte

tortilla chips	*taco*	*stir-fry noodles*	*sushi*
le patatine tortilla	il taco	la pasta fritta	il sushi

hot dog	*gyro*	*wrap*	*fish and chips*
l'hot dog	il döner	la piadina arrotolata	il pesce con le patatine

I would like to order takeout, please.	Vorrei ordinare qualcosa da portare via.
An order of fries with ketchup and mayonnaise, please.	Una porzione di patatine fritte con ketchup e maionese, per favore.
small / medium / large	piccolo/medio/grande
sweet	dolce
savory	salato
delivery service	il servizio a domicilio
to order	ordinare
to deliver	consegnare

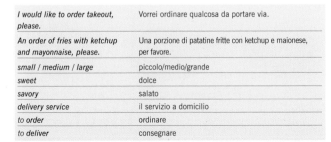

nuggets
la pepita

MEALS AND DISHES – PASTI E PIATTI
Main dishes – Pasto principale

soup
la minestra

croquette
la polpetta

steak
la bistecca

side salad
l'insalata da contorno

potato wedges
gli spicchi di patate

lasagne
le lasagne

spaghetti bolognese
gli spaghetti alla bolognese/al ragù

roast chicken
il pollo arrosto

breaded cutlet
la cotoletta impanata

fried potatoes
le patate arrosto

stew
il minestrone

casserole
lo sformato

pie
il pasticcio

quiche
la quiche

curry
il curry

MEALS AND DISHES – PASTI E PIATTI

In a restaurant – Al ristorante

① *diner*
il cliente

② *waiter*
il cameriere

③ *table for two*
il tavolo per due

appetizer
l'antipasto

dessert
il dessert

④ *red wine glass*
il bicchiere da vino rosso

⑤ *menu*
il menu

⑥ *order*
l'ordinazione

side dish
il contorno

main course
il piatto principale

soup
la minestra

aperitif
l'aperitivo

sorbet
il sorbetto

salad
l'insalata

cheese platter
il piatto di formaggi

coffee
il caffè

liqueur
il liquore

cheese knife
il coltello da formaggio

chopsticks
la bacchetta

MEALS AND DISHES – PASTI E PIATTI

Dishes and flatware – Stoviglie e posate

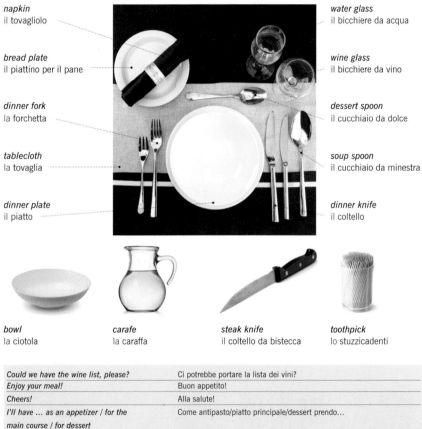

napkin
il tovagliolo

bread plate
il piattino per il pane

dinner fork
la forchetta

tablecloth
la tovaglia

dinner plate
il piatto

water glass
il bicchiere da acqua

wine glass
il bicchiere da vino

dessert spoon
il cucchiaio da dolce

soup spoon
il cucchiaio da minestra

dinner knife
il coltello

| *bowl* | *carafe* | *steak knife* | *toothpick* |
| la ciotola | la caraffa | il coltello da bistecca | lo stuzzicadenti |

Could we have the wine list, please?	Ci potrebbe portare la lista dei vini?
Enjoy your meal!	Buon appetito!
Cheers!	Alla salute!
I'll have ... as an appetizer / for the main course / for dessert	Come antipasto/piatto principale/dessert prendo...
special	le specialità
The bill, please.	Il conto, per favore.
payment	il saldo
tip	la mancia

FOOD AND DIET – CIBO E DIETA

oil
il grasso

sugar
lo zucchero

carbohydrates
il carboidrato

protein
l'albume

egg-free
senza uova

sugar-free
senza zucchero

gluten-free
senza glutine

lactose-free
delattosizzato

dietary fiber
le fibre alimentari

cholesterol
la colesterina

vegetarian
vegetariano

vegan
vegan

food allergy	l'intolleranza alimentare
fructose	il fruttosio
glucose	il glucosio
sodium	il sodio
calories	le calorie
flavor enhancer	l'esaltatore di sapidità
healthy eating	l'alimentazione sana
to fast	digiunare

scale
la scala

ON THE GO

IN GIRO

ROADS AND TRAFFIC –
STRADE E TRAFFICO

① *street light*
il lampione

② *one-way street*
la strada a senso unico

③ *crosswalk warning light*
il semaforo pedonale

④ *sidewalk*
il marciapiede

⑤ *curb*
il cordolo

⑥ *traffic lights*
il semaforo

⑦ *parked car*
la macchina posteggiata

⑧ *traffic lane*
la corsia

⑨ *road marking*
la segnaletica orizzontale

⑩ *gutter*
la cunetta

tunnel
la galleria

ticket machine
il parchimetro

bicycle path
la pista ciclabile

handicapped parking space
il posteggio per disabili

bridge
il ponte

traffic circle
la circolazione rotatoria

crosswalk
le strice pedonali

emergency telephone
la colonnina di soccorso

ROADS AND TRAFFIC –
STRADE E TRAFFICO

highway interchange
l'incrocio autostradale

highway
l'autostrada

rush-hour traffic
il traffico di punta

① *median strip*
lo spartitraffico

② *passing lane*
la corsia di sorpasso

③ *overpass*
il sovrapassaggio

④ *curve*
la curva

⑤ *underpass*
il sottopassaggio

⑥ *on-ramp*
l'entrata

⑦ *exit*
l'uscita

traffic police officer
il vigile

traffic ticket
la multa

tollbooth
il casello

to tow away
rimorchiare

intersection	l'incrocio
right of way	la precedenza
speeding	l'eccesso di velocità
to stop	fermarsi
hard shoulder	la corsia di sosta
service area	l'autogrill®
mile marker	la progressiva chilometrica
to reverse	fare marcia indietro

traffic jam
l'ingorgo

ROADS AND TRAFFIC – STRADE E TRAFFICO

Road signs – Segni stradali

no entry
il divieto di accesso

no stopping
il divieto di fermata

road construction
il cantiere stradale

tunnel
la galleria

no parking
il divieto di parcheggio

traffic jam
l'ingorgo

steep gradient
la pendenza

traffic circle
la circolazione rotatoria

speed limit
il limite di velocità

yield
dare precedenza

one-way street
la strada a senso unico

oncoming traffic
il traffico in senso
opposto

no right turn
il divieto di svolta a
destra

no left turn
il divieto di svolta a
sinistra

no U turn
il divieto di inversione

black ice
il pericolo di neve

THE CAR – L'AUTOMOBILE

Types of car – Tipi di automobili

stretch limo
la stretch limousine

convertible
il cabriolé

hatchback
la berlina a due volumi

sports car
la macchina sportiva

microcar
la microutilitaria

small car
l'utilitaria

vintage car
l'auto d'epoca

sedan
la berlina

station wagon
la station wagon

pickup truck
il pick-up

minivan
la multispazio

air conditioning	il climatizzatore
heated seats	il riscaldamento del sedile
automatic transmission	il cambio automatico
manual transmission	il cambio manuale
ignition	l'accensione
two-door	a due porte
three-door	a tre porte
four-door	a quattro porte

sport utility vehicle
il fuoristrada

THE CAR – L'AUTOMOBILE

The car exterior – L'esterno dell'automobile

passenger side
il lato passeggero

roof
il tetto

windshield
il parabrezza

driver's side
il lato autista

side light
la luce d'ingombro

rear-view mirror
lo specchietto retrovisore

indicator
l'indicatore di direzione

wheel
la ruota

windshield wiper
il tergicristallo

grill
la griglia del radiatore

bumper
il paraurti

license plate
la targa

emblem
l'emblema della marca

fog light
il fendinebbia

tread
il profilo dello
pneumatico

dipstick	l'astina del livello dell'olio
air filter	il filtro aria
brake fluid reservoir	il serbatoio del liquido dei freni
antenna	l'antenna
wheel suspension	la sospensione delle ruote
low beam	le luci anabbaglianti
high beam	le luci abbaglianti

THE CAR – L'AUTOMOBILE

The car exterior – L'esterno dell'automobile

① *side mirror*
lo specchietto laterale

② *B-pillar*
la colonna B

③ *trunk*
il portabagali

④ *rear window*
il lunotto

⑤ *hood*
il cofano

⑥ *side window*
il finestrino laterale

⑦ *car door*
la portiera

⑧ *hub cap*
il copriruota

⑨ *headlight*
il faro

⑩ *door handle*
la maniglia

⑪ *brake light*
la luce di arresto

⑫ *tail light*
la luce posteriore

⑬ *tire*
lo pneumatico

⑭ *door molding*
la barra di protezione laterale

⑮ *reverse light*
il fanale di retromarcia

engine	il motore
gas tank	il serbatoio del carburante
transmission	il cambio
radiator	il radiatore
fan	il ventilatore
battery	la batteria
muffler	la marmitta
exhaust pipe	il tubo di scappamento

wheel rim
il cerchio

THE CAR – L'AUTOMOBILE

The car interior – L'interno dell'automobile

① *side mirror*
lo specchietto laterale

② *steering wheel*
il volante

③ *dashboard*
il cruscotto

④ *door opener*
l'apriporta

⑧ *temperature controls*
il regolatore del
riscaldamento

⑤ *driver's seat*
il sedile del conducente

⑨ *glove compartment*
il cassetto portaoggetti

⑥ *center console*
la consolle centrale

⑩ *gear shift*
la leva del cambio

⑦ *emergency brake*
il freno a mano

⑪ *passenger seat*
il sedile del passeggero

*hazard warning light
switch*
l'interruttore dei
lampeggiatori

stereo
l'impianto stereo

directional
la leva dell'indicatore
di direzione

cigarette lighter
l'accendisigari

navigation system
il dispositivo di navigazione

foot rest	l'appoggiapiedi
clutch pedal	il pedale della frizione
brake pedal	il pedale del freno
accelerator pedal	il pedale dell'acceleratore
seat belt	la cintura di sicurezza
headrest	il poggiatesta
airbag	l'airbag
horn	il clacson

THE CAR – L'AUTOMOBILE

At the gas station – Alla stazione di servizio

price display
l'indicatore del prezzo

gallon display
l'indicatore dei litri

fire extinguisher
l'estintore

gas pump
il distributore di
carburante

tire pressure gauge
il manometro

no smoking
il divieto di fumo

gasoline
la benzina

diesel
il diesel

unleaded
senza piombo

leaded
con piombo

gas pump hose
il tubo

pump nozzle
l'erogatore di carburante

gas cap
il tappo del serbatoio

jack
il cricco

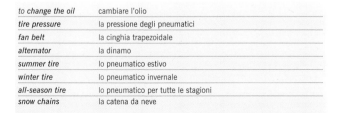

to change the oil	cambiare l'olio
tire pressure	la pressione degli pneumatici
fan belt	la cinghia trapezoidale
alternator	la dinamo
summer tire	lo pneumatico estivo
winter tire	lo pneumatico invernale
all-season tire	lo pneumatico per tutte le stagioni
snow chains	la catena da neve

to refuel
fare (rifornimento di)
benzina

THE CAR – L'AUTOMOBILE

At the gas station – Alla stazione di servizio

① *gas gauge*
l'indicatore livello carburante

② *low fuel warning light*
l'indicatore riserva carburante

③ *speedometer*
il tachimetro

④ *speed*
la velocità

⑤ *odometer*
il chilometraggio

⑥ *tachometer*
il contagiri

⑦ *temperature gauge*
la spia temperatura refrigerante motore

to change a tire
cambiare lo pneumatico

tire iron
la chiave per dadi ruote

spare tire
la ruota di scorta

flat tire
la foratura

car accident	l'incidente stradale
I've broken down.	Sono in panne.
Could you call the towing service, please?	Potrebbe chiamare il soccorso stradale?
The car won't start.	Il motore non si avvia.
jumper cables	il cavo d'accensione
Could you help me jump-start the car, please?	Potrebbe aiutarmi ad avviare il motore?
spare tire	lo pneumatico di scorta
Could you help me change the tire, please?	Potrebbe aiutarmi a cambiare lo pneumatico?

THE BUS –
L'AUTOBUS

double decker
l'autobus a due piani

bus
il pullman

route number
il numero di linea

destination
la destinazione

bus stop
la fermata d'autobus

automatic door
la porta automatica

luggage hold
il bagagliaio

schedule
l'orario

bus stop shelter
la pensilina

school bus
lo scuolabus

stop button
il pulsante di richiesta di
fermata

low-floor bus	l'autobus a pianale ribassato
bus station	la stazione autolinee
regular bus service	l'autobus di linea
minibus	il pulmino
monthly ticket	l'abbonamento mensile
fare	il prezzo di corsa
ticket	il biglietto
ticket machine	il distributore di biglietti

support handle
l'appiglio

THE MOTORCYCLE –
LA MOTOCICLETTA

racing bike
la moto da corsa

dashboard
il cruscotto

clutch lever
la leva frizione

handgrip
il manubrio

driver's seat
il sellino anteriore

mirror
lo specchietto retrovisore

passenger seat
il sellino posteriore

mud guard
il parafango

kickstand
il cavalletto laterale

footrest
l'appoggiapiede

tail light
la luce posteriore

transmission
il cambio

pedal
la leva di comando del cambio a pedale

suspension
la sospensione delle ruote

scooter
lo scooter

all-terrain vehicle
il Quad

dirt bike
la moto fuoristrada

chopper
il chopper

THE MOTORCYCLE –
LA MOTOCICLETTA

motorcycle helmet
il casco

visor
la visiera

leather jacket
la giacca in pelle

air duct
la presa d'aria

leathers
la tuta moto

reflector strip
la striscia riflettente

leather glove
il guanto in pelle

speedometer
il tachimetro

indicator
l'indicatore di direzione

handgrip
il manubrio

front brake lever
la leva del freno
anteriore

tank cap
il tappo del serbatoio

gas tank
il serbatoio del
carburante

twist-grip throttle
la manopola del gas

motorcycle combination
la motocarrozzetta

touring motorcycle
la moto touring

sidecar
il sidecar

THE BICYCLE –
LA BICICLETTA

brake il freno a mano	*seat* il sellino	*seat post* il tubo reggisella	*handlebars* il manubrio	*bike basket* il cestino

carrier
il portapacchi

fork
la forcella

back wheel
la ruota posteriore

tire
la gomma

rim
il cerchio

front wheel
la ruota anteriore

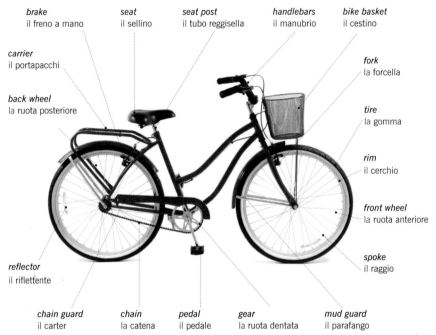

spoke
il raggio

reflector
il riflettente

chain guard il carter	*chain* la catena	*pedal* il pedale	*gear* la ruota dentata	*mud guard* il parafango

gear lever	la leva del cambio
brake lever	la leva del freno
pump	la pompa per bicicletta
bike helmet	il casco da bicicletta
generator	la dinamo
to pedal	pedalare
to brake	frenare
to change to a higher/lower gear	innestare una marcia più alta/bassa
to learn to ride a bike	imparare ad andare in bicicletta
to patch an inner tube	riparare la camera d'aria

THE BICYCLE –
LA BICICLETTA

child seat
il seggiolino per bambini

unicycle
il monociclo

tandem bike
il tandem

BMX bike
la bicicletta BMX

racing bike
la bicicletta da corsa

touring bike
la bicicletta da turismo

mountain bike
il mountain bike

electric bike
la bicicletta elettrica

recumbent bicycle
la bicicletta reclinata

tricycle
il triciclo

bike lock
il lucchetto per bicicletta

repair kit
il kit per forature

rental bicycle
la bicicletta a noleggio

child bike trailer
il rimorchio per bambini

saddle bag
la borsa a bisaccia

bicycle stand
la rastrelliera per biciclette

THE TRUCK – IL CAMION

tractor trailer
la motrice

hood
il cofano

grill
la griglia del radiatore

headlight
il faro

exhaust stack
il tubo di scarico

sleeper berth
la cabina con zona notte

air horn
la tromba

storage compartment
il vano portaoggetti

bumper l'ammortizzatore	*windshield* il parabrezza	*step* il gradino	*gas tank* il serbatoio del carburante

car carrier
la bisarca

snowplow
lo spazzaneve a fresa

street sweeper
la (macchina) spazzatrice

garbage truck
l'autocarro della nettezza urbana

tanker
l'autocisterna

tractor trailer
l'autoarticolato

trailer
il semirimorchio

flatbed trailer
il rimorchio pianale

MORE VEHICLES – ULTERIORI VEICOLI

excavator
l'escavatore

bulldozer
il bulldozer

cement truck
l'autobetoniera

dump truck
il ribaltabile

camper
la roulotte

recreational vehicle
il camper

fork-lift
il carrello elevatore

fire engine
l'autopompa

trailer
il rimorchio

tractor
il trattore

police car
la macchina della polizia

taxi
il taxi

tow truck
il carro attrezzi

crane
l'autogru

taxi stand
il posteggio taxi

to hail a taxi
fare segno ad un taxi

THE TRAIN –
IL TRENO

train il treno	*driver's cab* la cabina del macchinista	*compartment* lo scompartimento	*overhead rack* il portabagagli

rail la rotaia	*car* il vagone	*armrest* il bracciolo	*seat* il sedile	*headrest* l'appoggiatesta

freight train il treno merci	*trolley* il tram	*subway* la metropolitana	*monorail* la monorotaia

steam engine
la locomotiva a vapore

high-speed train	il treno ad alta velocità
open car	il vagone viaggiatori
overhead wires	la linea aerea
first class	la prima classe
second class	la seconda classe
folding table	il tavolino ribaltabile
railcar	l'automotrice
seat reservation	la prenotazione del posto

THE TRAIN – IL TRENO

At the train station – Alla stazione ferroviaria

platform
il marciapiede

platform number
il numero del binario

to get on
salire

sign
il cartello indicatore

to get off
scendere

passenger
il viaggiatore

railing
la balaustra

escalator
la scala mobile

station concourse
l'atrio della stazione

ticket counter
la biglietteria

ticket machine
il distributore
automatico di biglietti

conductor
la bigliettaia

delay	il ritardo
on time	in orario
to change	cambiare
to dodge the fare	viaggiare clandestinamente
rail network	la rete ferroviaria
A one-way ticket to ..., please.	Un biglietto di andata per ...
Two round trips to ..., please.	Andata e ritorno ...
Is this seat taken?	È libero questo posto?

luggage cart
il carrello portabagagli

THE AIRPLANE –
L'AEREO

commercial aircraft
l'aereo di linea

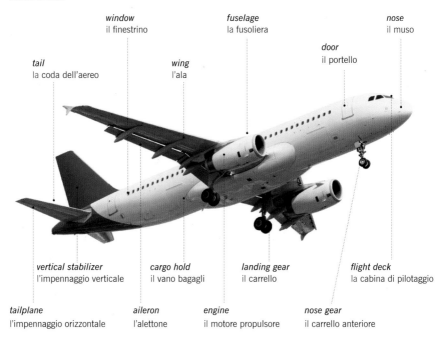

window
il finestrino

fuselage
la fusoliera

nose
il muso

door
il portello

tail
la coda dell'aereo

wing
l'ala

vertical stabilizer
l'impennaggio verticale

cargo hold
il vano bagagli

landing gear
il carrello

flight deck
la cabina di pilotaggio

tailplane
l'impennaggio orizzontale

aileron
l'alettone

engine
il motore propulsore

nose gear
il carrello anteriore

windsock
la manica a vento

Your flight is ready for boarding.	Il Suo volo è pronto all'imbarco.
airline	la compagnia aerea
air traffic control	il controllo del traffico aereo
pilot	il pilota
copilot	il copilota
first class	la prima classe
business class	la business class
economy class	l'economy class

THE AIRPLANE – L'AEREO
Inside the plane – In aereo

safety instructions
le indicazioni
di sicurezza

air vent
il bocchettone
d'aria

flight attendant
l'assistente di volo

seat il sedile	*overhead compartment* lo scomparto per il bagaglio	*seat number* il numero del posto	*non-smoking flight* il volo per non fumatori

reading light
la lampadina per lettura

carry-on luggage il bagaglio a mano	*aisle* il corridoio	*emergency exit* l'uscita d'emergenza	*seat spacing* lo spazio tra i sedili

row	la fila
seat belt	la cintura di sicurezza
to *fasten one's seat belt*	allacciare la cintura
runway	la pista di decollo e atterraggio
to *fly*	volare
to *take off*	decollare
to *land*	atterrare
turbulence	le turbolenze
emergency landing	l'atterraggio di emergenza
oxygen mask	la maschera d'ossigeno

*in-flight entertainment
system*
lo schermo per il pro-
gramma di bordo

THE AIRPLANE – L'AEREO

At the airport – All'aeroporto

self-service check-in
il dispositivo automatico
del check-in

check-in counter
lo sportello del check-in

boarding pass
la carta d'imbarco

passport
il passaporto

arrival
l'arrivo

departure
la partenza

terminal
il terminal

customs
la dogana

security check
il controllo di sicurezza

ticket check
il controllo del biglietto

duty-free shop
il duty-free shop

airstairs
la scala passeggeri

gate
l'uscita

air bridge
il finger

control tower
la torre di controllo

air traffic controller
il controllore di volo

THE AIRPLANE – L'AEREO
At the airport – All'aeroporto

① information screen
il tabellone degli orari

② destination
la destinazione

long-distance flight
il volo a lungo raggio

international flight
il volo internazionale

domestic flight
il volo nazionale

✈ ❶ DEPARTURES

Time	Destination ❷	Flight
19:30	BEIJING	R4 4509
19:30	ATLANTA	EB 7134
19:45	LONDON	DN 0045
19:40	NEW YORK	OD 7158
19:50	FRANKFURT	NP 6890
20:05	DUBAI	UC 1207
20:10	CHICAGO	EB 3436
20:20	TOKYO	R4 4581
20:45	PARIS	NP 1976

rolling suitcase
il trolley

excess luggage
il bagaglio in eccedenza

baggage carousel
il nastro dei bagagli

moving walkway
il tapis roulant

layover	lo scalo
to book a flight	prenotare un volo
online check-in	il web check-in
reservation	la prenotazione
visa	il visto
luggage check	il controllo dei bagagli
luggage tag	il tagliando del bagaglio
currency exchange	il cambio valuta

backpack
lo zaino

THE SHIP –
LA NAVE

cruise ship
la nave da crociera

radar antenna
l'antenna radar

deck
il ponte

cabin
la cabina

funnel
il fumaiolo

radio antenna
l'antenna radio

port side
il lato babordo

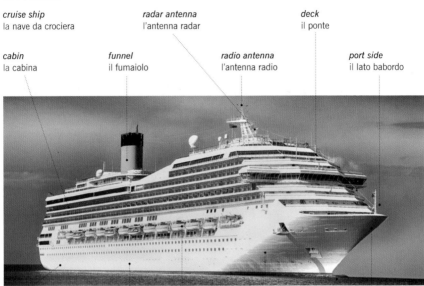

hull
lo scafo

porthole
l'oblò

starboard side
il lato tribordo

bow
la prua

lifeboat
la barca di salvataggio

bulbous bow
il bulbo di prua

sailboat
la barca a vela

motor yacht
lo yacht a motore

motor boat
il motoscafo

catamaran
il catamarano

THE SHIP – LA NAVE
At the port – Al porto

maritime container terminal
il porto container

container depot	*cargo*	*dock*	*crane*	*container ship*
il deposito container	il carico	la banchina	la gru	la nave porta-container

lighthouse	*mooring*	*bitt*	*buoy*
il faro	l'ammarraggio	la bitta	la boa

to drop/weigh anchor	gettare/levare l'ancora
Coast Guard	la guardia costiera
to land	approdare
to sail	salpare
to embark	salire a bordo
to disembark	sbarcare
pier	il pontile
submarine	il sottomarino

ferry
la (nave) traghetto

IN THE CITY

IN CITTÀ

THE CITY CENTER –
IL CENTRO CITTÀ

suburb	*bridge*	*river*	*street*	*business district*	*television tower*
il sobborgo	il ponte	il fiume	la strada	la zona commerciale	la torre della televisione

apartment buildings	*cathedral*	*sidewalk*	*old town*	*tower*	*street light*
il caseggiato	il duomo	il marciapiede	il centro storico	la torre	l'illuminazione stradale

side street	*boulevard*	*steps*	*alley*
la strada laterale	il viale	la scalinata	il vicolo

THE CITY CENTER –
IL CENTRO CITTÀ

park
il parco

canal
il canale

entertainment district
la zona dei locali e di
svago

square
la piazza

shopping district
la zona commerciale

industrial area
la zona industriale

residential area
la zona residenziale

town hall
il municipio

university
l'università

school
la scuola

post office
la posta

fire station
la stazione dei pompieri

police station
il posto di polizia

hospital
l'ospedale

library
la biblioteca

court house
il palazzo di giustizia

THE CITY CENTER – IL CENTRO CITTÀ

Buildings in the center of the city – Edifici in centro

skyscraper
il grattacielo

castle
la rocca

palace
il castello

church
la chiesa

mosque
la moschea

synagogue
la sinagoga

temple
il tempio

ruin
la rovina

office building
il centro uffici

theater
il teatro

cinema
il cinema

factory
la fabbrica

embassy
l'ambasciata

opera house
il teatro dell'opera

museum
il museo

art gallery
la galleria d'arte

THE CITY CENTER – **IL CENTRO CITTÀ**

On the streets – **Per strada**

street light
il lampione

pedestrian crossing light
il semaforo pedonale

traffic lights
il semaforo

monument
il monumento

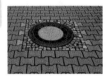

garbage can
la pattumiera

manhole cover
il coperchio del tombino

fire hydrant
l'idrante

cemetery
il cimitero

bus stop
la fermata d'autobus

kiosk
l'edicola

*underground parking
garage*
il garage sotterraneo

pedestrian zone
la zona pedonale

Can you tell me the way to ..., please?	Scusi, come si arriva a ...?
Can you tell me where to find ..., please?	Potrebbe dirmi dov'è ...?
Can you show me on the map, please?	Potrebbe indicarmelo sulla pianta?
at the corner	all'angolo
turn right/left	voltare a destra/sinistra
on the right/left	sul lato destro/sinistro
(diagonally) across	di fronte (in linea diagonale)
close (to)	vicino (a)

THE CITY CENTER – IL CENTRO CITTÀ

The hotel – L'albergo

reception
la ricezione

receptionist
la ricezionista

key card
la keycard

bell
il campanello

lobby
la hall

bar
il bar

restaurant
il ristorante

resort
il villaggio

king room
la camera matrimoniale

double room
la camera doppia

single room
la camera singola

gym
la palestra

pool
la piscina

I have booked a room for	Ho prenotato una camera a nome di ...
How much is the room, please?	Scusi, quanto costa la camera?
I'd like a king room for one night, please.	Vorrei una camera matrimoniale per una notte.
Are there any vacancies?	C'è una camera libera?

THE CITY CENTER – **IL CENTRO CITTÀ**

The hotel – L'albergo

concierge
il/la concierge

luggage cart
il carrello portabagagli

"Please don't disturb"
door hanger
il cartellino
"Non disturbare"

luggage rack
il poggia bagagli

room service
il servizio in camera

maid
la cameriera

suite
la suite

hotel amenities
gli articoli da toeletta

minibar
il minibar

room number
il numero di camera

breakfast buffet
il buffé di colazione

three/four star hotel	l'albergo a tre/quattro stelle
family room	la camera per famiglia
to check in/out	fare il check-in/out
half board	la mezza pensione
full board	la pensione completa
bed and breakfast	la camera con colazione
extra bed	il letto aggiuntivo
wake-up call	il servizio sveglia

safe
la cassaforte

THE CITY CENTER – IL CENTRO CITTÀ

The bank – La banca

payment terminal
il lettore carte chip

counter
lo sportello

cashier
la cassiera

ATM card
la carta bancomat

keyboard
il tastierino numerico

online banking
l'online banking

ATM machine
il bancomat

to withdraw money
prelevare denaro

to deposit money
versare denaro

to write a check
emettere un assegno

overdraft	lo scoperto
checking account	il conto corrente
savings account	il conto di risparmio
PIN number	il codice PIN
interest rate	il tasso d'interesse
loan	il prestito
mortgage	l'ipoteca
account number	il numero del conto

THE CITY CENTER – IL CENTRO CITTÀ

The bank – La banca

money
la banconota

coins
la moneta

currency
la valuta

bond
il titolo

exchange rate
il cambio

safety deposit box
la cassetta di sicurezza

safe
la cassaforte

credit card
la carta di credito

stock market
la borsa

market price
il corso di borsa

financial advisor
il consulente finanziario

invoice
la fattura

Could I change this, please?	Potrei cambiare?
What's the current exchange rate?	Qual è il cambio attuale?
I'd like to open an account, please.	Vorrei aprire un conto.
amount	l'importo
traveler's check	l'assegno turistico
equity	il capitale proprio
commission	la provvigione
exchange booth	l'ufficio di cambio

transfer order
il modulo di bonifico bancario

SHOPPING – ACQUISTI

At the stores – Negozi e botteghe

market
il mercato

market stall
la bancarella

store window
la vetrina

pet store
il negozio di animali

produce
il negozio di verdure

butcher's
la macelleria

bakery
il panificio

sweet shop
la pasticceria

supermarket
il supermercato

fish market
la pescheria

liquor store
l'enoteca

florist
il negozio di fiori

grocery store
il negozio di generi
alimentari

organic grocery store
il negozio di prodotti
naturali

stationery store
la cartoleria

corner store
il negozietto all'angolo

SHOPPING – ACQUISTI
At the stores – Negozi e botteghe

bookstore
la libreria

drug store
il negozio di sanitaria

boutique
la boutique

antique shop
il negozio di antiquariato

toy store
il negozio di giocattoli

jewelry store
la gioielleria

furniture store
il negozio di mobili

appliance store
il negozio di
elettrodomestici

shoe store
il negozio di calzature

hair salon
il salone da parrucchiere

tailor's
la sartoria

perfumery
la profumeria

warehouse
il negozio per il fai da te

gift shop
il negozio di regali

pharmacy
la farmacia

optometrist
l'ottico

SHOPPING – ACQUISTI

The shopping mall – Il centro commerciale

inner court
il cortile a lucernario

second floor
il secondo piano

first floor
il primo piano

store
il magazzino

escalator
la scala mobile

ground floor
il pianterreno

salesperson
la commessa

food court
la food-court

fitting room
il camerino

parking lot
il parcheggio

babies' changing room
il fasciatoio

customer service	l'assistenza alla clientela
map	la pianta
security	il servizio di vigilanza
Could I look at ..., please?	Scusi, potrebbe mostrarmi ...?
How much is it?	Quanto costa?
Can I exchange this, please?	Potrei cambiarlo?
Could you wrap it as a present, please?	Potrebbe confezionarlo come regalo?
sale	la svendita

SHOPPING – ACQUISTI
The department store – Il grande magazzino

mannequin
il manichino

shopping bag
la borsa della spesa

luggage department
il reparto borse e valigeria

cafeteria
la zona ristoro

sporting goods
il reparto articoli sportivi

clothing department
le mercerie

lingerie
la biancheria intima

cosmetics department
il reparto cosmetici

menswear
il reparto uomo

ladies' fashion
il reparto donna

children's department
il reparto bambini

shoe department
il reparto calzature

grocery department
il reparto alimentare

electronics department
il reparto multimedia

linens department
il reparto tessuti
e tendaggi

stationery department
il reparto cartoleria

SHOPPING – ACQUISTI

The supermarket – Il supermercato

cashier
il cassiere

customer
la cliente

goods
la merce

conveyer belt
il nastro trasportatore

shelf
lo scaffale

shopping cart
il carrello

cash register
la cassa

scanner
lo scanner

delicatessen
il banco formaggi

butcher
il banco carni

shopping list
la lista della spesa

aisle
il corridoio

shopping basket
il cestino

bar code
il codice a barre

sale
l'offerta speciale

self-service checkout
la cassa self service

SHOPPING – ACQUISTI
The supermarket – Il supermercato

refrigerated foods
il banco frigo

dairy section
i latticini

frozen foods
i surgelati

fruits and vegetables
la frutta e verdura

meat and poultry
carni e pollame

canned goods
lo scatolame

delicacies
le specialità
gastronomiche

receipt
lo scontrino

baby products
i prodotti per neonati

breakfast cereal
i cereali per la colazione

baked goods
il pane

seafood section
il banco pesce

drinks	le bevande
candy aisle	i dolciumi
pet food	il mangime
organic products	i prodotti biologici
to pay	pagare
loose change	la moneta spicciola
price	il prezzo
price tag	il cartellino del prezzo

detergents
i detersivi

SHOPPING – ACQUISTI

The newsstand – L'edicola

newspaper
il giornale

magazine
il periodico

notebook
il bloc notes

comic
il fumetto

magazine rack
lo scaffale delle riviste

greeting card
la cartolina d'auguri

lottery ticket
la schedina del lotto

book
il libro

chewing gum
la gomma da masticare

mints
la (caramella alla) menta

chocolate bar
la barretta di cioccolato

tobacco
il tabacco

cigarette
la sigaretta

pipe
la pipa

lighter
l'accendino

cigar
il sigaro

CAFÉS AND BARS – CAFFETTERIE E BAR

street café
il bar all'aperto

terrace
il terrazzo soleggiato

counter
il banco

coffee machine
la macchina del caffè

tray
il vassoio

tap
la spina

bartender
il barman

barista
il barista

bar stool
lo sgabello da bar

corkscrew
il cavatappi

cocktail shaker
il cocktail shaker

ice bucket
il secchiello per il vino

to put something on the tab	mettere qualcosa sul conto
to pick up the tab	pagare il conto
to meet for a coffee	incontrarsi per un caffè
Where are the restrooms, please?	Mi scusi, dov'è il bagno?
I'd like ...	Vorrei ...
A glass of ..., please.	Un bicchiere di... , per favore.
A cup of ..., please.	Una tazza di ... , per favore.
May I have another, please.	Faccio il bis.

ashtray
il posacenere

THE SIGHTS –
ATTRAZIONI TURISTICHE

map
la pianta della città

tourist information
l'ufficio d'informazioni
turistiche

tour guide
la guida turistica

souvenir
il souvenir

guided tour
la visita della città

sightseeing tour
il giro turistico della città

river cruise
il giro sul fiume

aquarium
l'acquario

viewing platform
il belvedere

exhibition
la mostra

street entertainer
il musicista ambulante

street performer
l'artista ambulante

line
la fila

guide	la guida turistica
gift shop	la guida turistica
excursion	la gita
opening hours	gli orari di apertura
open	aperto
closed	chiuso
admission fee	l'ingresso
concession stand	la riduzione

ARCHITECTURE –
L'ARCHITETTURA

classical
classicistico

Gothic
gotico

baroque
barocco

Romanesque
romanico

Renaissance
il rinascimento

art deco
l'art déco

art nouveau
lo stile liberty

rococo
il rococò

Bauhaus
il Bauhaus

column
la colonna

arch
l'arco

dome
la cupola

front	la facciata
wing	l'ala
vault	la volta
tomb	il sepolcro
inner courtyard	il cortile interno
town wall	le mura cittadine
catacombs	le catacombe
memorial	il monumento commemorativo

landmark
il simbolo

PARKS AND PLAYGROUNDS –
PARCHI E CAMPI DA GIOCO

park
il parco

① *pavilion*
il padiglione

② *sidewalk*
il viottolo

③ *lawn for sunbathing*
il prato per sdraiarsi

gardens
i giardini

④ *fountain*
la fontana

⑤ *park bench*
la panchina

botanical garden
il giardino botanico

estate
il parco reale

landscape garden
il parco paesaggistico

lake
il lago

national park
il parco nazionale

mountain park
il parco montano

zoo
lo zoo

safari park
il parco selvaggio

PARKS AND PLAYGROUNDS –
PARCHI E CAMPI DA GIOCO

playground
il parco giochi

① *swing set*
l'arrampicata

② *slide*
lo scivolo

sandbox
la sabbiera

monkey bars
il percorso sospeso

③ *swing*
l'altalena

④ *seesaw*
l'altalena a bilico

maze
il labirinto

amusement park
il parco divertimenti

barbecue area
la postazione barbecue

picnic
il picnic

to go for a walk
andare a passeggio

tightrope
lo slacklining

to jog
fare jogging

kiddie pool
lo sguazzatoio

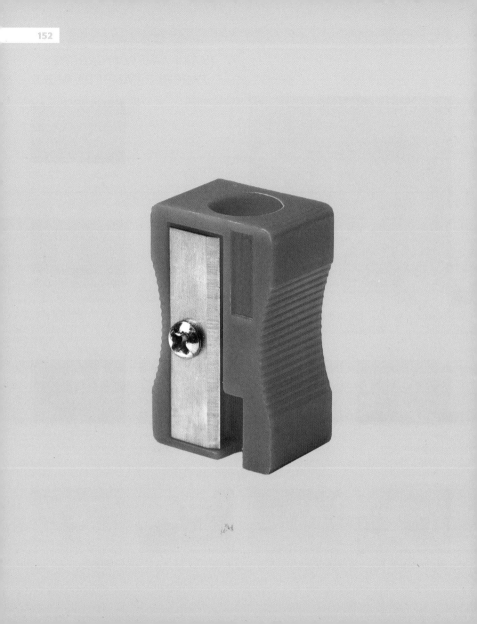

EDUCATION AND WORK

ISTRUZIONE E LAVORO

AT SCHOOL –
A SCUOLA

kindergarten
l'asilo d'infanzia

preschool
la scuola materna

elementary school
la scuola primaria

junior high school
la scuola secondaria

high school
il liceo

class
la classe

exam
l'esame

assembly hall
l'aula magna

computer room
il laboratorio multimediale

principal
la dirigente scolastica

teacher
l'insegnante

sports field
il campo sportivo

school uniform
la divisa scolastica

essay	il tema
class test	il compito in classe
grade	il voto
to graduate	diplomarsi
high school diploma	la licenza media
private school	la scuola privata
advanced level exams	il diploma
boarding school	il collegio

AT SCHOOL – **A SCUOLA**

In the classroom – In aula

teacher's desk	*blackboard*	*student (male)*	*student (female)*
la cattedra	la lavagna	l'alunno	l'alunna

protractor	*pencil*	*notebook*	*pencil case*
il goniometro	la matita	il quaderno	l'astuccio

triangle	*ruler*
la squadra	il righello

school bag	la cartella
dictionary	il dizionario
tuition	la ripetizione
chalk	il gesso
textbook	il libro di testo
pen	la penna stilografica
ink	l'inchiostro
marker	l'evidenziatore

pocket calculator
la calcolatrice tascabile

AT SCHOOL – A SCUOLA

School subjects – Le materie scolastiche

biology
la biologia

math
la matematica

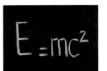

physics
la fisica

chemistry
la chimica

religious education
l'ora di religione

ethics
l'ora di etica

art
arte e immagine

geography
la geografia

languages
le lingue straniere

history
la storia

physical education
le scienze motorie

music
la musica

drama
il laboratorio teatrale

computer science
l'informatica

woodwork and metalwork
il laboratorio di
costruzioni

social studies
l'educazione civica

AT SCHOOL – A SCUOLA
School subjects – Le materie scolastiche

technical drawing
il disegno tecnico

home economics
l'economia domestica

to write
scrivere

to do addition
fare i calcoli

to spell
compitare

to read
leggere

to raise one's hand
alzare la mano

class trip
la gita scolastica

class schedule
l'orario (delle lezioni)

prom
il ballo di fine anno

homework
il compito

sporting event
la festa sportiva

to draw	disegnare
to count	contare
exercise	l'esercizio
parent/teacher night	l'incontro scuola-famiglia
grades	la pagella
exchange program	lo scambio scolastico
curriculum	il programma
subject	la materia scolastica

vacation
le vacanze

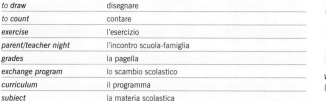

AT SCHOOL – A SCUOLA

In the laboratory – Nel laboratorio

experiment
l'esperimento

safety goggles
gli occhiali protettivi

lab coat
il camice

test tube	*safety glove*	*lab equipment*
la provetta	il guanto da laboratorio chimico	gli apparecchi da laboratorio

tweezers	*scalpel*	*magnifying glass*	*thermometer*
la pinza	lo scalpello	la lente	il termometro

scale	*timer*	*magnet*	*battery*
la bilancia da laboratorio	il cronometro	il magnete	la batteria

AT SCHOOL – A SCUOLA

In the laboratory – Nel laboratorio

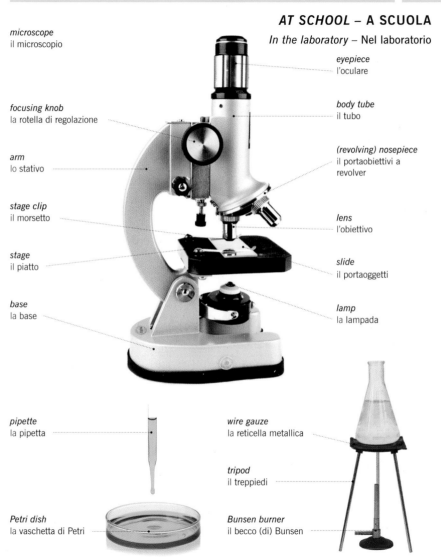

microscope
il microscopio

eyepiece
l'oculare

focusing knob
la rotella di regolazione

body tube
il tubo

arm
lo stativo

(revolving) nosepiece
il portaobiettivi a
revolver

stage clip
il morsetto

lens
l'obiettivo

stage
il piatto

slide
il portaoggetti

base
la base

lamp
la lampada

pipette
la pipetta

wire gauze
la reticella metallica

tripod
il treppiedi

Petri dish
la vaschetta di Petri

Bunsen burner
il becco (di) Bunsen

AT SCHOOL – A SCUOLA

At lunch time – Durante la ricreazione

lunch time
la pausa pranzo

tray
il vassoio

lunch box
il portamerenda

sandwich
il panino

school bell
la campanella

locker
l'armadietto

break
la ricreazione

playground
il cortile della scuola

to play hopscotch
giocare a campana

cafeteria
il refettorio

packed lunch
la colazione a sacco

serving counter
la distribuzione dei pasti

AT SCHOOL – A SCUOLA

The gymnasium – La palestra

volleyball	*basketball*	*handball*	*soccer ball*
il pallone da pallavolo	il pallone da pallacanestro	il pallone da pallamano	il pallone da calcio

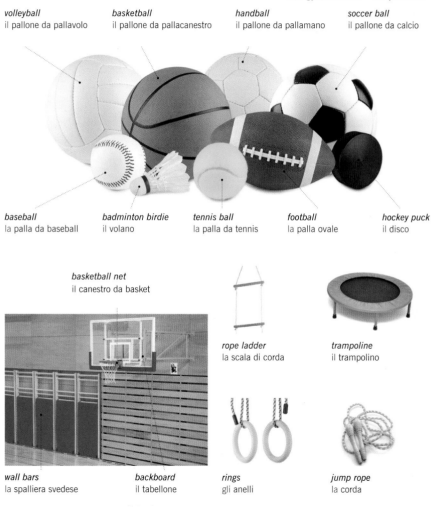

baseball	*badminton birdie*	*tennis ball*	*football*	*hockey puck*
la palla da baseball	il volano	la palla da tennis	la palla ovale	il disco

basketball net
il canestro da basket

rope ladder
la scala di corda

trampoline
il trampolino

wall bars
la spalliera svedese

backboard
il tabellone

rings
gli anelli

jump rope
la corda

AT COLLEGE –
ALL'UNIVERSITÀ

campus
il campus

lecture hall
l'uditorio

political sciences
le scienze politiche

art history
la storia dell'arte

law
la giurisprudenza

economics
l'economia aziendale

humanities
le scienze umane

natural sciences
le scienze naturali

engineering
l'ingegneria

medicine
la medicina

educational sciences
la pedagogia

professor
il professore

lecturer
la docente

diploma	il diploma di laurea
bachelor's degree	la laurea triennale
master's degree	la laurea specialistica
dissertation	la dissertazione
PhD	il dottorato di ricerca
postdoctoral lecturer qualification	l'abilitazione
research	la ricerca
research institute	l'istituto di ricerca

AT COLLEGE – ALL'UNIVERSITÀ

to present a paper
presentare una tesina

seminar
il seminario

lecture
la lezione

exam
l'esame

reading room
la sala di lettura

check out desk
il servizio prestito

bookshelf
la libreria

oral exam
l'esame orale

to graduate
concludere gli studi

dormitory
la casa dello studente

dining hall
la mensa

library
la biblioteca

student
lo studente (universitario)

librarian	il bibliotecario
reference librarian	il riferimento bibliotecario
library card	la tessera bibliotecaria
to borrow	prendere in prestito
to extend	prorogare
to reserve	prenotare
return date	il termine di restitutzione
periodical	il periodico

AT COLLEGE –
ALL'UNIVERSITÀ

study group
il gruppo di studio

to study
studiare

apprenticeship
il semestre di stage

internship
lo stage

trainee position
il volontariato

gap year
l'anno sabbatico

part-time job
lavorare (occasionalmente)

bulletin board
la bacheca

vocational training
la formazione
professionale

vocational school
l'istituto professionale

art college
l'accademia di belle arti

college of music
il conservatorio

*academy of performing
arts*
l'accademia d'arte
teatrale

student ID	la tessera universitaria
course	il corso
semester	il semestre
sabbatical	le vacanze universitarie
faculty	il dipartimento
assignment	la tesina
university degree	il diploma universitario
scholarship	la borsa di studio

THE WORLD OF WORK – IL MONDO DEL LAVORO

Job applications – La domanda di assunzione

job interview
il colloquio di lavoro

human resources director
l'addetta al personale

CV
cover letter
il curriculum vitae

application documents
i documenti allegati alla domanda di assunzione

applicant
l'aspirante

job advertisement
l'inserzione di lavoro

temp work
il lavoro interinale

permanent position
l'impiego fisso

career
la carriera

to **apply for a position**	fare domanda di assunzione
working conditions	le condizioni di lavoro
shift work	il lavoro a turni
part-time work	il part time
full-time work	il full time
qualification	la qualifica
professional experience	l'esperienza professionale

to hire somebody
assumere qualcuno

THE WORLD OF WORK – IL MONDO DEL LAVORO

Occupations – Professioni e mestieri

doctor
il medico

surgeon
il chirurgo

nurse
l'infermiere

physical therapist
il fisioterapista

orthopedist
l'ortopedico

dentist
il dentista

psychologist
la psicologa

pharmacist
la farmacista

optometrist
l'ottica

veterinarian
il veterinario

receptionist
la ricezionista

lawyer
l'avvocato

judge
la giudice

accountant
il revisore dei conti

consultant
la consulente aziendale

computer specialist
l'informatico

THE WORLD OF WORK – IL MONDO DEL LAVORO

Occupations – Professioni e mestieri

architect
l'architetto

engineer
l'ingegnere

carpenter
il falegname

electrician
l'elettricista

plumber
l'idraulico

roofer
il copritetto

painter
l'imbianchino

garbage collector
il netturbino

car mechanic
il meccanico

farmer
l'agricoltore

soldier
la soldatessa

postal worker
la postina

construction worker
il muratore

janitor
l'addetto alle pulizie

landscape gardener
l'architetto paesaggista

fisherman
il pescatore

THE WORLD OF WORK – IL MONDO DEL LAVORO

Occupations – Professioni e mestieri

pilot
il pilota

flight attendant
l'assistente di volo

chef
il cuoco

waiter
il cameriere

baker
il fornaio

butcher
la macellaia

sales assistant
il commesso

hairdresser
la parrucchiera

beautician
l'estetista

gardener
il giardiniere

real estate agent
l'agente immobiliare

office administrator
la segretaria d'azienda

paramedic
l'infermiere

bus driver
l'autista

taxi driver
il tassista

delivery person
il corriere

THE WORLD OF WORK – IL MONDO DEL LAVORO

Occupations – Professioni e mestieri

journalist
la giornalista

scientist
lo scienziato

graphic designer
la grafica

professional athlete
lo sportivo agonista

news reporter
la conduttrice

actor
l'attrice

singer
la cantante

dancer
il ballerino

artist
la pittrice

photographer
il fotografo

musician
la musicista

dressmaker
la sarta

sculptor
lo scultore

bank manager
l'impiegata bancaria

librarian
il bibliotecario

teacher
l'insegnante

THE WORLD OF WORK – IL MONDO DEL LAVORO

Organizational structure – L'organigramma

office administration la segreteria	*department for business administration* l'ambito commerciale
	business administration management la direzione commerciale
	IT management la direzione IT
	accounting la contabilità
	controlling il controllo di gestione

secondary business segment il campo d'attività secondario	*primary business segment* il campo d'attività principale	*branch office* la succursale
general manager la direzione	*general manager* la direzione	*manager* il manager
	team il team	
	team leader il capo team	
	employee l'impiegato	

public limited company	la società per azioni (S.p.A.)
shareholder (male)	l'azionista
shareholder (female)	la azionista
limited liability company	la società a responsabilità limitata (S.r.l.)
limited commercial partnership consisting of a general partner and a limited partner	la società a responsabilità limitata e in accomandita semplice (S.r.l. a.s.)
limited partnership	la società in accomandita semplice (S.a.s.)
general commercial partnership	la società a nome collettivo (S.n.c.)
corporation	il gruppo industriale

board
il consiglio direttivo

associate
il socio

general manager
la direzione amministrativa

deputy
la vicedirezione

notary public
il procuratore

personnel department
l'ufficio del personale

personnel management
la direzione del personale

legal department
il reparto legale

marketing department
il reparto marketing

marketing management
la direzione del marketing

PR department
il reparto delle pubbliche relazioni

sales department
l'ufficio vendite

sales management
la direzione vendite

key account management
il key account management

sales representative
il servizio esterno

office work
il servizio interno

production
la produzione

production management
la direzione di produzione

customer service
il servizio di assistenza ai clienti

customer acquisition
l'acquisizione di nuovi clienti

in-house counsel
il consiglio aziendale

THE OFFICE – L'UFFICIO

Office furniture – Mobili da ufficio

workspace
la postazione di lavoro

letter tray
il portadocumenti

drawer
la serrandina

office furniture
i mobili da ufficio

desk la scrivania	*desk mat* il sottomano	*office chair* la sedia da ufficio	*safe* la cassaforte

filing cabinet
l'armadio da archivio

water cooler
l'erogatore d'acqua

desk lamp
la lampada da scrittoio

bulletin board
il pannello d'affissione

wastepaper basket
il cestino

day planner	l'agenda
file	il documento
shredder	il distruttore di documenti
mail compartment	il compartimento postale
appointment	l'appuntamento
internal mail	la posta interna
in-box	la vaschetta portacorrispondenza
kitchen	la cucina

THE OFFICE – L'UFFICIO

Office supplies – L'occorrente per ufficio

scissors
le forbici

highlighter
l'evidenziatore

desk organizer
il portapenne

notebook
il taccuino

post-it note
la nota adesiva

self-adhesive strip
il segnapagina adesivo

pencil
la matita

pencil sharpener
il temperamatite

eraser
la gomma

pen
la penna

paper clip
la graffetta

thumbtack
la puntina (da disegno)

tape
lo scotch®

stapler
la spillatrice

hole punch
il perforatore

hanging file
la cartella sospesa

envelope
la busta

correction tape
il bianchetto

binder
il raccoglitore

letter opener
il tagliacarte

THE OFFICE – L'UFFICIO

Conference room – La sala conferenze

meeting
la seduta

participant
il team leader

agenda
l'ordine del giorno

to take the minutes
verbalizzare

flip chart
il tavolo da conferenza

conference table
il partecipante

team leader
la presentazione

presentation
projector
il videoproiettore

bar chart
il grafico a barre

pie chart
il grafico a torta

slide
il lucido

to organize	organizzare
meeting	conferenza
report	relazione
minutes	il verbale
contract	il contratto
business executive	l'uomo d'affari
director	la donna d'affari
business trip	il viaggio d'affari

THE OFFICE – L'UFFICIO

Office life – La vita d'ufficio

employer
il datore di lavoro

① *assistant*
l'assistente

② *colleague*
il collega

③ *employee*
il dipendente

④ *sales representative*
la collega

⑤ *manager*
la manager

⑥ *boss*
il direttore

business card
il biglietto da visita

to be laid off
essere licenziato

personnel
il personale

paternity leave
il congedo parentale

temporary employee	la supplenza
vacation	le vacanze annuali
salary	lo stipendio
promotion	la promozione
to terminate somebody	licenziare qualcuno
to resign from one's job	licenziarsi
to earn	guadagnare
to retire	andare in pensione

maternity leave
il congedo per maternità

COMMUNICATION

COMUNICAZIONE

THE COMPUTER – IL COMPUTER

The desktop computer – Il computer desktop

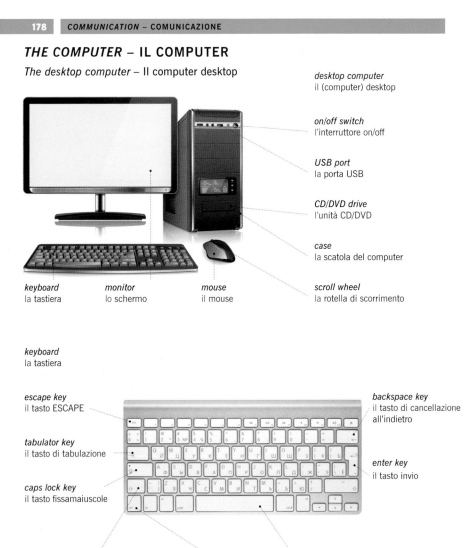

desktop computer
il (computer) desktop

on/off switch
l'interruttore on/off

USB port
la porta USB

CD/DVD drive
l'unità CD/DVD

case
la scatola del computer

keyboard
la tastiera

monitor
lo schermo

mouse
il mouse

scroll wheel
la rotella di scorrimento

keyboard
la tastiera

escape key
il tasto ESCAPE

backspace key
il tasto di cancellazione all'indietro

tabulator key
il tasto di tabulazione

enter key
il tasto invio

caps lock key
il tasto fissamaiuscole

shift key
il tasto maiuscole

control key
il tasto CONTROL

space bar
la barra spaziatrice

THE COMPUTER – IL COMPUTER

Hardware and equipment – Hardware e accessori

speaker
l'altoparlante

laptop
il laptop

electric cable
il cavo elettrico

laptop case
la custodia per laptop

processor
il processore

external hard drive
la memoria (esterna)

main memory
la memoria RAM

webcam
la webcam

CD-ROM
il CD-ROM

USB flash drive
la penna USB

scanner
lo scanner

ink-jet printer
la stampante a getto
d'inchiostro

laser printer
la stampante laser

ink cartridge
la cartuccia d'inchiostro

toner cartridge
la cartuccia toner

mouse pad
il tappetino (per il mouse)

THE COMPUTER – IL COMPUTER

Working on a computer – Lavorare al computer

to type
dattilografare

to click
cliccare

to scroll
scorrere

to cut
tagliare

to copy
copiare

to paste
incollare

to print a file
stampare un file

to save
salvare

to open a file
aprire un file

to delete
cancellare

folder
la cartella

trash can
il cestino

to search
cercare

to enter	inserire
to move a file	spostare un file
to create a back-up	creare una copia di sicurezza
to select	selezionare
to log on	effettuare il login
to log off	effettuare il logout
reboot	il riavvio
bytes	(i) bytes

THE COMPUTER – IL COMPUTER

Working on a computer – Lavorare al computer

to undo
revocare

to restore
ripristinare

settings
le impostazioni

font
i caratteri

error message
la segnalazione di errore

cursor
il cursore

hourglass pointer
la clessidra

volume control
il regolatore del volume

to minimize a window
ridurre una finestra
ad icona

to eject a disk
espellere un CD/DVD

*to shut down the
computer*
arrestare il sistema

to boot the computer
avviare il sistema

file	il file
program	il programma
scroll bar	la barra di scorrimento
to install a program	installare un programma
to uninstall a program	disinstallare un programma
operating system	il sistema operativo
task bar	la barra dei task
progress bar	la barra di progressione

window
la finestra

THE COMPUTER – **IL COMPUTER**

The Internet – L'internet

Wi-Fi
il wifi

router
il router

LAN cable
il cavo LAN

browser
il browser

bookmark
il segnalibro

download
il download

message
il messaggio

social media
i social media

online purchase
l'acquisto online

encryption
la crittografia

e-mail address
l'indirizzo e-mail

attachment
l'allegato

to forward an e-mail
inoltrare una e-mail

to send	trasmettere
to receive	ricevere
user account	l'account utente
incoming mail	la posta in arrivo
outgoing mail	la posta in uscita
out-of-office reply	la notifica di assenza
spam	il messaggio spam
to surf the Internet	navigare in rete

THE COMPUTER – IL COMPUTER

Mobile devices – Terminali mobili

tablet
il tablet

e-book reader
l'eBook reader

MP3 player
il lettore MP3

Bluetooth® headset
l'auricolare bluetooth®

app
l'app

SIM card
la scheda SIM

mobile case
la custodia

mobile phone
il telefonino

flashdrive
il flashdrive

to swipe
scorrere col dito

text message
il messaggino

smartphone
lo smartphone

touchscreen
il touch screen

data storage	la memoria
software	il software
dead zone	l'assenza di campo
flat rate	la connessione flat
pay-as-you-go card	la scheda prepagata
credit	il credito
ringtone	la suoneria
battery	la batteria ricaricabile

THE TELEPHONE –
IL TELEFONO

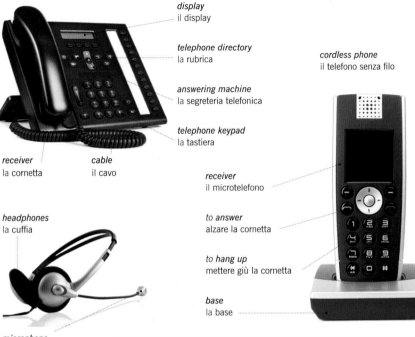

display
il display

telephone directory
la rubrica

answering machine
la segreteria telefonica

telephone keypad
la tastiera

cordless phone
il telefono senza filo

receiver
la cornetta

cable
il cavo

receiver
il microtelefono

headphones
la cuffia

to answer
alzare la cornetta

to hang up
mettere giù la cornetta

base
la base

microphone
il microfono

fax machine
il fax

to call somebody	telefonare a qualcuno
to dial	comporre il numero
to ring	squillare
I'd like to speak to ..., please.	Mi scusi, vorrei parlare con...
Sorry, I've dialed the wrong number.	Scusi, ho sbagliato numero.
I'll put you through.	La collego.
Please leave a message after the tone.	Si prega di lasciare un messaggio dopo il segnale acustico.
Could you call me back please?	Potrebbe richiamarmi?

THE MEDIA – I MEDIA

Television – La televisione

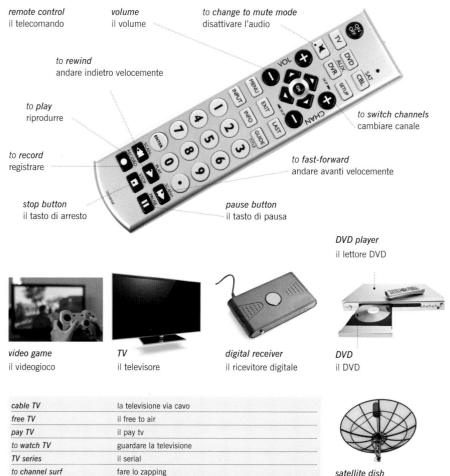

remote control
il telecomando

volume
il volume

to change to mute mode
disattivare l'audio

to rewind
andare indietro velocemente

to play
riprodurre

to record
registrare

to switch channels
cambiare canale

to fast-forward
andare avanti velocemente

stop button
il tasto di arresto

pause button
il tasto di pausa

DVD player
il lettore DVD

video game
il videogioco

TV
il televisore

digital receiver
il ricevitore digitale

DVD
il DVD

cable TV	la televisione via cavo
free TV	il free to air
pay TV	il pay tv
to watch TV	guardare la televisione
TV series	il serial
to channel surf	fare lo zapping
episode	la puntata
surround sound	l'ambience

satellite dish
l'antenna parabolica

THE MEDIA – I MEDIA

Television – La televisione

set
il set

teleprompter®
il teleprompter®

interview
l'intervista

interviewee
l'intervistato

news anchor
l'annunciatrice

news
il notiziario

reporter
la reporter

microphone
il microfono

scene
la scena

actor
l'attore

live broadcast
la trasmissione dal vivo

audience
il pubblico

clapperboard
il ciak

documentary	il documentario
talk show	il talk show
feature	il servizio
game show	il quizshow
presenter	il conduttore
host	la conduttrice
contestant	il partecipante
sitcom	il sitcom

THE MEDIA – I MEDIA

Radio – La radio

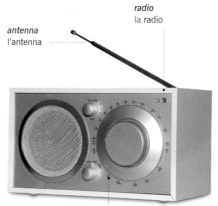

radio
la radio

antenna
l'antenna

DJ
il DJ

recording
la registrazione audio

radio station
l'emittente

weather forecast
il bollettino meteorologico

frequency
la frequenza

traffic news
il bollettino del traffico

radio hits countdown
la hit-parade

radio drama
il radiodramma

live recording
la registrazione in diretta

program	la trasmissione
reporter	il cronista
field reporter	il cronista campo
jingle	la sigla (musicale)
commercial	lo spot pubblicitario
to broadcast	trasmettere
long wave	le onde lunghe
short wave	l'onda corta

THE MEDIA – I MEDIA

Print – La stampa

newspaper
il giornale

front page
la prima pagina

tabloid format
il formato tabloid

headline
il titolo

picture
l'immagine

lead paragraph
il cappello

article
l'articolo

column
la colonna

broadsheet
il broadsheet

want ads
il mercato del lavoro

pamphlet
l'opuscolo pubblicitario

advertisement
l'annuncio

subscription
l'abbonamento

leader	l'articolo di fondo
obituary	l'annuncio mortuario
quality paper	il giornale di qualità
tabloid	il giornale scandalistico
weekly paper	il settimanale
daily paper	il quotidiano
column	la rubrica
supplement	il supplemento

THE MEDIA – I MEDIA

Print – La stampa

hardcover book
il libro rilegato

paperback
il (libro) tascabile

cover
la rilegatura

cover board
la copertina

spine
il dorso del libro

dust jacket
la sovracoperta

page
la pagina

bookmark
il nastro segnalibro

to flip through a book
sfogliare un libro

non-fiction book
il saggio

novel
il romanzo

page number	il numero della pagina
index	l'indice
to skim a page	dare una scorsa ad una pagina
children's book	il libro per bambini
fiction	la narrativa
non-fiction	la saggistica
table of contents	il sommario
chapter	il capitolo

coffee-table book
il volume illustrato

THE POST OFFICE – LA POSTA

envelope
la busta

stamp
il francobollo

addressee
il destinatario

address
l'indirizzo

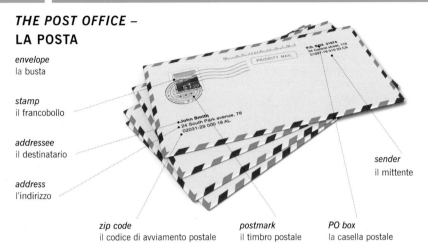

sender
il mittente

zip code
il codice di avviamento postale

postmark
il timbro postale

PO box
la casella postale

postcard
la cartolina postale

to sign a delivery confirmation
firmare la ricevuta

mailbox
la buca delle lettere

to mail a letter
imbucare una lettera

parcel
il pacco

letter	la lettera
express letter	l'espresso
postage paid	franco (di) porto
to receive a letter	ricevere una lettera
to reply to a letter	rispondere ad una lettera
to send somebody a letter	inviare una lettera a qn
registered letter	la raccomandata
snail mail	la posta lumaca

THE POST OFFICE –
LA POSTA

packing tape	*packing peanuts*	*small package*	*via airmail*	*postage*
il nastro adesivo	le patatine di polistirolo	il pacchetto	per posta aerea	l'affrancatura

fragile
fragile

keep dry
proteggere dall'acqua

this end up
alto

delivery
la consegna

to deliver	consegnare
collection times	gli orari di levata della posta
postage paid	spedizione gratuita
weight	il peso
scale	la bilancia
mailbox	la cassetta della posta
mail order	il vaglia postale
Do not bend!	Non piegare!

courier service
il corriere postale

SPORTS AND FITNESS

SPORT E FITNESS

BALL SPORTS – GLI SPORT CON LA PALLA

Soccer – Il calcio

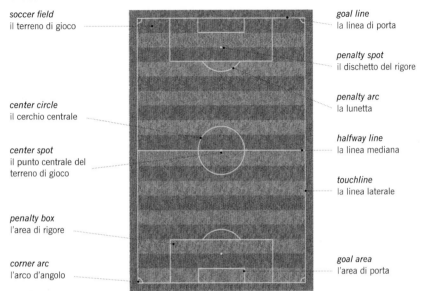

soccer field
il terreno di gioco

goal line
la linea di porta

penalty spot
il dischetto del rigore

penalty arc
la lunetta

center circle
il cerchio centrale

center spot
il punto centrale del
terreno di gioco

halfway line
la linea mediana

touchline
la linea laterale

penalty box
l'area di rigore

corner arc
l'arco d'angolo

goal area
l'area di porta

stadium
lo stadio

stand
la tribuna

spectators
gli spettatori

expulsion
l'espulsione

red card
il cartellino rosso

referee
l'arbitro

BALL SPORTS – GLI SPORT CON LA PALLA

Soccer – Il calcio

line-up
la formazione della squadra

center forward
il centravanti

sweeper
il libero

center half
il difensore centrale

goalkeeper
il portiere

wing
l'ala

midfielder
il centrocampista

wingback
il terzino

to tackle
attaccare

corner
il calcio d'angolo

free kick
il calcio di punizione

throw-in
la rimessa in gioco

league	la serie
first division	la serie A
championship	il campionato
cup	la coppa
yellow card	il cartellino giallo
to suspend a player	squalificare un calciatore
foul	il fallo
defense	la difesa

goal
il gol

BALL SPORTS – GLI SPORT CON LA PALLA

Soccer – Il calcio

soccer
il pallone

soccer shoe
la scarpa da calcio

cleat
il chiodo

goalkeeper's glove
la maglia

shorts
i calzoncini

shin guard
il parastinchi

sock
il calzettone

to save the ball
parare

net
la rete

goal post
il palo della porta

goalkeeper's glove
il guanto del portiere

to shoot
tirare in porta

crossbar	la traversa
half-time	il tempo
draw	il pareggio
overtime	il tempo supplementare
penalty	il calcio di rigore
offside	il fuorigioco
to head	tirare di testa
to kick	giocare a calcio

BALL SPORTS – GLI SPORT CON LA PALLA

Handball – La pallamano

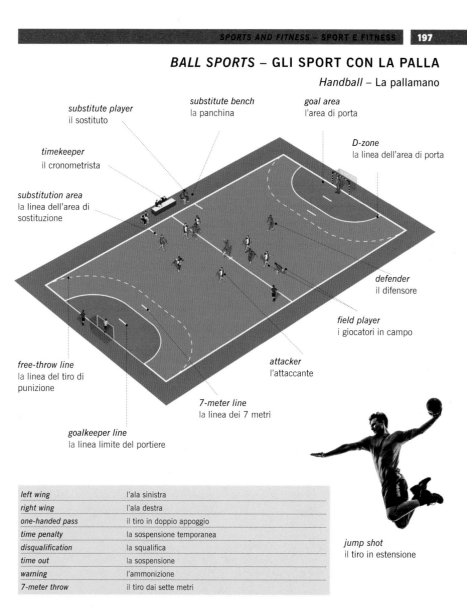

substitute player
il sostituto

substitute bench
la panchina

goal area
l'area di porta

timekeeper
il cronometrista

D-zone
la linea dell'area di porta

substitution area
la linea dell'area di
sostituzione

defender
il difensore

field player
i giocatori in campo

free-throw line
la linea del tiro di
punizione

attacker
l'attaccante

7-meter line
la linea dei 7 metri

goalkeeper line
la linea limite del portiere

left wing	l'ala sinistra
right wing	l'ala destra
one-handed pass	il tiro in doppio appoggio
time penalty	la sospensione temporanea
disqualification	la squalifica
time out	la sospensione
warning	l'ammonizione
7-meter throw	il tiro dai sette metri

jump shot
il tiro in estensione

BALL SPORTS – GLI SPORT CON LA PALLA

Volleyball – La pallavolo

attack zone
la zona di attacco

left/right attacker
l'attaccante laterale

middle attacker
l'attaccante centrale

back zone
la zona di difesa

white tape
il bordo della rete

net
la rete

attack line
la linea d'attacco

clear space
la zona libera

sweeper il libero	*baseline* la linea di fuori campo	*back* il difensore	*side line* la linea laterale	*line judge* il giudice di linea

players' bench
la panchina per le riserve

beach volleyball
il beach volley

to spike
schiacciare

to block
respingere

serve
il servizio

to bump
respingere con un bagher(o)

to set
palleggiare

dig
la difesa in tuffo

BALL SPORTS – GLI SPORT CON LA PALLA

Basketball – La pallacanestro

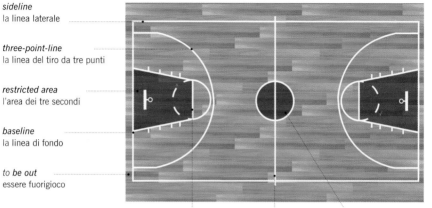

sideline
la linea laterale

three-point-line
la linea del tiro da tre punti

restricted area
l'area dei tre secondi

baseline
la linea di fondo

to be out
essere fuorigioco

free throw line
la linea del tiro libero

midcourt line
la linea centrale

center circle
il cerchio di centrocampo

dunk
la schiacciata

backboard
il tabellone

hoop
l'anello

net
la rete

basket
il canestro

slam dunk	il tap-in
double dribble	il doppio dribbling
rebound	il rimbalzo
jump shot	il jump shot
to catch	prendere
to throw	lanciare
to shoot	puntare
to cover	per coprire

OTHER BALL SPORTS –
ALTRI SPORT CON LA PALLA

field hockey
l'hockey

ice hockey
l'hockey su ghiaccio

hockey stick
la mazza da hockey

puck
il disco

softball
il softball

baseball
il baseball

baseball bat
la mazza da baseball

baseball glove
il guanto da baseball

football
il football americano

rugby
il rugby

cricket
il cricket

cricket bat
la mazza

whistle
il fischietto

team	la squadra
winner	il vincitore
loser	il perdente
world champion	il campione mondiale
tournament	il torneo
score	il punteggio
coach (male)	l'allenatore
coach (female)	l'allenatrice
scoreboard	il tabellone

RACKET SPORTS – GLI SPORT CON RACCHETTE

Badminton – Il badminton

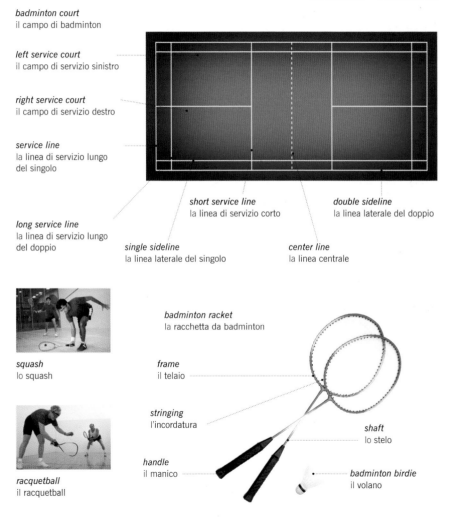

badminton court
il campo di badminton

left service court
il campo di servizio sinistro

right service court
il campo di servizio destro

service line
la linea di servizio lungo
del singolo

short service line
la linea di servizio corto

double sideline
la linea laterale del doppio

long service line
la linea di servizio lungo
del doppio

single sideline
la linea laterale del singolo

center line
la linea centrale

squash
lo squash

racquetball
il racquetball

badminton racket
la racchetta da badminton

frame
il telaio

stringing
l'incordatura

handle
il manico

shaft
lo stelo

badminton birdie
il volano

RACKET SPORTS – **GLI SPORT CON RACCHETTE**

Tennis – Il tennis

ball boy
il raccattapalle

baseline
la linea di fondo

backcourt
la zona di difesa

service line
la linea di servizio

singles sideline	*doubles sideline*	*service line*	*net*
la linea laterale del singolo	la linea laterale del doppio	la linea mediana di servizio	la rete

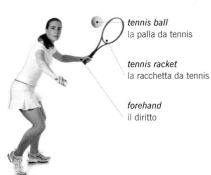

tennis ball
la palla da tennis

tennis racket
la racchetta da tennis

forehand
il diritto

backhand	il rovescio
singles	il singolo
doubles	il doppio
tiebreaker	il tie break
deuce	la parità
fault	l'errore
ace	l'ace
set	il set
umpire	l'arbitro
serve	servire
lineman	il giudice di linea
volley	il tiro al volo

RACKET SPORTS – **GLI SPORT CON RACCHETTE**

Table tennis – Il ping pong

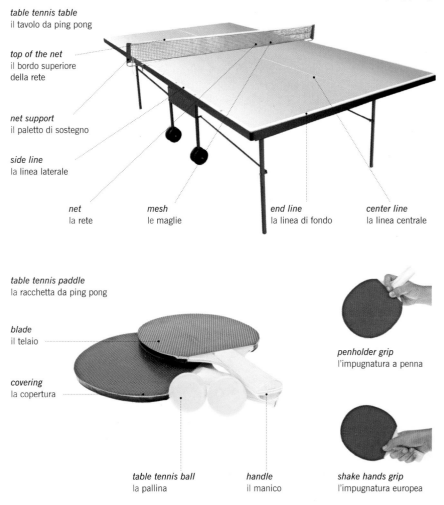

table tennis table
il tavolo da ping pong

top of the net
il bordo superiore
della rete

net support
il paletto di sostegno

side line
la linea laterale

net	*mesh*	*end line*	*center line*
la rete	le maglie	la linea di fondo	la linea centrale

table tennis paddle
la racchetta da ping pong

blade
il telaio

covering
la copertura

penholder grip
l'impugnatura a penna

shake hands grip
l'impugnatura europea

table tennis ball
la pallina

handle
il manico

GOLF –
IL GOLF

golf course
il campo da golf

water hazard
l'ostacolo d'acqua

sand trap
il bunker

fairway
il fairway

rough
il rough

tee-off	*stance*	*to putt*	*flag*
il tee di partenza	la postura	mettere in buca	la bandierina

tee	*golf ball*	*hole*	*green*
il chiodo	la palla da golf	la buca	il green

GOLF –
IL GOLF

golf clubs
i bastoni da golf

wood
il legno

iron
il ferro

wedge
il sand wedge

putter
il putter

golf bag
la sacca

to drive
colpire

follow-through
il downswing

golfer
il giocatore di golf

caddie
il portabastoni

push cart
il trolley da golf

to swing	fare lo swing
to chip	effettuare il chipping
to tee off	effettuare il colpo di partenza
par	il par
birdie	il birdie
bogey	il bogey
handicap	l'handicap
hole-in-one	l'hole in one

golf cart
il golf cart

ATHLETICS –
L'ATLETICA LEGGERA

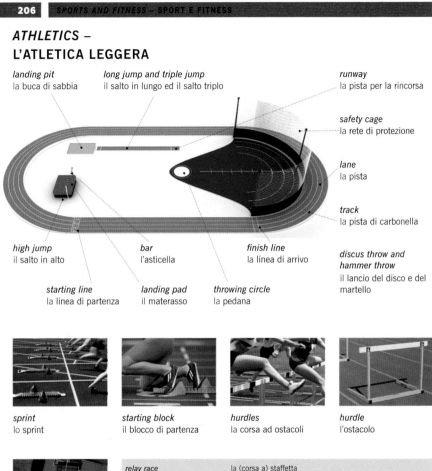

landing pit
la buca di sabbia

long jump and triple jump
il salto in lungo ed il salto triplo

runway
la pista per la rincorsa

safety cage
la rete di protezione

lane
la pista

track
la pista di carbonella

high jump
il salto in alto

bar
l'asticella

finish line
la linea di arrivo

discus throw and
hammer throw
il lancio del disco e del
martello

starting line
la linea di partenza

landing pad
il materasso

throwing circle
la pedana

sprint
lo sprint

starting block
il blocco di partenza

hurdles
la corsa ad ostacoli

hurdle
l'ostacolo

pole vault
il salto con l'asta

relay race	la (corsa a) staffetta
baton	il testimone
break a record	battere un record
marathon	la maratona
javelin	il lancio del giavellotto
personal best	il primato personale
stop watch	il cronometro
starter pistol	la pistola di partenza

GYMNASTICS –
LA GINNASTICA

vault table
la tavola da salto

handstand
la verticale (sulle mani)

a split
la spaccata

high bar
la sbarra fissa

parallel bars
le parallele

pommel horse
il cavallo con maniglie

rings
gli anelli

balance beam
l'asse d'equilibrio

floor exercise
la ginnastica a terra

uneven bars
le parallele asimmetriche

leotard
la tuta da ginnastica

gymnasium
la palestra

gymnast
la ginnasta

chalk
la magnesia

gold	l'oro
silver	l'argento
bronze	il bronzo
medal	la medaglia
competition	la gara
somersault	il salto
mount	l'entrata
dismount	l'uscita

WATER SPORTS – GLI SPORT ACQUATICI

Swimming – Il nuoto

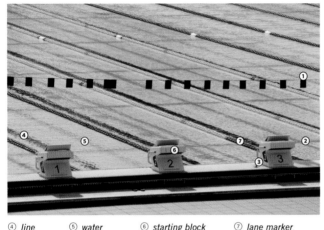

competition pool
la piscina da
competizione

① *backstroke turn
indicator*
il contrassegno per la
virata a dorso

② *lane*
la corsia

③ *finish wall*
la parete d'arrivo

④ *line*
la linea

⑤ *water*
l'acqua

⑥ *starting block*
il blocco di partenza

⑦ *lane marker*
il galleggiante

turn
la virata

stroke
la bracciata

backstroke
il nuoto sul dorso

breast stroke
il nuoto a rana

freestyle
nuotare a stile libero

butterfly
il nuoto a farfalla

racing dive
il tuffo di partenza

false start
la falsa partenza

WATER SPORTS – GLI SPORT ACQUATICI

Swimming – Il nuoto

water polo
la pallanuoto

to dive
tuffarsi

diving
il salto dal trampolino

synchronized swimming
il nuoto sincronizzato

water wings
il bracciolo

tube
la ciambella

swimming pool
la piscina per nuotatori

wading pool
la piscina per non
nuotatori

life jacket
il giubbetto di salvataggio

pool noodle
il tubo galleggiante

swimmer
la nuotatrice

swimming cap
la cuffia da bagno

bathing suit
il costume da bagno

goggles
gli occhialini da nuoto

to swim	nuotare
diving board	il trampolino
diving platform	la torre per i tuffi
float	la tavoletta da nuoto
to splash	sguazzare
lifeguard	il bagnino
water aerobics	la bagnina
aquatic park	l'acquapark

WATER SPORTS – **GLI SPORT ACQUATICI**

Sailing – La vela

mast
l'albero

rigging
l'alberatura

mainsail
la vela maestra

foresail
il fiocco

bow
la prua

hull
lo scafo

stern
la poppa

life saver
il salvagente

flare
il razzo illuminante

yachtsman
il velista

boom
la boma

cockpit
il pozzetto di comando

tiller
la barra del timone

swell	il moto ondoso
wind	il vento
ocean current	la corrente marina
anchor	l'ancora
crew	l'equipaggio
rudder	il remo
to capsize	ribaltarsi
to cruise	bordeggiare
marina	il porto per yacht
lifeboat	la barca di salvataggio
catamaran	il catamarano

WATER SPORTS – **GLI SPORT ACQUATICI**

Diving – L'immersione

wetsuit
la muta

fins
la pinna

diving tank
la bombola

diving boot
lo stivale da sub

diving regulator
l'erogatore subacqueo

snorkel
il respiratore

flashlight
la torcia

diving mask
la maschera subacquea

depth gauge
il profondimetro

contents gauge
il manometro da sub

kayak
il kayak

canoe
la canoa canadese

seat
il sedile

single-bladed paddle
la pagaia

stem
la ruota di prua

double-bladed paddle
la pagaia doppia

stern
la poppa

bow
la prua

hull
lo scafo

sternpost
il dritto di poppa

WATER SPORTS – GLI SPORT ACQUATICI

Surfing – Il surf

to surf praticare il surf	*surfboard* la tavola da surf	*windsurfing* il windsurf	*clew* l'angolo di scotta	*mast* l'albero

surfer il surfista	*wave* l'onda	*sail* la vela	*windsurfer* il surfista

paddleboard la pagaia	*kite-surfing* il kitesurf	*boogieboarding* il bodyboard	*wakeboarding* il wakeboard

jet-ski® l'acquascooter	*water-ski* lo sci nautico	*rowing* il canottaggio	*rafting* il rafting

MARTIAL ARTS –
LO SPORT DI COMBATTIMENTO

karate
il karate

aikido
l'aikido

kendo
il kendo

tae kwon do
il taekwondo

black belt
la cintura nera

judo
il judo

kung fu
il kung fu

kickboxing
la kickboxing

wrestling
la lotta

boxing
il pugilato

punching bag
il sacco di sabbia

speed bag
il punching ball

headgear
il caschetto

boxing glove
il guantone

mouthguard	il bocca guardia
sparring	lo sparring
knock-out	il knockout
self-defense	l'autodifesa
t'ai chi	il tai chi
jiujitsu	il jiu jitsu
capoeira	la capoeira
wing chun	il wing chun

EQUESTRIAN SPORTS – GLI SPORT EQUESTRI

riding helmet
il casco (da equitazione)

rider
l'amazzone

saddle
la sella

jodhpurs
i calzoni da equitazione

mane
la criniera

horse
il cavallo

brow band
il frontalino

bridle
le briglie

nose band
la nasiera

bit
il morso

rein
la redine

stirrup
la staffa

girth
il/la sottopancia

hoof
lo zoccolo

jump
il salto

cantle
la paletta

riding boot
lo stivale da cavallerizzo

pommel
l'arcione anteriore

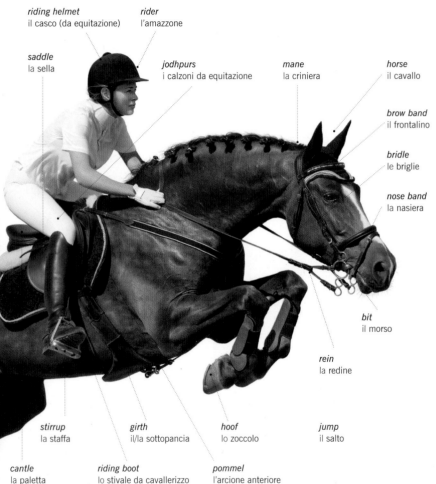

EQUESTRIAN SPORTS – GLI SPORT EQUESTRI

horse racing
la corsa di cavalli

racehorse
il cavallo da corsa

jockey
il fantino

dressage
il dressage

horseback riding
la cavalcata

harness racing
la corsa al trotto

steeplechase
la caccia a cavallo

to ride bareback
cavalcare senza sella

stable
la scuderia

rodeo
il rodeo

polo
il polo

show jumping
la corsa equestre ad ostacoli

horseshoe	il ferro di cavallo
riding crop	il frustino
paddock	il pascolo
canter	il piccolo galoppo
gallop	il galoppo
walk	il passo
trotting race	la corsa al trotto
flat race	la corsa piana

groom
il custode di cavalli

FISHING –
LA PESCA CON L'AMO

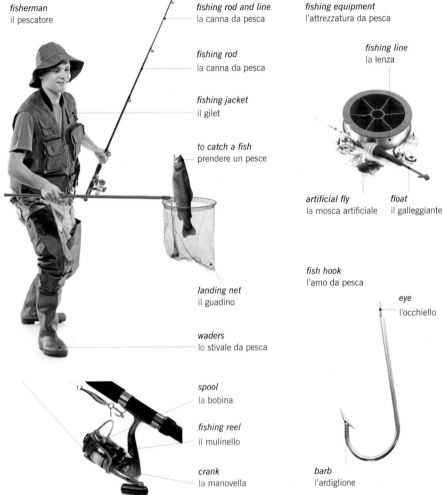

fisherman
il pescatore

fishing rod and line
la canna da pesca

fishing rod
la canna da pesca

fishing jacket
il gilet

to catch a fish
prendere un pesce

landing net
il guadino

waders
lo stivale da pesca

spool
la bobina

fishing reel
il mulinello

crank
la manovella

fishing equipment
l'attrezzatura da pesca

fishing line
la lenza

artificial fly
la mosca artificiale

float
il galleggiante

fish hook
l'amo da pesca

eye
l'occhiello

barb
l'ardiglione

FISHING –
LA PESCA CON L'AMO

surfcasting
la pesca con l'amo nella
risacca

to net
pescare con la rete

deep sea fishing
la pesca con l'amo in
alto mare

fresh water fishing
la pesca con l'amo in
acqua dolce

spear fishing
la pesca con l'arpione

to reel in
tirare

fly fishing
la pesca con la mosca

to catch
prendere

to release
liberare

bait
l'esca

to catch
per la cattura

lobster trap
la nassa per gamberi

fishing license	la licenza di pesca
to bite	abboccare
krill	il cestino da pesca
support (for fishing tackle)	l'arpione
lure	il pesce galleggiante
harpoon	il fucile subacqueo
to cast the fishing line	lanciare la lenza
to reel in a fish	tirare un pesce

tackle box
la scatola di pesca

WINTER SPORTS – GLI SPORT INVERNALI

helmet
il casco

powder
la neve farinosa

basket
la rondella

ski pole
il bastone da sci

ski suit
la tuta da sci

ski lift
la funivia

tip
la punta

ski
lo sci

ski boot
lo scarpone

ski trail
la pista

edge
la lamina

skier
lo sciatore

slalom
lo slalom

downhill skiing
la discesa

ski jumping
il salto con gli sci

off-trail
fuori pista

ski slope
il pendio

biathlon
il biat(h)lon

cross-country skiing
lo sci da fondo

cross-country ski run
la pista da fondo

WINTER SPORTS –
GLI SPORT INVERNALI

ski goggles
gli occhiali da sci

snowboarder
lo snowbordista

half pipe
l'half pipe

rail
il rail

snowboard
lo snowboard

safety binding
l'attacco

sledding
andare in slitta

luge
la corsa su slittino

bobsledding
il bob

curling
il curling

to ice skate
pattinare sul ghiaccio

speed skating
il pattinaggio di velocità

skiing	lo sci
snowboarding	lo snowboard
winter pentathlon	il pentathlon invernale
freestyle	lo stile libero
snow shoeing	l'escursione in racchette da neve
dog sledding	la passeggiata sulla slitta trainata dai cani
après ski	il doposcì
ski lodge	il ristoro per sciatori

figure skating
il pattinaggio artistico

OTHER SPORTS –
ALTRI TIPI DI SPORT

climbing
l'alpinismo

hiking
l'escursionismo

biking
il ciclismo

mountain biking
il mountainbiking

rappelling
la discesa con la corda

bungee jumping
il bungee jumping

hang-gliding
il deltaplanismo

parachuting
il paracadutismo

rally driving
la corsa da rally

formula one
la Formula 1®

motocross
il motocross

motorbike racing
la corsa motociclistica

skateboarding
lo skateboard

longboarding
il longboard

in-line skating
l'inline skating

off-roading
la corsa fuoristrada

OTHER SPORTS –
ALTRI TIPI DI SPORT

fencing
la scherma

bowling
il bowling

archery
il tiro con l'arco

hunting
la caccia

darts
il dardo

pool
il pool

snooker
lo snooker

lacrosse
il lacrosse

rhythmic gymnastics
la ginnastica ritmica

Frisbee®
il frisbee®

triathlon
il triathlon

rugby
il football australiano

bocce
la boccia

ballet
il balletto

croquet
il croquet

free running
il parkour

FITNESS –
IL FITNESS

gym
la palestra

barbell
il bilanciere

weight
il disco

bench
la panca

weight training
il bodybuilding

biceps curl
l'esercizio per il bicipite

dumbbell
il manubrio

bench press
il sollevamento pesi
alla panca

to train
allenarsi

stationary bike
cyclette

elliptical trainer
il cross trainer

exercise ball
la palla da palestra

mat
la stuoia

treadmill
il tapis roulant

rowing machine
il vogatore

FITNESS –
IL FITNESS

lunge
il passo di affondo

forward bend
la flessione del busto

push-up
la flessione

sit-up
il sit-up

muscle ache
i dolori muscolari

pull-up
il sollevamento sulle
braccia

knee bend
il piegamento delle
ginocchia

Pilates
il pilates

spin class
lo spinning®

heart rate monitor
l'orologio cardio-
frequenzimetro

aerobics
l'aerobica

to warm up	riscaldarsi
to cool down	defaticarsi
circuit training	l'allenamento a circuito
bodypump	il body pump
sauna	la sauna
locker room	lo spogliatoio
stretch	la distensione
to burn calories	bruciare calorie

step
lo stepper

sneaker
la scarpa da tennis

FREE TIME

TEMPO LIBERO

THEATER –
IL TEATRO

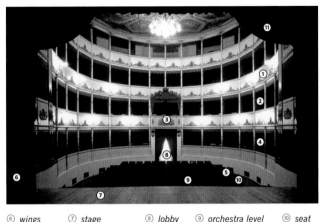

① *balcony*
la balconata

② *mezzanine level*
la seconda galleria

③ *box*
il palco

④ *dress circle*
la prima galleria

⑤ *tier*
la fila

⑥ *wings*	⑦ *stage*	⑧ *lobby*	⑨ *orchestra level*	⑩ *seat*	⑪ *curtain*
la quinta	il palcoscenico	il ridotto	la platea	il posto	il sipario

variety show
il varietà

open-air theater
il teatro all'aperto

ballet
il balletto

performance
la rappresentazione

magician
l'illusionista

comedian
il comico

tragedy
la tragedia

comedy
la commedia

THEATER –
IL TEATRO

play
il pezzo di teatro

① *set*
la scenografia

② *cast*
gli interpreti

③ *costume*
il costume

④ *applause*
l'applauso

⑤ *audience*
il pubblico

rehearsal
la prova

⑥ *actor*
l'attore

⑦ *actress*
l'attrice

⑧ *director*
il regista

premiere	la prima
intermission	l'intervallo
program	il programma
dress rehearsal	la prova generale
usher	la maschera
backstage	il dietro le quinte
box office	il botteghino
ticket	il biglietto d'ingresso

dressing room
il camerino

MUSIC – LA MUSICA

The orchestra – L'orchestra

symphony orchestra l'orchestra sinfonica	*gong* il gong	*snare drum* il rullante	*bass drum* la grancassa	*kettle drum* il timpano

xylophone lo xilofono	*tubular bells* le campane tubolari	*conductor's podium* il podio	*music stand* il leggio

conductor
il direttore d'orchestra

soloist la solista	*opera singer* la cantante lirica	*musical score* la partitura

baton
la bacchetta

overture	l'ouverture
quartet	il quartetto
sonata	la sonata
pitch	l'altezza del suono
to tune an instrument	accordare uno strumento
orchestra pit	la fossa dell'orchestra
chorus	il coro
opera	l'opera

MUSIC – **LA MUSICA**
Musical instruments – Gli strumenti musicali

violin   *bow*
il violino   l'arco

cello
il violoncello

acoustic guitar
la chitarra acustica

harp
l'arpa

electric guitar
la chitarra elettrica

bass guitar
il basso

tuba
la tuba

trombone
il trombone

bassoon
il fagotto

oboe
l'oboe

French horn
il corno

trumpet
la tromba

piccolo
l'ottavino

saxophone
il sassofono

clarinet
il clarinetto

flute
il flauto traverso

MUSIC – **LA MUSICA**
Musical instruments – Gli strumenti musicali

tambourine	*cymbal*	*hi-hat*	*drum set*
il tamburello	i piatti	l'hi-hat	la batteria

triangle	*maracas*	*bongo drums*	*kettle drum*
il triangolo	il sonaglio	i bongo(s)	il timpano

castanets	*sistrum*	*pan pipes*	*drumstick*
le castagnette	il sonaglio a campanelli	il flauto di Pan	la bacchetta

harmonica	*bagpipe*	*accordion*	*grand piano*
l'armonica a bocca	la cornamusa	la fisarmonica	il pianoforte a coda

MUSIC –
LA MUSICA

notation
la notazione

treble clef
la chiave di violino

stave line
la linea

bass clef
la chiave di basso

key signature
l'accidente

time signature
il tempo

note
la nota

sharp
il diesis

bar line
la stanghetta

classical music
la musica classica

heavy metal
l'heavy metal

rap
il rap

hip-hop
l'hip-hop

reggae	il reggae
pop	la musica pop
country music	la musica country
indie music	la musica indie
blues	il blues
techno	la tecnohouse
soul	la musica soul
disco	la disco (music)

jazz
lo jazz

rock
il rock

MUSIC – LA MUSICA

Concerts – I concerti

rock concert
il concerto rock

① *spotlight*
il riflettore

② *microphone*
il microfono

③ *band*
la band

④ *guitarist*
il chitarrista

⑤ *amplifier*	⑥ *bass guitarist*	⑦ *drummer*	⑧ *lead singer*
l'amplificatore	il bassista	il batterista	il frontman

concert venue
la sala concerti

fans
i fan

music festival
il festival della musica

DJ
il dj

mixing console
il mixer

to sing	cantare
to sing along	cantare insieme a qualcuno
to whistle	fischiare
encore	il bis
crowd-surfing	il surf sulla folla
rave	il rave
song	la canzone
lyrics	il testo

MUSIC – LA MUSICA
Listening to music – Ascoltare musica

stereo system
l'impianto stereo

MP3 player
il lettore MP3

CD player
il lettore CD

volume control
il regolatore del volume

loudspeaker
la cassa acustica

record   *record player*   *USB port*   *radio*
il disco   il giradischi   la porta USB   la radio

vocal piece	il pezzo vocale
composition	la composizione
instrumental piece	il pezzo strumentale
acoustic	acustico
chorus	il ritornello
tune	la melodia
beat	il beat
cassette	la musicassetta

headphones
la cuffia

HOBBIES –
GLI HOBBY

to engrave
incidere

to carve
intagliare

to collect stamps
collezionare francobolli

model trains
il trenino elettrico

sculpture
la scultura

to sculpt
modellare

to do pottery
modellare l'argilla

to make mosaics
realizzare un mosaico

model making
il modellismo

to make jewelry
creare gioielli

to read
leggere

to cook
cucinare

to garden
fare giardinaggio

origami	l'origami
papier-mâché	la cartapesta
scrapbooking	lo scrapbooking
to restore furniture	restaurare mobili
to sing in a choir	cantare in un coro
to make films	girare dei film
to watch birds	osservare gli uccelli
creative writing	la scrittura creativa

HOBBIES – **GLI HOBBY**

Arts and crafts – Arte e bricolage

colored pencil
la matita a colori

watercolor
l'acquarello

crayon
la matita cerata

gloss paint
la vernice

oil pastel
il gessetto ad olio

chalk
il gessetto

oil paint
la vernice ad olio

acrylic paint
il colore acrilico

pastel
il pastello

felt tip
il pennarello

India ink
l'inchiostro di china

charcoal
il carboncino

gouache
il guazzo

glue
la colla

brush
il pennello

palette
la tavolozza

HOBBIES – GLI HOBBY

Arts and crafts – Arte e bricolage

watercolor painting
l'acquarello

oil painting
la pittura a olio

collage
il collage

mural art
la pittura murale

pen-and-ink drawing
il disegno a china

abstract art
la pittura astratta

landscape art
la pittura paesaggistica

portrait painting
il ritratto

pencil drawing
il disegno a matita

still life
la natura morta

graffiti
il graffito

screen printing
la serigrafia

sketch
lo schizzo

nude painting
la pittura di nudi

canvas
la tela

cardboard
il cartoncino

color
il colore

HOBBIES – **GLI HOBBY**

Arts and crafts – Arte e bricolage

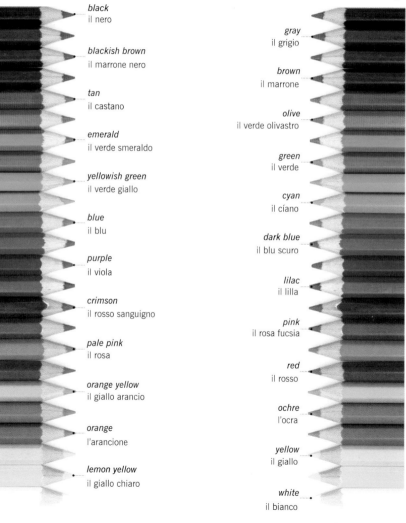

black
il nero

blackish brown
il marrone nero

tan
il castano

emerald
il verde smeraldo

yellowish green
il verde giallo

blue
il blu

purple
il viola

crimson
il rosso sanguigno

pale pink
il rosa

orange yellow
il giallo arancio

orange
l'arancione

lemon yellow
il giallo chiaro

gray
il grigio

brown
il marrone

olive
il verde olivastro

green
il verde

cyan
il cíano

dark blue
il blu scuro

lilac
il lilla

pink
il rosa fucsia

red
il rosso

ochre
l'ocra

yellow
il giallo

white
il bianco

HOBBIES – GLI HOBBY

Sewing and knitting – Cucito e lavori a maglia

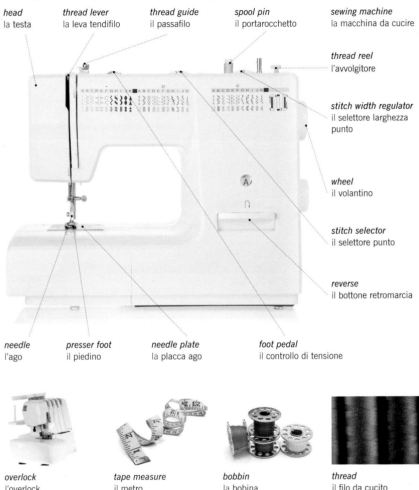

head
la testa

thread lever
la leva tendifilo

thread guide
il passafilo

spool pin
il portarocchetto

sewing machine
la macchina da cucire

thread reel
l'avvolgitore

stitch width regulator
il selettore larghezza punto

wheel
il volantino

stitch selector
il selettore punto

reverse
il bottone retromarcia

needle
l'ago

presser foot
il piedino

needle plate
la placca ago

foot pedal
il controllo di tensione

overlock
l'overlock

tape measure
il metro

bobbin
la bobina

thread
il filo da cucito

HOBBIES – **GLI HOBBY**

Sewing and knitting – Cucito e lavori a maglia

tailor's dummy
il manichino

scissors
le forbici

sewing kit
il cestino da cucito

pincushion
il puntaspilli

pattern
il cartamodello

needle
l'ago

pin
lo spillo

safety pin
la spilla di sicurezza

fabric
la stoffa

button
il bottone

to thread
infilare il filo

needle threader
l'infilatore

knitting needles
il ferro da calza

wool
la lana

thimble
il digitale

seam ripper
lo scucitore

HOBBIES – GLI HOBBY

Sewing and knitting – Cucito e lavori a maglia

to sew
cucire

to cut
tagliare

patchwork
il patchwork

to crochet
lavorare all'uncinetto

cross stitch
il punto croce

to quilt
ovattare

to knit
lavorare ai ferri

to darn
rammendare

to weave
tessere

to make lace
lavorare al tombolo

to hook a rug
tessere un tappeto

zippers
la cerniera (lampo)

to unpick
scucire

to embroider	ricamare
linen	il lino
silk	la seta
nylon®	il nylon®
cotton	il cotone
polyester	il poliestere
stitch	il punto
to tack	imbastire

HOBBIES – GLI HOBBY
Movies – Il cinema

movie theater
la sala cinemtografica

snack bar
il bar

① *big screen*
lo schermo

② *row*
la fila

drink
la bevanda

popcorn
il popcorn

box office
la cassa

comedy
la commedia

horror film
il film dell'orrore

romance
il film d'amore

animated film	il cartone animato
western	il western
preview	l'anteprima
film poster	la locandina
premiere	la prima
thriller	il thriller
science-fiction film	il film di fantascienza
movie ratings	i film nominali

3D film
il film in 3D

HOBBIES – **GLI HOBBY**
Photography – Fotografia

program selector
il selettore dei programmi

reflex camera
la macchina fotografica reflex

hot shoe
la slitta flash

(pop-up) flash
il flash (estraibile)

zoom lens
lo zoom

lens
l'obiettivo

shutter release
il pulsante di scatto

camera body
il corpo

aperture dial
il regolatore del diaframma

delayed self-timer light
il segnale ottico dell'autoscatto

disposable camera
la macchina fotografica monouso

instant camera
la macchina fotografica istantanea

film camera
la macchina fotografica analogica

digital camera
la macchina fotografica digitale

tripod
lo stativo

flashgun
il flash con ganascia

filter
il filtro

lens cap
il copriobiettivo

HOBBIES – GLI HOBBY
Photography – Fotografia

film
la pellicola

photo studio
lo studio fotografico

to take a photo
scattare una foto

image editing
l'elaborazione immagini

compact flash memory card
la scheda di memoria compact flash

to pose for a photo
farsi fare una foto

camera case
la custodia per macchina fotografica

dark room
la camera oscura

memory card
la scheda di memoria

out of focus
sfocato

overexposed
sovraesposto

underexposed
sottoesposto

portrait format	il formato verticale
landscape format	il formato orizzontale
enlargement	l'ingrandimento
red-eye effect	l'effetto occhi rossi
matte	opaco
glossy	lucido
photo album	l'album fotografico
negative	il/la negativo/negativa

digital frame
la cornice digitale

HOBBIES – GLI HOBBY

Games – Giochi

playing card
la carta da gioco

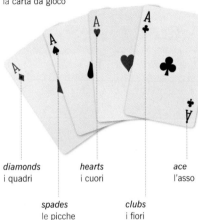

joker
la matta

king
il re

diamonds
i quadri

hearts
i cuori

ace
l'asso

spades
le picche

clubs
i fiori

queen
la regina

jack
il jack

to shuffle
fare il mazzo

to deal
dare le carte

hand
la carta

to play poker
giocare a poker

domino
la tessera del domino

backgammon
il tric trac

checkers
il gioco della dama

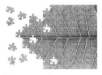

jigsaw puzzle
il puzzle

HOBBIES – **GLI HOBBY**

chess
gli scacchi

Games – Giochi

king
il re

queen
la regina

bishop
l'alfiere

knight
il cavallo

rook
la torre

pawn
il pedone

white square
la casella bianca

chessboard
la scacchiera

black square
la casella nera

move
la mossa

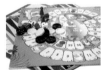

board game
il gioco da tavola

Monopoly®
il Monopoly®

parchisi
Non t'arrabbiare®

to roll the dice	tirare i dadi
to cheat	barare
luck	la fortuna
bad luck	la sfortuna
Whose turn is it?	A chi tocca?
It's your turn.	Tocca a te.
to win	vincere
to lose	perdere

Jenga®
il Jenga®

dice
il dado

VACATION – **VACANZE**

At the beach – In spiaggia

beach
la spiaggia

sand dune
la duna

sunset
il tramonto

sea
il mare

beach chair
il capanno da spiaggia

sand
la sabbia

coast
la costa

boardwalk
il lungomare

deckchair
la (sedia a) sdraio

beach ball
il pallone d'acqua

beach towel
il telo da mare

shovel
la paletta

flip-flop
l'infradito

pail
il secchiello

VACATION – VACANZE
At the beach – In spiaggia

umbrella
l'ombrellone

pebble beach
la spiaggia di sassi

beach shelter
la tenda da spiaggia

sandcastle
il castello di sabbia

seaweed
il fuco

sunscreen
la crema solare

beach resort
il villaggio balneare

jetty
il ponticello

crossword
il cruciverba

sudoku
il sudoku

beach hut
la cabina da spiaggia

beach bar
il bar

low tide	la bassa marea
high tide	l'alta marea
current	la corrente
nudist beach	la spiaggia naturista
flotsam	i relitti (portati a riva)
to snorkel	fare snorkeling
sunburn	la scottatura da sole
surf	la risacca

to sunbathe
prendere il sole

VACATION – VACANZE

Camping – Il campeggio

motor home
l'autocaravan

camper
la roulotte

camper van
il camper

tepee
la tenda indiana

folding chair
la sedia da campeggio

gas burner
il fornello a gas

barbecue grill
la graticola barbecue

campfire
l'area attrezzata per falò

campsite
il campeggio

tent
la tenda

to pitch a tent
il posto tenda

pocket knife
il coltello tascabile

hammock
l'amaca

gas cylinder	la bombola del gas
propane gas	il propano
headlamp	la lampada frontale
power connector	l'allacciamento elettrico
shower and toilet block	docce e servizi
firelighter	l'accendifuoco
charcoal	il carbone di legna
insect repellent	lo spray repellente per insetti

VACATION – VACANZE
Camping – Il campeggio

sleeping bag
il sacco a pelo

screen
il telo esterno

inner tent
il telo interno

tent flap
l'ingresso della tenda

frame
il palo della tenda

ground cloth
il fondo della tenda

zipper
la cerniera

air mattress
il materassino

backpack
lo zaino

sleeping pad
il materassino isolante

hiking pole
il bastoncino da trekking

hiking boot
la scarpa da trekking

tent stake
il picchetto

flashlight
la lampadina tascabile

kerosene lamp	la lampada a petrolio
air pump	la pompa pneumatica
chemical toilet	il WC da campeggio
chemical toilet disposal point	l'area di smaltimento
waterproof	impermeabile
thermal underwear	la biancheria termica
mosquito net	la zanzariera
to roast marshmallows	montare una tenda
Can I pitch my tent here?	Posso montare qui la mia tenda?

water canister
la tanica per acqua

BODY AND HEALTH

CORPO E SALUTE

THE BODY –
IL CORPO

man
l'uomo

woman
la donna

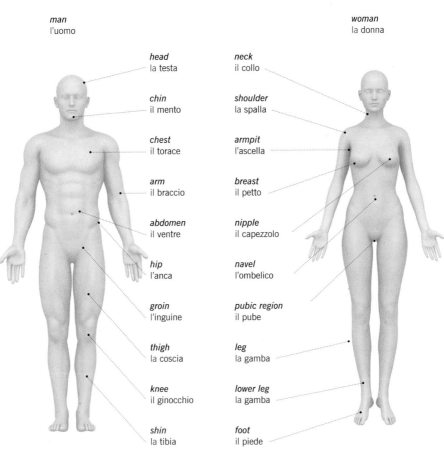

head
la testa

neck
il collo

chin
il mento

shoulder
la spalla

chest
il torace

armpit
l'ascella

arm
il braccio

breast
il petto

abdomen
il ventre

nipple
il capezzolo

hip
l'anca

navel
l'ombelico

groin
l'inguine

pubic region
il pube

thigh
la coscia

leg
la gamba

knee
il ginocchio

lower leg
la gamba

shin
la tibia

foot
il piede

THE BODY –
IL CORPO

woman
la donna

man
l'uomo

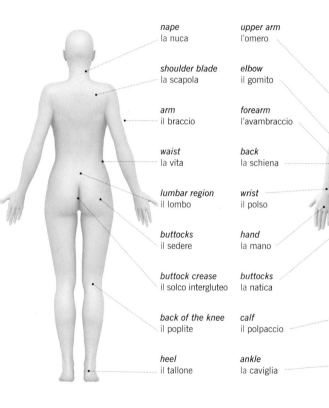

nape
la nuca

shoulder blade
la scapola

arm
il braccio

waist
la vita

lumbar region
il lombo

buttocks
il sedere

buttock crease
il solco intergluteo

back of the knee
il poplite

heel
il tallone

upper arm
l'omero

elbow
il gomito

forearm
l'avambraccio

back
la schiena

wrist
il polso

hand
la mano

buttocks
la natica

calf
il polpaccio

ankle
la caviglia

THE BODY – IL CORPO

Hand and foot – La mano e il piede

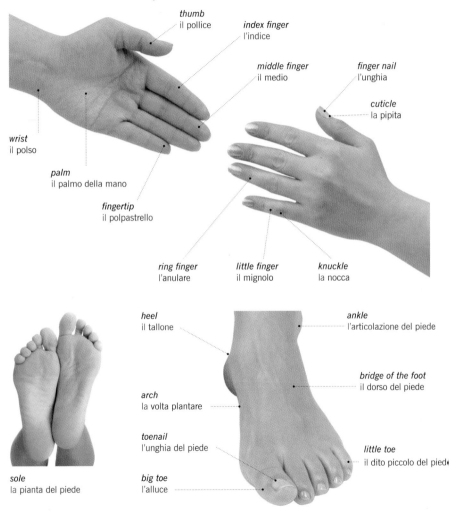

thumb
il pollice

index finger
l'indice

middle finger
il medio

finger nail
l'unghia

cuticle
la pipita

wrist
il polso

palm
il palmo della mano

fingertip
il polpastrello

ring finger
l'anulare

little finger
il mignolo

knuckle
la nocca

heel
il tallone

ankle
l'articolazione del piede

bridge of the foot
il dorso del piede

arch
la volta plantare

toenail
l'unghia del piede

little toe
il dito piccolo del piede

sole
la pianta del piede

big toe
l'alluce

THE BODY – IL CORPO
The head – La testa

brain
il cervello

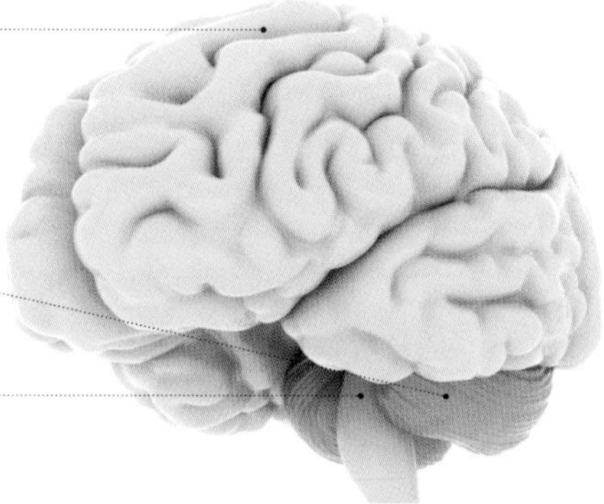

cerebrum
il cervello

cerebellum
il cervelletto

brainstem
il tronco encefalico

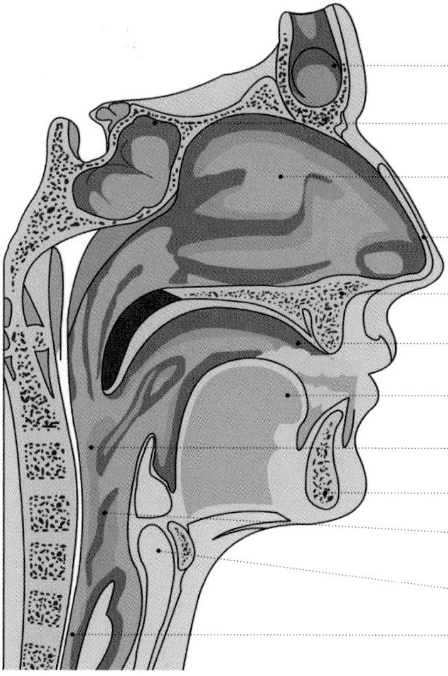

frontal sinus
il seno frontale

sinus
il seno sfenoidale

nasal cavity
la cavità nasale

nasal bone
l'osso nasale

upper jaw
la mascella

palate
il palato

tongue
la lingua

pharynx
la faringe

lower jaw
la mandibola

throat
la gola

larynx
la laringe

esophagus
l'esofago

THE BODY – **IL CORPO**
Muscles – I muscoli

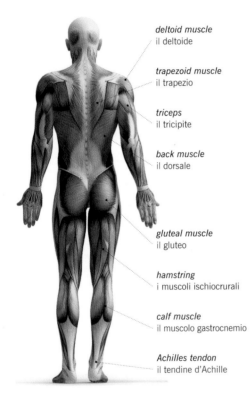

deltoid muscle
il deltoide

trapezoid muscle
il trapezio

triceps
il tricipite

back muscle
il dorsale

gluteal muscle
il gluteo

hamstring
i muscoli ischiocrurali

calf muscle
il muscolo gastrocnemio

Achilles tendon
il tendine d'Achille

frontal muscle
il frontale

pectoral muscle
il pettorale

biceps
il bicipite

stomach muscle
l'addominale

femoral muscle
il quadricipite femorale

tibialis anterior muscle
il tibiale anteriore

THE BODY – IL CORPO
The skeleton – Lo scheletro

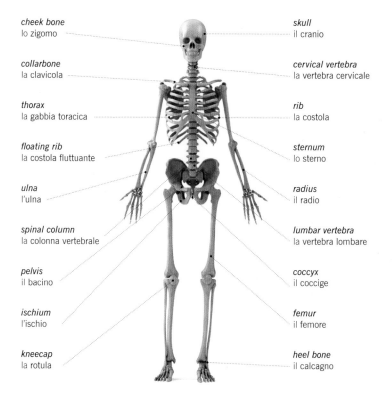

cheek bone
lo zigomo

collarbone
la clavicola

thorax
la gabbia toracica

floating rib
la costola fluttuante

ulna
l'ulna

spinal column
la colonna vertebrale

pelvis
il bacino

ischium
l'ischio

kneecap
la rotula

skull
il cranio

cervical vertebra
la vertebra cervicale

rib
la costola

sternum
lo sterno

radius
il radio

lumbar vertebra
la vertebra lombare

coccyx
il coccige

femur
il femore

heel bone
il calcagno

THE BODY – IL CORPO

Internal organs – Gli organi interni

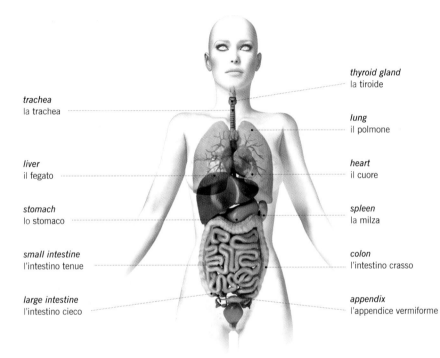

thyroid gland
la tiroide

trachea
la trachea

lung
il polmone

liver
il fegato

heart
il cuore

stomach
lo stomaco

spleen
la milza

small intestine
l'intestino tenue

colon
l'intestino crasso

large intestine
l'intestino cieco

appendix
l'appendice vermiforme

kidney	il rene
pancreas	il pancreas
duodenum	il duodeno
gall bladder	la vescica biliare
diaphragm	il diaframma
tissue	il tessuto
tendon	il tendine
gland	la ghiandola
cartilage	la cartilagine

THE BODY – IL CORPO

The body's systems – I sistemi fisiologici

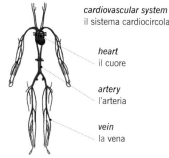

cardiovascular system
il sistema cardiocircolatorio

heart
il cuore

artery
l'arteria

vein
la vena

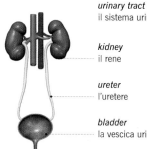

urinary tract
il sistema urinario

kidney
il rene

ureter
l'uretere

bladder
la vescica urinaria

respiratory system
il sistema respiratorio

digestive system
il sistema digerente

endocrine system
il sistema endocrino

lymphatic system
il sistema linfatico

male reproductive system
il sistema riproduttivo maschile

female reproductive system
il sistema riproduttivo femminile

nervous system	il sistema nervoso
circulation	la circolazione sanguigna
sense of touch	il tatto
sense of sight	la vista
sense of hearing	l'udito
sense of smell	l'olfatto
sense of taste	il gusto
sense of balance	il senso dell'equilibrio

THE BODY – **IL CORPO**

Sex organs – Gli organi genitali

male sex organs
gli organi genitali maschili

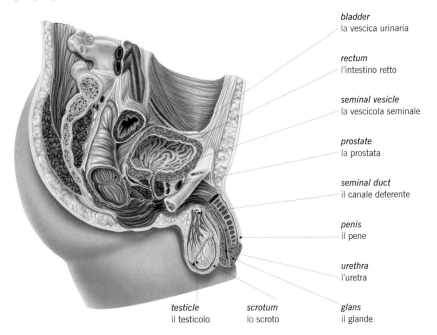

bladder
la vescica urinaria

rectum
l'intestino retto

seminal vesicle
la vescicola seminale

prostate
la prostata

seminal duct
il canale deferente

penis
il pene

urethra
l'uretra

testicle
il testicolo

scrotum
lo scroto

glans
il glande

erection	l'erezione
foreskin	il prepuzio
circumcision	la circoncisione
ejaculation	l'eiaculazione
potent/impotent	potente/impotente
hormone	l'ormone
sexual intercourse	il coito
sexually transmitted disease	la malattia venerea

THE BODY – IL CORPO
Sex organs – Gli organi genitali

female sex organs
gli organi genitali femminili

fallopian tube
l'ovidotto

ovary
l'ovaia

uterus
l'utero

bladder
la vescica urinaria

cervix
il collo uterino

urethra
l'uretra

labium
il labbro vaginale

clitoris   *vagina*   *anus*
il/la clitoride   la vagina   l'ano

condom
il preservativo

IUD	la spirale
sponge	il pessario
diaphragm	il diaframma
contraception	la contraccezione
ovulation	l'ovulazione
menstruation	la mestruazione
infertile/fertile	sterile/fecondo
abortion	l'interruzione di gravidanza

birth control pill
la pillola

PREGNANCY AND BIRTH –
GRAVIDANZA E PARTO

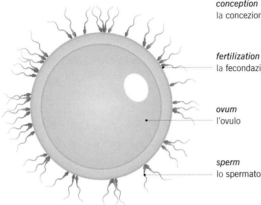

conception
la concezione

fertilization
la fecondazione

ovum
l'ovulo

sperm
lo spermatozoo

ultrasound
l'ecografia

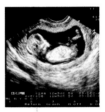

embryo
l'embrione

pregnancy test
il test di gravidanza

sonogram
l'esame ecografico

midwife
l'ostetrica

birth
la nascita

pregnant	incinta
labor pains	le doglie
to induce labor	iniziare il parto
to push	spingere
umbilical cord	il cordone ombelicale
placenta	la placenta
amniotic fluid	il liquido amniotico
amniotic sac	il sacco amniotico

PREGNANCY AND BIRTH –
GRAVIDANZA E PARTO

bottle
il biberon

measuring scoop	*formula*
il misurino	il latte in polvere

to breast-feed
allattare

baby
il lattante

premature baby	*incubator*
il (neonato) prematuro	l'incubatrice

newborn baby
il neonato

breast pump
la pompa tiralatte

delivery room	la sala parto
Cesarean section	il taglio cesareo
premature birth	il parto prematuro
miscarriage	l'aborto
identical twins	i gemelli monovulari
fraternal twins	i gemelli biovulari
birth weight	il peso alla nascita
vaccination	la vaccinazione

to bottle-feed
dare il biberon

AT THE DOCTOR'S – DAL MEDICO

to measure blood pressure
misurare la pressione

waiting room
la sala d'aspetto

prescription
la ricetta medica

doctor
la dottoressa

patient
la paziente

cuff
il manicotto

consultation room
lo studio medico

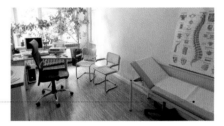

stethoscope
lo stetoscopio

examination table
il lettino

blood pressure monitor
lo sfigmomanometro

doctor's office hours	l'orario di visita
to take a blood sample	prelevare del sangue a qualcuno
appointment	l'appuntamento
treatment	il trattamento
diagnosis	la diagnosi
referral	la richiesta di visita specialistica
results	i risultati
health insurance	l'azienda sanitaria

SYMPTOMS AND ILLNESSES – SINTOMI E MALATTIE

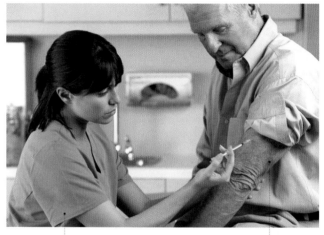

sore throat
il mal di gola

to give somebody an injection
fare un'iniezione a qualcuno

to have an injection
ricevere un'iniezione

headache
il mal di testa

virus	il virus
infection	l'infezione
allergy	l'allergia
rash	l'eruzione cutanea
eczema	l'eczema
migraine	l'emicrania
nosebleed	l'emorraggia nasale
conjunctivitis	la congiuntivite
inflammation of the middle ear	l'otite media
diarrhea	la diarrea
stomach flu	l'influenza intestinale
dizziness	le vertigini
nausea	la nausea
cramp	il crampo
bronchitis	la bronchite
bladder infection	la cistite

stomachache
il mal di stomaco

toothache
il mal di denti

SYMPTOMS AND ILLNESSES –
SINTOMI E MALATTIE

ill
malato

cold
il raffreddore

cough
la tosse

healthy
sano

flu
il raffreddore

influenza
l'influenza

sneezing
lo starnuto

fever
la febbre

hay fever
il raffreddore da fieno

high/low blood pressure
la pressione alta/bassa

inflammation	l'infiammazione
shingles	l'herpes zoster
deficiency symptom	il fenomeno di carenza
blood poisoning	la setticemia
psoriasis	la psoriasi
childhood illness	la malattia infantile
rubella	la rosolia
scarlet fever	la scarlattina
chickenpox	la varicella
mumps	la parotite
whooping cough	la pertosse
measles	il morbillo
polio	la paralisi infantile
tetanus	il tetano
tuberculosis	la tubercolosi
rickets	il rachitismo
meningitis	la meningite
diphtheria	la difterite
rabies	la rabbia

SYMPTOMS AND ILLNESSES –
SINTOMI E MALATTIE

asthma
l'asma

inhaler
l'inalatore

rheumatism
il reumatismo

diabetes
il diabete

insomnia
l'insonnia

AIDS
l'AIDS

breathing difficulty	l'affanno
Alzheimer's disease	il morbo di Alzheimer
dementia	la demenza
Parkinson's disease	il morbo di Parkinson
cancer	il cancro
abscess	l'ulcera
thyroid disorder	la malattia della tiroide
heart attack	l'infarto cardiaco
stroke	il colpo apoplettico
HIV positive/negative	sieropositivo/sieronegativo
multiple sclerosis	la sclerosi multipla
epilepsy	l'epilessia
depression	la depressione
eating disorder	la disoressia
addiction	l'assuefazione

transplant
il trapianto

dialysis
la dialisi

DISABILITIES – DISABILITÀ

guide dog
il cane guida per ciechi

walking stick
il bastone per ciechi

wheelchair
la sedia a rotelle

hand-rimmed wheel
l'anello per autospinta

foot rest
il poggiapiedi

handle
la manopola di spinta

arm rest
il bracciolo

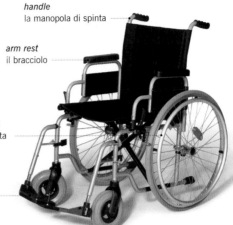

sign language
il linguaggio gestuale

hearing aid
l'apparecchio acustico

wheeled walker
il deambulatore

crutches
le stampelle

artificial limb
la protesi

paralyzed	paralizzato
spastic paralysis	la paralisi spastica
to limp	zoppicare
blind	cieco
hard of hearing	duro d'udito
deaf	non udente
disabled	disabile
severely disabled	invalido

INJURIES –
FERITE

sprain
la distorsione

burn
l'ustione

cut
la ferita da taglio

fracture
la frattura

poisoning
l'intossicazione

insect bite
la puntura d'insetto

bruise
l'abrasione

to faint
svenire

whiplash
il colpo di frusta cervicale

blister
la vescicola

sunburn
la scottatura solare

slipped disc
l'ernia del disco

wound	la ferita
burn	l'ustione
blood	il sangue
to *bleed*	sanguinare
hemorrhage	l'emorragia
concussion	la commozione cerebrale
to *dislocate an arm/a vertebra*	slogarsi il braccio/una vertebra
to *sprain/fracture one's foot*	slogarsi/fratturarsi il piede

electric shock
la scossa elettrica

AT THE DENTIST'S –
DAL DENTISTA

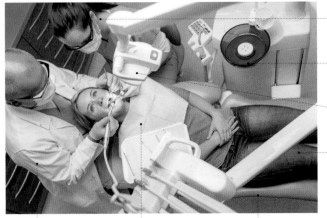

dental nurse
l'assistente dentale

sink
la bacinella

reflector
la lampada odontoiatrica

patient
la paziente

dentist
il dentista

dental bib
la mantellina per pazienti

dentist's chair
la poltrona odontoiatrica

dental instruments
i ferri odontoiatrici

surgical mask
la mascherina chirurgica

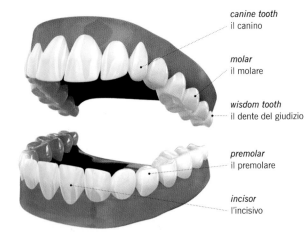

canine tooth
il canino

molar
il molare

wisdom tooth
il dente del giudizio

premolar
il premolare

incisor
l'incisivo

tooth
il dente

enamel
lo smalto dentario

gum
la gengiva

root
la radice del dente

nerve
il nervo

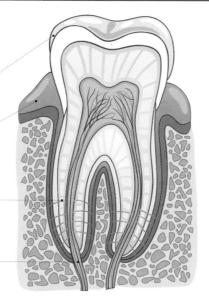

AT THE DENTIST'S – DAL DENTISTA

dentures
la protesi dentaria

retainer
la placca occlussale

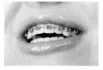

braces
l'apparecchio ortodontico

to floss one's teeth
pulire con il filo
interdentale

X-ray
la radiografia

crown
la corona

implant	l'impianto dentale
to extract a tooth	tirare un dente
local anesthetic	l'anestesia locale
oral hygiene	l'igiene orale
plaque	la placca dentaria
tooth decay	la carie
filling	la piombatura
root canal	il trattamento della radice

mouthwash
il collutorio

AT THE OPTOMETRIST –
DALL'OTTICO

eye
l'occhio

pupil
la pupilla

glasses
gli occhiali

optic nerve
il nervo ottico

lens
il cristallino

cornea
la cornea

frame
la montatura degli occhiali

lens
la lente

retina
la retina

iris
l'iride

optometrist
l'ottica

eye test
l'esame della vista

lens case
il contenitore per lenti a contatto

contact lens
la lente a contatto

glasses cloth	il panno per occhiali
eye drops	il collirio
reading glasses	gli occhiali da lettura
far-sighted	presbite
near-sighted	miope
bifocal glasses	gli occhiali progressivi
cataract	la cateratta
glaucoma	il glaucoma

IN THE HOSPITAL –
IN OSPEDALE

hospital room
la camera d'ospedale

private room
la camera singola

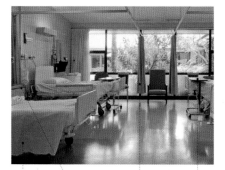

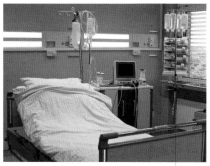

bedside table
il comodino

overbed table
il tavolino servipranzo

IV pole
l'asta portaflebo

hospital bed
il letto ospedaliero

privacy curtain
la tenda divisoria

to be admitted	ricoverarsi
to be discharged	essere dimesso
out-patient	il paziente ambulatoriale
in-patient	il paziente stazionario
visiting hours	gli orari di visita
children's ward	il reparto di pediatria
neurology	il reparto di neurologia
oncology	il reparto di oncologia
orthopedics	il reparto di ortopedia
cardiology	il reparto di cardiologia
gastroenterology	il reparto di gastroenterologia
gynecology	il reparto di ginecologia
ear nose and throat department	il reparto di otorinolaringoiatria
quarantine	la quarantena

emergency call button
il pulsante di emergenza

ward
il reparto

IN THE HOSPITAL – IN OSPEDALE
Surgery – La chirurgia

operation
l'operazione

surgical lighting
la lampada scialitica

surgeon
il chirurgo

operating room
la sala operatoria

surgical mask
la mascherina chirurgica

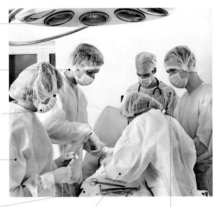

operating nurse
l'infermiera di sala operatoria

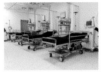

recovery room
la sala risveglio

operating table
il tavolo operatorio

scrubs
il camice chirurgico

anesthesiologist
l'anestesista

scar
la cicatrice

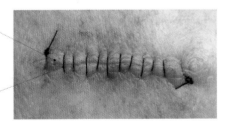

surgical tools
i ferri chirurgici

sutures
i fili

local anesthesia	l'anestesia locale
general anesthesia	la narcosi totale
rehab	la riabilitazione
post-operative care	il trattamento post-operatorio
bed rest	il riposo a letto
convalescence	la guarigione
dead	decesso
death	il decesso

IN THE HOSPITAL – IN OSPEDALE

Emergency – Il reparto di pronto soccorso

intensive care unit
il reparto di cure intensive

emergency room
il pronto soccorso

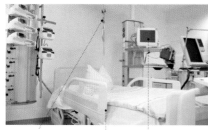

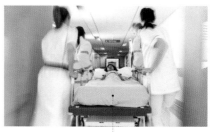

call button
il pulsante di chiamata

cardiac monitor
la macchina di
monitoraggio cardiaco

gurney
la barella mobile

hospital bed
il letto ospedaliero

X-ray machine
l'apparecchio radiologico

X-ray
la radiografia

waiting room
la sala d'aspetto

attending physician
la dottoressa capo

CT scan	la tomografia assiale computerizzata
radiation	la radiazione
to diagnose	emettere una diagnosi
coma	il coma
unconscious	privo di sensi
ventilation	la respirazione
to regain consciousness	rinvenire
to recuperate	guarire

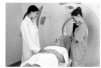

MRI scan
la tomografia a risonanza
magnetica

THE PHARMACY –
LA FARMACIA

medication
il farmaco

capsule
il cachet

cough syrup
lo sciroppo per la tosse

blister pack
il blister

tablet
la pastiglia

dosage
la posologia

measuring cup
il misurino

suppository
la supposta

ointment
la pomata

syringe
la siringa

pharmacist
la farmacista

drops
le gocce

spray
lo spray

vitamin pill
la compressa vitaminica

effervescent tablet
la pastiglia effervescente

THE PHARMACY –
LA FARMACIA

nutritional supplement
l'integratore alimentare

sunscreen
la protezione solare

insect repellent
lo zanzaricida

thermometer
il termometro

nail file
la lima

tampon
l'assorbente interno

panty liner
il salvaslip

wet wipe
la salviettina umidificata

lip balm
il proteggi-labbra

tweezers
la pinzetta

deodorant
il deodorante

throat lozenge
la pasticca per la tosse

symptom	il sintomo
side effect	l'effetto collaterale
instructions	il foglio illustrativo
skin care	la cura della pelle
painkiller	l'antidolorifico
sedative	il calmante
sleeping pill	il sonnifero
expiration date	la data di scadenza

ear plugs
il tappo per le orecchie

ALTERNATIVE MEDICINE –
LA MEDICINA ALTERNATIVA

meditation
la meditazione

yoga
lo yoga

tai chi
il tai-chi

ayurveda
l'ayurveda

osteopathy
l'osteopatia

reiki
il Reiki

massage
il massaggio

hypnosis
l'ipnosi

*traditional Chinese
medicine*
la medicina cinese
tradizionale

reflexology massage
la riflessologia plantare

homeopathic remedy
il farmaco omeopatico

herbal medicine
la medicina a base
di erbe

acupuncture
l'agopuntura

course of treatment	la cura
palliative care	la medicina palliativa
relaxation	il riposo
detoxification	la disintossicazione
detoxification program	la cura di disintossicazione
to be in detox	sottoporsi a disintossicazione
therapy	la terapia
light therapy	la fototerapia

WELLNESS – BENESSERE

facial
il trattamento del viso

sauna
la sauna

beautician
l'estetista

face mask
la maschera del viso

heating stove
la stufa

bench
la panca

head rest
il poggiatesta

infusion bucket
il mastello

lounge room
l'area di riposo

spa
lo stabilimento termale

manicure
la manicure

pedicure
la pedicure

waxing	la depilazione con la ceretta
steam room	il bagno turco
herbal preparation	l'infusione
peeling	il peeling
complexion	la carnagione
to cleanse	pulire
I have sensitive/dry skin.	Ho la pelle sensibile/secca.
I have oily/normal skin.	Ho la pelle grassa/normale.

solarium
il solarium

EMERGENCIES

SITUAZIONI DI EMERGENZA

FIRST AID –
PRONTO SOCCORSO

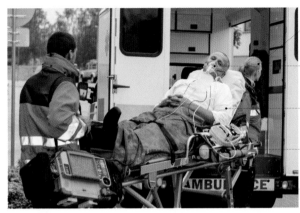

ambulance
il mezzo di soccorso

ambulance driver
l'infermiera di pronto soccorso

oxygen mask
la maschera d'ossigeno

accident victim
la vittima dell'incidente

paramedic
l'infermiere di pronto soccorso

stretcher
la barella

mouth-to-mouth
resuscitation
la respirazione bocca a
bocca

pulse measurement
la misurazione del polso

recovery position
la posizione laterale
stabile

accident scene
il luogo dell'incidente

ambulance service
il servizio di soccorso

defibrillator
il defibrillatore

accident	l'incidente
resuscitation	la rianimazione
cardiac massage	il massaggio cardiaco
pulse	il polso
unconscious	privo di sensi
to apply first aid	prestare pronto soccorso
emergency doctor	il medico di guardia
nurse	la dottoressa di guardia

FIRST AID –
PRONTO SOCCORSO

dressing material
il materiale di pronto soccorso

bandage
la fasciatura

medical tape
il leucoplasto®

adhesive bandage
il cerotto

bandage scissors
le forbici

first-aid kit
il kit di pronto soccorso

first-aid course
il corso di pronto
soccorso

disinfectant
il disinfettante

elastic bandage
la benda

sterile	sterile
to survive	sopravvivere
traumatized	traumatizzato
to be in shock	essere sotto shock
shock	lo shock
blood donation	la donazione del sangue
organ donation	la donazione degli organi
adrenaline	l'adrenalina

gauze bandage
la fascia di garza

THE POLICE –
LA POLIZIA

duty belt
la cintura di servizio

walkie-talkie
la radio mobile

gun
la pistola

baton
il manganello

handcuffs
le manette

uniform
l'uniforme

finger print
l'impronta digitale

crime scene
la scena del crimine

police officer
la poliziotta

rookie
il novellino

badge
il distintivo di polizia

witness	il testimone
testimony	la testimone
criminal	il criminale
illegal	la criminale
criminal detective	il funzionario di polizia criminale
correctional officer	l'ufficiale di correzione
suspect	l'indiziato/-a
investigation	l'indagine

THE POLICE – LA POLIZIA

police car
la macchina della polizia

light bar
il dispositivo di segnalazione luminosa

police siren
la sirena

piece of evidence
il reperto

jail
la prigione

break-in
l'irruzione

theft
il furto

arrest
l'arresto

violence
la violenza

mugging
la rapina

pickpocketing
il borseggio

abduction
il sequestro

criminal offense	il reato
bodily harm	la lesione personale
rape	lo stupro
murder	l'omicidio
assault	l'assalto
to escape	fuggire
to molest	molestare
guilty	la colpa

barricade tape
lo sbarramento della polizia

THE FIRE DEPARTMENT –
I VIGILI DEL FUOCO

fire extinguisher
l'estintore

hydrant
l'idrante

firefighter
il pompiere

visor
la visiera

fire helmet
il casco da pompiere

turnout coat
il giubotto di sicurezza

reflective stripe
il nastro riflettente

fire hose
la manichetta antincendio

firefighting
la lotta contro gli incendi

emergency exit
l'uscita di sicurezza

ax
l'ascia

smoke detector
il rivelatore di fumo

fire station
la stazione dei pompieri

fire engine
l'autopompa

IN THE MOUNTAINS – IN MONTAGNA

helmet
il casco

snap link
il moschettone

rope
la fune

mountain rescue service
la guardia alpina

rescue mission
l'operazione di
salvataggio

rescue worker
l'operatore di salvataggio

rescue sled
la slitta di salvataggio

snowmobile
lo skidoo®

safety net
la rete di protezione

avalanche
la valanga

avalanche transceiver
il localizzatore ARTVA

rescue dog
il cane da soccorso

rescue helicopter
l'elicottero di salvataggio

avalanche protection
il paravalanghe

avalanche warning sign
il segnale di pericolo
di valanghe

AT SEA – IN MARE

life vest
il giubbetto di salvataggio

life preserver
la scialuppa di salvataggio

assembly point sign
il punto di riunione

storm
la tempesta

life buoy
la boa di salvataggio

lifeguard
il nuotatore di salvataggio

watchtower
la torre di guardia

tsunami
lo tsunami

coastguard boat
la motovedetta

life boat
la scialuppa di salvataggio

to capsize
ribaltarsi

shipwreck
il naufragio

missing person	il/la disperso/-a
rescue rope	la corda di salvataggio
weather conditions	le condizioni meteorologiche
shipping forecast	il bollettino del mare
search	la ricerca
to drown	annegare
accident at sea	l'avaria
to be in distress at sea	trovarsi in pericolo di naufragio

OTHER EMERGENCIES –
ALTRI CASI DI EMERGENZA

explosion
l'esplosione

epidemic
l'epidemia

evacuation
l'evacuazione

bomb alert
l'allarme bomba

nuclear disaster
la catastrofe nucleare

emergency landing
l'atterraggio di emergenza

terrorist attack
l'attacco terroristico

to rescue
salvare

emergency number
il numero d'emergenza

surveillance camera
la videocamera di
sorverglianza

injured person
il ferito

injury
la ferita

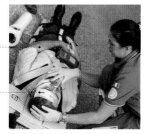

missing person	il/la disperso/-a
search party	la squadra di soccorso
danger	il pericolo
Help!	Aiuto!
There's been an accident!	C'è stato un incidente!
Call an ambulance!	Chiami i soccorsi!
Call the police!	Chiami la polizia!
Call the fire department!	Chiami i vigili del fuoco!

Danger beware!
Attenzione, pericolo!

EARTH AND NATURE

TERRA E NATURA

SPACE –
IL COSMO

solar system
il sistema solare

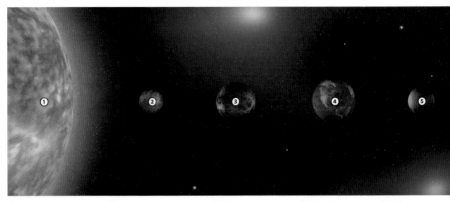

① *sun*
il sole

② *Mercury*
Mercurio

③ *Venus*
Venere

④ *Earth*
la Terra

⑤ *Mars*
Marte

lunar phases
le fasi lunari

⑤ *crescent*
la falce di luna

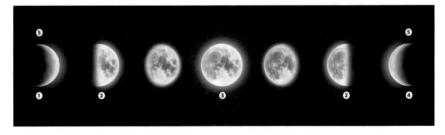

① *waxing moon*
la luna crescente

② *half moon*
la mezzaluna

③ *full moon*
la luna piena

④ *waning moon*
la luna calante

SPACE –
IL COSMO

⑥ *Jupiter*
Giove

⑦ *Saturn*
Saturno

⑧ *Uranus*
Urano

⑨ *Neptune*
Nettuno

spaceship
la navicella spaziale

① *external fuel tank*
il serbatio esterno

② *booster*
il razzo

③ *orbiter*
l'orbiter

SPACE –
IL COSMO

solar eclipse
l'eclissi solare

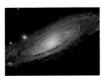

galaxy
la galassia

Milky Way
la via lattea

comet
la cometa

asteroid
l'asteroide

planet
il pianeta

meteor
la meteora

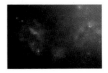

universe
l'universo

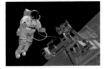

astronaut
l'astronauta

satellite
il satellite

observatory
l'osservatorio
astronomico

radio telescope
il radiotelescopio

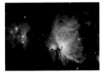

nebula
la nebbia

black hole	il buco nero
gravity	la forza di gravità
orbit	l'orbita
light year	l'anno luce
big bang	il big bang
star	l'astro
space station	la stazione spaziale
astronomy	l'astronomia

PLANET EARTH – LA TERRA

① *North Pole*
il polo nord

② *inland sea*
il mare interno

③ *peninsula*
la penisola

④ *strait*
lo stretto

⑤ *gulf*
il golfo

⑥ *continent*
il continente

⑦ *sea*
il mare

⑧ *land*
la terra

⑨ *mountain range*
la catena montuosa

⑩ *South Pole*	⑪ *lake*	⑫ *island*	⑬ *bay*
il polo sud	il lago	l'isola	la baia

atmosphere	l'atmosfera
mantle	il mantello terrestre
earth's crust	la crosta terrestre
inner core	il nucleo interno
outer core	il nucleo esterno
plate	la crosta
bedrock	il basamento
soil	il suolo

WORLD MAP –
IL MAPPAMONDO

① *Arctic Ocean*
il Mare Artico

⑥ *Pacific Ocean*
l'Oceano Pacifico

⑦ *Atlantic Ocean*
l'Oceano Atlantico

⑧ *Indian Ocean*
l'Oceano Indiano

⑨ *Arabian Sea*
il Mar Arabico

⑩ *Caribbean Sea*
il Mar Caraibico

⑪ *Mediterranean Sea*
il Mar Mediterraneo

⑫ *North Sea*
il Mare del Nord

⑬ *Baltic Sea*
il Mar Baltico

⑭ *Caspian Sea*
il Mar Caspio

⑮ *Black Sea*
il Mar Nero

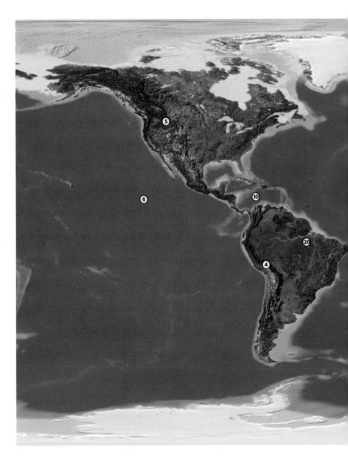

⑯ *English Channel*
la Manica

⑰ *Red Sea*
il Mar Rosso

⑱ *Antarctic Ocean*
il Mare Antartico

② *Himalayas*   ③ *Alps*   ④ *Andes*   ⑤ *Rocky Mountains*
l'Himalaya   le Alpi   le Ande   le Montagne Rocciose

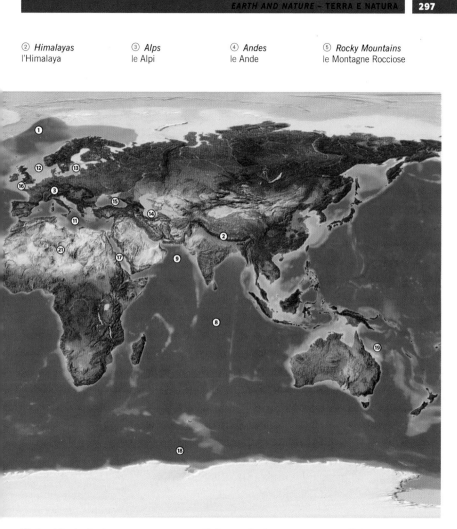

⑲ *Great Barrier Reef*   ⑳ *Amazon Basin*   ㉑ *Sahara*
la Grande barriera corallina   l'Amazzonia   il Deserto del Sahara

WORLD MAP – **IL MAPPAMONDO**

Northern hemisphere
l'emisfero boreale

the Arctic
l'Artide

Tropic of Cancer
il tropico settentrionale

Western hemisphere
l'emisfero occidentale

Eastern hemisphere
l'emisfero orientale

longitude
la longitudine

Antarctica
l'Antartide

latitude
la latitudine

Southern hemisphere
l'emisfero australe

equator
l'equatore

tropics
i tropici

Tropic of Capricorn
il tropico meridionale

Arctic Circle	il circolo polare artico
Antarctic Circle	il circolo polare antartico
country	il paese
state	lo stato
nation	la nazione
territory	il territorio
principality	il principato
kingdom	il regno

republic	la repubblica
colony	la colonia
province	la provincia
zone	la zona
region	la regione
capital	la capitale

U.N. MEMBER STATES – STATI MEMBRI DELL'O.N.U.

Europe – Europa

Albania
l'Albania

Andorra
l'Andorra

Belgium
il Belgio

Bosnia-Herzegovina
la Bosnia ed Erzegovina

Bulgaria
la Bulgaria

Denmark
la Danimarca

Germany
la Germania

Former Yugoslav republic of Macedonia
l'Ex Repubblica Jugoslava di Macedonia

Estonia
l'Estonia

Finland
la Finlandia

France
la Francia

Greece
la Grecia

Ireland
l'Irlanda

Iceland
l'Islanda

Italy
l'Italia

Croatia
la Croazia

U.N. MEMBER STATES – STATI MEMBRI DELL'O.N.U.

Europe – Europa

Latvia
la Lettonia

Liechtenstein
il Liechtenstein

Lithuania
la Lituania

Luxembourg
il Lussemburgo

Malta
Malta

Moldova
la Moldavia

Monaco
il Principato di Monaco

Montenegro
il Montenegro

the Netherlands
i Paesi Bassi

Norway
la Norvegia

Austria
l'Austria

Poland
la Polonia

Portugal
il Portogallo

Romania
la Romania

Russia
la Russia

San Marino
San Marino

U.N. MEMBER STATES – **STATI MEMBRI DELL'O.N.U.**

Europe – Europa

Sweden
la Svezia

Switzerland
la Svizzera

Serbia
la Serbia

Slovakia
la Slovacchia

Slovenia
la Slovenia

Spain
la Spagna

the Czech Republic
la Repubblica Ceca

Turkey
la Turchia

the Ukraine
l'Ucraina

Hungary
l'Ungheria

the United Kingdom
il Regno Unito

Belarus
la Bielorussia

Cyprus
Cipro

U.N. MEMBER STATES – STATI MEMBRI DELL'O.N.U.

North and Central America – America settentionale e America centrale

Antigua and Barbuda
Antigua e Barbuda

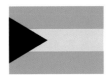

the Bahamas
le Bahama(s)

Barbados
Barbados

Belize
il Belize

Costa Rica
la Costa Rica

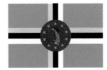

Dominica
la Dominica

the Dominican Republic
la Repubblica
Dominicana

El Salvador
l'El Salvador

Grenada
Grenada

Guatemala
il Guatemala

Haiti
Haiti

Honduras
l'Honduras

Jamaica
la Giamaica

Canada
il Canada

Cuba
Cuba

Mexico
il Messico

U.N. MEMBER STATES – STATI MEMBRI DELL'O.N.U.

North and Central America – America settentionale e America centrale

Nicaragua
il Nicaragua

Panama
il Panamà

St. Kitts & Nevis
Saint Kitts e Nevis

St. Lucia
Santa Lucia

St. Vincent and the Grenadines
San Vincenzo e Grenadine

Trinidad and Tobago
Trinidad e Tobago

the United States
gli Stati Uniti

South America –
America del Sud

Argentina
l'Argentina

Bolivia
la Bolivia

Brazil
il Brasile

Chile
il Cile

Ecuador
l'Ecuador

Guyana
la Guyana

Colombia
la Colombia

Paraguay
il Parguay

U.N. MEMBER STATES – STATI MEMBRI DELL'O.N.U.

South America – America del Sud

Peru
il Perù

Suriname
il Suriname

Uruguay
l'Uruguay

Venezuela
il Venezuela

Africa – Africa

Egypt
l'Egitto

Algeria
l'Algeria

Angola
l'Angola

Equatorial Guinea
la Guinea Equatoriale

Ethiopia
l'Etiopia

Benin
il Benin

Botswana
il Botswana

Burkina Faso
il Burkina Faso

   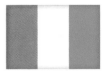

Burundi
il Burundi

the *Democratic Republic
of the Congo*
la Repubblica
Democratica del Congo

Djibouti
il Gibuti

the *Ivory Coast*
la Costa d'Avorio

U.N. MEMBER STATES – STATI MEMBRI DELL'O.N.U.

Africa – Africa

Eritrea
l'Eritrea

Gabon
il Gabon

Gambia
il Gambia

Ghana
il Ghana

Guinea
la Guinea

Guinea-Bissau
la Guinea-Bissau

Cameroon
il Camerun

Cape Verde
Capo Verde

Kenya
il Kenya

the Comoros
le Comore

Lesotho
il Lesotho

Liberia
la Liberia

Libya
la Libia

Madagascar
il Madagascar

Malawi
il Malawi

Mali
il Mali

U.N. MEMBER STATES – STATI MEMBRI DELL'O.N.U.

Africa – Africa

Mauritania
la Mauritania

Mauritius
Mauritius

Morocco
il Marocco

Mozambique
il Mozambico

Namibia
la Namibia

Niger
il Niger

Nigeria
la Nigeria

the Republic of the Congo
la Repubblica del Congo

Rwanda
il Ruanda

Zambia
lo Zambia

Sao Tome and Principe
São Tomé e Príncipe

Senegal
il Senegal

the Seychelles
le Seicelle

Sierra Leone
la Sierra Leone

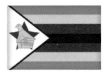

Zimbabwe
lo Zimbabwe

Somalia
la Somalia

U.N. MEMBER STATES – STATI MEMBRI DELL'O.N.U.

Africa – Africa

South Africa
il Sudafrica

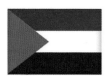

Sudan
il Sudan

*the Republic of
South Sudan*
il Sudan del Sud

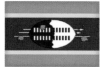

Swaziland
lo Swaziland

Tanzania
la Tanzania

Togo
il Togo

Chad
il Ciad

Tunisia
la Tunisia

Uganda
l'Uganda

the Central African Republic
la Repubblica Centraficana

Asia – Asia

Afghanistan
l'Afghanistan

Armenia
l'Armenia

Azerbaijan
l'Azerbaigian

Bahrain
il Bahrein

U.N. MEMBER STATES – STATI MEMBRI DELL'O.N.U.

Asia – Asia

Bangladesh
il Bangladesh

Bhutan
il Bhutan

Brunei
il Brunei

China
la Cina

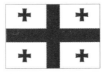

Georgia
la Georgia

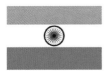

India
l'India

Indonesia
l'Indonesia

Iraq
l'Iraq

Iran
l'Iran

Israel
Israele

Japan
il Giappone

Yemen
lo Yemen

Jordan
la Giordania

Cambodia
la Cambogia

Kazakhstan
il Kazakistan

Kyrgyzstan
il Kirghizistan

U.N. MEMBER STATES – STATI MEMBRI DELL'O.N.U.

Asia – Asia

Kuwait
il Kuwait

Laos
il Laos

Lebanon
il Libano

Qatar
il Qatar

Malaysia
la Malesia

the Maldives
le Maledive

Mongolia
la Mongolia

Myanmar
il Myanmar

Nepal
il Nepal

North Korea
la Corea del Nord

Oman
l'Oman

East Timor
Timor Est

Pakistan
il Pakistan

Saudi Arabia
l'Arabia Saudita

Singapore
Singapore

Sri Lanka
lo Sri Lanka

U.N. MEMBER STATES – STATI MEMBRI DELL'O.N.U.

Asia – Asia

South Korea
la Corea del Sud

Syria
la Siria

Tajikistan
il Tagikistan

Thailand
la Tailandia

Turkmenistan
il Turkmenistan

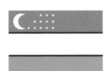

Uzbekistan
l'Uzbekistan

United Arab Emirates
gli Emirati Arabi Uniti

Vietnam
il Vietnam

Oceania – Oceania

Australia
l'Australia

Fiji
le Figi

Kiribati
le Kiribati

Marshall Islands
le Isole Marshall

*Federated States of
Micronesia*
gli Stati Federati di
Micronesia

Nauru
Nauru

New Zealand
la Nuova Zelanda

Palau
Palau

U.N. MEMBER STATES – STATI MEMBRI DELL'O.N.U.

Oceania – Oceania

Papua New Guinea
la Papua Nuova Guinea

the Philippines
le Filippine

the Solomon Islands
le Isole Salomone

Samoa
le Samoa

Tonga
le Tonga

Tuvalu
Tuvalu

Vanuatu
Vanuatu

the European Union (EU)
l'Unione Europea (UE)

the United Nations (U.N.)
le Nazioni Unite (O.N.U.)

North Atlantic Treaty Organization (NATO)
l'Organizzazione del Trattato dell'Atlantico del Nord (NATO)

International organizations –
Organizzazioni internazionali

the African Union
l'Unione Africana

the Arab League
la Lega Araba

UNESCO
l'UNESCO

the Commonwealth
il Commonwealth

THE WEATHER –
IL TEMPO

sunny
sereno

cloudy
nuvoloso

foggy
nebbioso

windy
ventoso

hot
molto caldo

warm
caldo

cold
freddo

overcast
coperto

icy
ghiacciato

snowy
innevato

rainy
piovoso

stormy
tempestoso

humid
umido

temperature	la temperatura
degree	il grado
Celsius	grado centigrado
Fahrenheit	Fahrenheit
weather forecast	le previsioni del tempo
What's the weather like?	Che tempo fa?
It's nice/wet/cold and damp.	È sereno/cupo/fa un freddo umido.
It's raining/snowing.	Piove/nevica.

THE WEATHER –
IL TEMPO

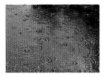

rain
la pioggia

rainbow
l'arcobaleno

sunshine
il sole

wind
il vento

thunderstorm
il temporale

thunder
il tuono

lightning
il fulmine

hail
la grandine

hoarfrost
la brina

snow
la neve

frost
il gelo

ice
il ghiaccio

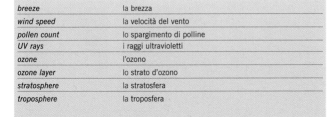

breeze	la brezza
wind speed	la velocità del vento
pollen count	lo spargimento di polline
UV rays	i raggi ultravioletti
ozone	l'ozono
ozone layer	lo strato d'ozono
stratosphere	la stratosfera
troposphere	la troposfera

smog
lo smog

THE WEATHER – IL TEMPO
Natural disasters – Calamità naturali

drought
la siccità

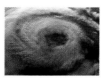
hurricane
l'uragano

tornado
il tornado

monsoon
il monsone

flood
l'inondazione

earthquake
il terremoto

volcanic eruption
l'eruzione vulcanica

tsunami
lo tsunami

landslide
lo smottamento

forest fire
l'incendio di bosco

heat wave
l'ondata di caldo

storm
la tempesta

avalanche
la valanga

snowstorm
la tempesta di neve

tropical storm
il ciclone (tropicale)

pandemic
la pandemia

THE LANDSCAPE –
IL PAESAGGIO

river
il fiume

| *mountain* | *peak* | *mountain range* | *forest* |
| la montagna | la vetta | le montagne | il bosco |

| *mountain slope* | *lake* | *rock* | *valley* |
| il declivio | il lago | la roccia | la valle |

estuary
la foce

glacier
il ghiacciaio

waterfall
la cascata

| *cave* | *cliff* | *coast* |
| la grotta | lo scoglio | la costa |

THE LANDSCAPE –
IL PAESAGGIO

plateau
l altipiano

hill
la collina

plain
la pianura

gorge
la gola

desert
il deserto

meadow
il prato

wetland
la zona umida

moor
la brughiera

grassland
la prateria

geyser
il geyser

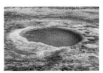

thermal spring
la sorgente termale

volcano
il vulcano

bay
la baia

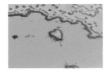

coral reef
la barriera corallina

island
l'isola

mountain stream
il ruscello di montagna

ROCKS AND MINERALS –
PIETRE E MINERALI

iron ore
il minerale di ferro

sandstone
la pietra arenaria

asphalt
l'asfalto

granite
il granito

limestone
la pietra calcarea

chalk
il gesso

coal
il carbone

slate
la lavagna

marble
il marmo

sulphur
lo zolfo

graphite
la grafite

gold
l'oro

silver
l'argento

copper
il rame

mercury
il mercurio

bauxite
la bauxite

ROCKS AND MINERALS – PIETRE E MINERALI

Precious and semi-precious stones – Pietre preziose e semipreziose

ruby
il rubino

aquamarine
l'acquamarina

jade
la giada

emerald
lo smeraldo

sapphire
lo zaffiro

amethyst
l'ametista

quartz
il quarzo

diamond
il diamante

tourmaline
la tormalina

topaz
il topazio

garnet
il granato

tiger's eye
l'occhio di tigre

opal
l'opale

amber
l'ambra

turquoise
il turchese

rose quartz
il quarzo rosa

onyx
l'onice

pearl
la perla

lapis lazuli
il lapislazzuli

citrine
il quarzo citrino

PLANTS – PIANTE

Trees – Alberi

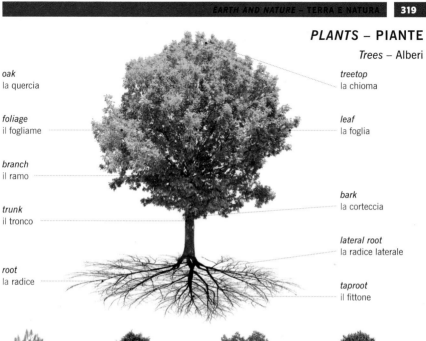

oak
la quercia

foliage
il fogliame

branch
il ramo

trunk
il tronco

root
la radice

treetop
la chioma

leaf
la foglia

bark
la corteccia

lateral root
la radice laterale

taproot
il fittone

willow
il salice

ash
il frassino

beech
il faggio

elm
l'olmo

birch	la betulla
maple	l'acero
lime	il tiglio
fir tree	l'abete
spruce	il peccio
conifer	la conifera
deciduous tree	la latifoglia
evergreen tree	il sempreverde

eucalyptus
l'eucalipto

PLANTS – PIANTE

Wild flowers – Piante selvatiche

lichen
il lichene

moss
il muschio

thistle
il cardo

mushroom
il fungo

stinging nettle
l'ortica

foxglove
il digitale

hogweed
il penace

dandelion
il dente di leone

daisy
la pratolina

heather
l'erica

bluebell
la campanula

clover
il trifoglio

camomile
la camomilla

lily of the valley
il mughetto

dandelion blowball
il soffione

buttercup
il ranuncolo

PLANTS – PIANTE
Ornamental flowers – Piante ornamentali

rose
la rosa

petal
il petalo

flower
il fiore

stalk
lo stelo

stem
il gambo

bud
il boccio

thorn
la spina

leaf
la foglia

snowdrop
il bucaneve

crocus
il croco

water lily
la ninfea

lavender
la lavanda

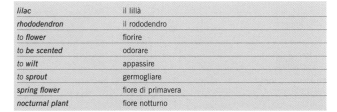

lilac	il lillà
rhododendron	il rododendro
to flower	fiorire
to be scented	odorare
to wilt	appassire
to sprout	germogliare
spring flower	fiore di primavera
nocturnal plant	fiore notturno

petunia
la petunia

PLANTS – **PIANTE**

Ornamental flowers – Piante ornamentali

carnation
il garofano

primrose
la primula

gerbera
la gerbera

tulip
il tulipano

daffodil
il narciso

iris
l'iris

chrysanthemum
il crisantemo

hyacinth
il giacinto

marigold
la calendola

pansy
la viola del pensiero

orchid
l'orchidea

rose bush
il rosaio

lily
il giglio

sunflower
il girasole

geranium
il geranio

hydrangea
l'ortensia

PLANTS – PIANTE

Garden plants – Piante da giardino

ivy
l'edera

fruit tree
l'albero da frutto

blossom
il fiore

shoot
il germoglio

topiary
l'arte topiaria

weed
le erbacce

to flower
fiorire

to wilt
appassire

palm tree
la palma

lawn
il prato

wildflower meadow
il prato fiorito

poppy
il papavero

climber
il rampicante

annual
annuale

biennial
biennale

perennial
pluriennale

ANIMALS – ANIMALI
Mammals – Mammiferi

rat
il ratto

mole
la talpa

cat
il gatto

dog
il cane

rabbit
il coniglio

guinea pig
il porcellino d'India

mouse
il topo

hamster
il criceto

bat
il pipistrello

squirrel
lo scoiattolo

hedgehog
il riccio

ferret
il furetto

to give paw
dare zampa

whiskers	le vibrisse
fur	il pelo
mouth	il muso
tail	la coda
horn	il corno
claw	l'artiglio
paw	la zampa
hoof	lo zoccolo

ANIMALS – ANIMALI
Mammals – Mammiferi

cheetah
il ghepardo

puma
il puma

wolf
il lupo

raccoon
il procione

skunk
la moffetta

meerkat
il suricato

leopard
il leopardo

badger
il tasso

fox
la volpe

jaguar
il giaguaro

lion
il leone

tiger
la tigre

bear
l'orso

polar bear
l'orso polare

koala
il koala

panda
il panda

ANIMALS – ANIMALI
Mammals – Mammiferi

pig
il maiale

goat
la capra

horse
il cavallo

giraffe
la giraffa

sheep
la pecora

llama
il lama

donkey
l'asino

deer
il capriolo

reindeer
la renna

camel
il cammello

cow
la mucca

bull
il toro

hippopotamus
l'ippopotamo

rhinoceros
il rinoceronte

elephant
l'elefante

zebra
la zebra

ANIMALS – ANIMALI
Mammals – Mammiferi

walrus
il tricheco

sea lion
il leone marino

seal
la foca

dolphin
il delfino

killer whale
l'orca

otter
la lontra

river rat
la nutria

gorilla
il gorilla

orangutan
l'orang-utan

gibbon
il gibbone

baboon
il babbuino

chimpanzee
lo scimpanzé

sloth
il bradipo

anteater
il formichiere

kangaroo
il canguro

cub
il cucciolo

ANIMALS – **ANIMALI**
Birds – Uccelli

woodpecker
il picchio

sparrow
il passero

hummingbird
il colibrì

toucan
il tucano

robin
il pettirosso

swallow
la rondine

hawk
l'astore

pigeon
il piccione

raven
il corvo

crow
la cornacchia

finch
il fringuello

seagull
il gabbiano

canary
il canarino

bill	il becco
chick	il pulcino
wing	l'ala
claw	l'artiglio
feather	la piuma
plumage	il piumaggio
to chirp	cinguettare
to flutter	svolazzare

ANIMALS – ANIMALI

Birds – Uccelli

stork
la cicogna

flamingo
il fenicottero

ostrich
lo struzzo

eagle
l'aquila

penguin
il pinguino

cockatoo
il cacatua

parrot
il pappagallo

owl
la civetta

turkey
il tacchino

swan
il cigno

goose
l'oca

duck
l'anatra

rooster
il gallo

chicken
la gallina

quail
la quaglia

peacock
il pavone

ANIMALS – ANIMALI

Reptiles and amphibians – Rettili e anfibi

snake
il serpente

crocodile
il coccodrillo

alligator
l'alligatore

lizard
la lucertola

chameleon
il camaleonte

iguana
l'iguana

tortoise
la tartaruga

sea turtle
la tartaruga acquatica

frog
la rana

toad
il rospo

tadpole
il girino

salamander
la salamandra

gecko
il geco

shell	la corazza
scales	le squame
venom	il veleno
venomous fang	il dente velenifero
cold-blooded animal	l'animale a sangue freddo
to slither	strisciare
to hiss	sibilare
to croak	gracidare

ANIMALS – ANIMALI
Fish – Pesci

blowfish
il pesce palla

garfish
l'aguglia

piranha
il piranha

flying fish
il pesce volante

sailfish
il pesce vela

stingray
la razza

great white shark
lo squalo bianco

tiger shark
lo squalo tigre

goldfish
il pesce rosso

koi
la carpa coi

eel
l'anguilla

catfish
il siluro

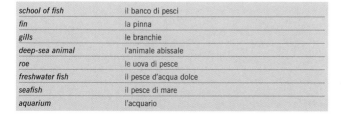

school of fish	il banco di pesci
fin	la pinna
gills	le branchie
deep-sea animal	l'animale abissale
roe	le uova di pesce
freshwater fish	il pesce d'acqua dolce
seafish	il pesce di mare
aquarium	l'acquario

sea horse
il cavalluccio marino

ANIMALS – **ANIMALI**

Insects and spiders – Insetti e ragni

butterfly
la farfalla

caterpillar
il bruco

chrysalis
la crisalide

... *moth*
la falena

bee
l'ape

bumblebee
il bombo

wasp
la vespa

hornet
il calabrone

fly
la mosca

mosquito
la zanzara

cicada
la cicala

May bug
il maggiolino

dragonfly
la libellula

praying mantis
la mantide religiosa

grasshopper
la cavalletta

cricket
il grillo

ANIMALS – **ANIMALI**
Insects and spiders – Insetti e ragni

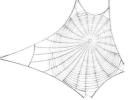

cobweb
la ragnatela

spider
il ragno

flea
la pulce

woodlouse
l'asello

stink bug
la cimice verde

ladybug
la coccinella

cockroach
la blatta

water strider
lo sciatore d'acqua

centipede
il chilopoda

slug
la lumaca

snail
la chiocciola

worm
il verme

termite
la termite

ant
la formica

tick
la zecca

scorpion
lo scorpione

NUMBERS AND MEASUREMENTS

NUMERI E MISURE

NUMBERS – I NUMERI

Cardinal numbers – I numeri cardinali

zero
zero

one
uno

two
due

three
tre

four
quattro

five
cinque

six
sei

seven
sette

eight
otto

nine
nove

ten
dieci

eleven	undici
twelve	dodici
thirteen	tredici
fourteen	quattordici
fifteen	quindici
sixteen	sedici
seventeen	diciassette
eighteen	diciotto
nineteen	diciannove
twenty	venti
twenty-one	ventuno
twenty-two	ventidue
twenty-three	ventitré
thirty	trenta
forty	quaranta
fifty	cinquanta
sixty	sessanta
seventy	settanta
eighty	ottanta
ninety	novanta
a hundred	cento

NUMBERS –
I NUMERI

two hundred and twenty-two	duecentoventidue
a thousand	mille
ten thousand	diecimila
twenty thousand	ventimila
fifty thousand	cinquantamila
fifty-five thousand	cinquantacinquemila
a hundred thousand	centomila
a million	un milione
a billion	un miliardo
a trillion	un bilione

Ordinal numbers – I numeri ordinali

first	primo/-a
second	secondo/-a
third	terzo/-a
fourth	quarto/-a
fifth	quinto/-a
sixth	sesto/-a
seventh	settimo/-a
eighth	ottavo/-a
ninth	nono/-a
tenth	decimo/-a
eleventh	undicesimo/-a
twelfth	dodicesimo/-a
thirteenth	tredicesimo/-a
fourteenth	quattordicesimo/-a
fifteenth	quindicesimo/-a
sixteenth	sedicesimo/-a
seventeenth	diciassettesimo/-a
eighteenth	diciottesimo/-a
nineteenth	diciannovesimo/-a
twentieth	ventesimo/-a
twenty-first	ventunesimo/-a
twenty-second	ventiduesimo/-a

NUMBERS –
I NUMERI

thirtieth	trentesimo/-a
fortieth	quarantesimo/-a
fiftieth	cinquantesimo/-a
sixtieth	sessantesimo/-a
seventieth	settantesimo/-a
eightieth	ottantesimo/-a
ninetieth	novantesimo/-a
one hundredth	centesimo/-a
two hundredth	duecentesimo/-a
two hundred and twenty-fifth	duecentoventicinquesimo/-a
three hundredth	trecentesimo/-a
one thousandth	millesimo/-a
ten thousandth	diecimillesimo/-a
millionth	milionesimo/-a
ten millionth	diecimilionesimo/-a
penultimate	penultimo/-a
last	ultimo/-a

Fractions – Le frazioni

a half	un mezzo/una mezza
a third	un terzo
a quarter	un quarto
a fifth	un quinto
an eighth	un ottavo
three quarters	tre quarti
two fifths	due quinti
seven and a half	sette e mezzo
two seventeenths	due diciassettesimi
five and three eighths	cinque (e) tre ottavi

NUMBERS – I NUMERI

Numeric expressions – Espressioni numeriche

one time	una volta	*a pair*	un paio
two times	due volte	*half a dozen*	mezza dozzina
three times	tre volte	*a dozen*	una dozzina
four times	quattro volte	*the majority*	una grossa
repeatedly	più volte	*a few*	un paio
sometimes	talvolta	*few*	pochi
never	mai	*some*	alcuni
once	semplice	*quite a lot*	parecchi
double/twice	doppio	*some*	certuni
threefold	triplo	*many*	molti
quadruple	quadruplo	*both*	entrambi
fivefold	quintuplo	*all*	tutti
sixfold	sestuplo	*total*	tutti
numerous	molteplice	*every*	ciascuno/ciascuna

pocket calculator
la calcolatrice tascabile

square root
la radice quadrata

percent
il percento

number
la cifra

decimal point
il separatore decimale

to divide
dividere

to multiply
moltiplicare

to subtract
sottrarre

to add
addizionare

equals
uguale

TIME – IL TEMPO

The time of day – L'orologio

one a.m.
l'una

two a.m.
le due

three a.m.
le tre

four a.m.
le quattro

five a.m.
le cinque

six a.m.
le sei

seven a.m.
le sette

eight a.m.
le otto

nine a.m.
le nove

ten a.m.
le dieci

eleven a.m.
le undici

twelve noon
mezzogiorno

one p.m.
l'una

hour	l'ora
minute	il minuto
half an hour	mezz'ora
second	il secondo
What time is it, please?	Che ore sono?
It's two o'clock.	Sono le due.
At what time?	A che ora?
At seven o'clock.	Alle sette.

TIME – IL TEMPO
The time of day – L'orologio

two p.m.
le due

three p.m.
le tre

four p.m.
le quattro

five p.m.
le cinque

six p.m.
le sei

seven p.m.
le sette

eight p.m.
le otto

nine p.m.
le nove

ten p.m.
le dieci

eleven p.m.
le undici

midnight
mezzanotte

five past twelve
le dodici e cinque

half past ten	le dieci e mezzo
twenty to seven	le sette meno venti
quarter to twelve	le dodici meno un quarto
When?	Quando?
Ten minutes ago./In ten minutes.	Dieci minuti fa./Tra dieci minuti.
Around noon.	Verso mezzogiorno.
Since when?	Da quando?
Since yesterday.	Da ieri.

quarter past nine
le nove e un quarto

TIME – IL TEMPO

Day and night – Giorno e notte

midnight
la mezzanotte

dawn
l'alba

sunrise
il sorgere del sole

morning
il mattino

midday
il mezzogiorno

afternoon
il pomeriggio

sunset
il tramonto

dusk
il crepuscolo

evening
la sera

spring
la primavera

summer
l'estate

autumn
l'autunno

winter
l'inverno

today	oggi
tomorrow	domani
the day after tomorrow	dopodomani
yesterday	ieri
the day before yesterday	avant'ieri
What's today's date?	Quanti ne abbiamo oggi?
September 9, 2014.	Il 9 settembre 2014.
public holiday	giorno festivo

TIME – IL TEMPO
The calendar – Il calendario

Sunday
la domenica

Tuesday
il martedì

Thursday
il giovedì

month
il mese

Monday
il lunedì

Wednesday
il mercoledì

Friday
il venerdì

Saturday
il sabato

weekday
il giorno feriale

week
la settimana

day
il giorno

weekend
il fine settimana

date
la data

year
l'anno

January	il gennaio	*July*	il luglio
February	il febbraio	*August*	l'agosto
March	il marzo	*September*	il settembre
April	l'aprile	*October*	l'ottobre
May	il maggio	*November*	il novembre
June	il giugno	*December*	il dicembre

MEASUREMENTS –
LE MISURE

millimeter
il millimetro

inch
il pollice

centimeter
il centimetro

liter
il litro

milliliter
il millilitro

ounce
l'oncia

pint
la pinta

kilometer
il chilometro

mile
il miglio

yard
la iarda

acre
l'acro

cubic meter
il metro cubo

foot	il piede
meter	il metro
square meter	il metro quadro
square foot	il piede quadro
square inch	l'ettaro
cup	la tazza
tablespoon	il cucchiaio
teaspoon	il cucchiaino

WEIGHT – IL PESO

ton
la tonnellata

pound
la libbra

stone
la stone

kilogram
il chilogrammo

gram
il grammo

ounce
l'oncia

CURRENCY – LA VALUTA

dollar
il dollaro

pound
la sterlina

euro
l'euro

yen
lo yen

baht	il baht	*rand*	il rand
rupee	la rupia	*peso*	il peso
dinar	il dinaro	*real*	il real
franc	il franco	*yuan*	il yuan
Swiss franc	il franco svizzero	*lira*	la lira
krone	la corona	*ruble*	il rublo

ENGLISH INDEX –
INDICE INGLESE

ITALIAN INDEX –
INDICE ITALIANO

ENGLISH INDEX – INDICE INGLESE

3D film   241
7-meter line   197
7-meter throw   197

A
a billion   337
A cup of …, please.   147
a dozen   339
a few   339
a fifth   338
A glass of …, please.   147
a half   338
a hundred thousand   337
a hundred   336
a million   337
A one-way ticket to …,
    please.   123
a pair   339
a quarter   338
a third   338
a thousand   337
a trillion   337
abdomen   252
abduction   285
abortion   261
abscess   267
abstract art   236
academy of performing arts   164
accelerator pedal   112
accident at sea   288
accident scene   282
accident victim   282
accident   282
accordion   230
account number   138
accountant   166
accounting   170–171
ace   202, 244
Achilles tendon   256
acoustic guitar   229
acoustic   233
acquaintance   18
acre   344
across (diagonally)   135
acrylic paint   61, 235
actor   169, 186, 227
actress   227
acupuncture   278
add salt, to   95
add, to   339
addiction   267
additional supplement   277
address   190
addressee   190
adhesive bandage   283
admission fee   148
adrenaline   283
adults   18

advanced level exams   154
advertisement   188
aerobics   223
Afghanistan   307
African Union, the   311
afternoon   342
aftershave   55
agenda   174
AIDS   267
aikido   213
aileron   124
air bridge   126
air conditioning   109
air duct   117
air filter   110
air freshener   53
air horn   120
air mattress   249
air pump   249
air traffic control   124
air traffic controller   126
air vent   125
airbag   112
airline   124
airstairs   126
aisle   125, 144
alarm clock   49
Albania   299
Algeria   304
all   339
Allen key®   60
allergy   265
alley   132
alligator   330
all-season tire   113
all-terrain vehicle   116
almond   82
Alps   296–297
alternator   113
Alzheimer's disease   267
Amaretto   93
Amazon Basin   296–297
amber   318
ambulance service   282
ambulance   282
ambulance driver   282
amethyst   318
amniotic fluid   262
amniotic sac   262
amount   139
amplifier   232
amusement park   151
an eighth   338
An order of fries with ketchup and
    mayonnaise, please.   99
ancestor   16–17
anchor   210
Andes   296–297
Andorra   299
anesthesiologist   274
Angola   304
angry   26
animated film   241
ankle boot   31
ankle   253, 254
anniversary   20

annual leave   175
annual   323
answer, to   184
answering machine   184
ant   333
Antarctic Circle   298
Antarctic Ocean   296–297
Antarctica   298
anteater   327
antenna   110, 187
Antigua and Barbuda   302
antique shop   141
anus   261
apartment building(s)   38, 132
aperitif   101
aperture dial   242
app   183
appendix   258
appetizer   101
applause   227
apple juice   92
apple strudel   91
apple   79
appliance store   141
applicant   165
application documents   165
apply first aid, to   282
apply for a position, to   165
appointment   172, 264
apprenticeship   164
après ski   219
apricot   79
April   343
apron   46
aquamarine   318
aquarium   148, 331
aquatic park   209
Arab League, the   311
Arabian Sea   296–297
arch   149, 254
archery   221
architect   167
Arctic Circle   298
Arctic Ocean   296–297
Arctic, the   298
Are there any vacancies?   136
Argentina   303
arm rest   52, 268
arm   159, 252, 253
armchair   41, 42, 52
Armenia   307
armpit   252
armrest   122
Around noon.   341
arrest   285
arrival   126
arrogant   26
art college   164
art deco   149
art gallery   134
art history   162
art nouveau   149
art   156
artery   259
artichoke   74
article   188

artificial fly   216
artificial limb   268
artist   169
arugula   76
ash   319
ashtray   147
asparagus   74
asphalt   317
assault   285
assembly hall   154
assembly point sign   288
assignment   164
assistant   175
associate   170–171
asteroid   294
asthma   267
astronaut   294
astronomy   294
At seven o'clock.   340
at the corner   135
At what time?   340
athletic shoe   28
Atlantic Ocean   296–297
ATM card   138
ATM machine   138
atmosphere   295
attachment   182
attack line   198
attack zone   198
attacker   197
attending physician   275
attic   39
attractive   24
audience   186, 227
August   343
aunt   16–17
Australia   310
Austria   300
authorized signatory   170–171
automatic door   115
automatic transmission   109
autumn   342
avalanche protection   287
avalanche transceiver   287
avalanche warning sign   287
avalanche   287, 314
avocado   77
ax   286
ayurveda   278
Azerbaijan   307

B
babies' changing room   142
baboon   327
baby alarm   50
baby bottle   27
baby carrier   50
baby products   145
baby sleeping bag   27
baby   18, 263
bachelor's degree   162
back muscle   256
back of the knee   253
back rest   52
back wheel   118
back zone   198

back 198, 253
backboard 161, 199
backcourt 202
backgammon 244
backhand 202
backpack 32, 50, 127, 249
backspace key 178
backstage 227
backstroke turn indicator 208
backstroke 208
bacon 97
bad luck 245
badge 284
badger 325
badminton birdie 161, 201
badminton court 201
badminton racket 201
bagel 88
baggage carousel 127
bagpipe 230
baguette 88
Bahamas, the 302
Bahrain 307
bait 217
bake, to 87
baked beans 97
baked goods 145
baker 168
bakery 140
baking powder 87
baking tray 46
balcony 40, 226
bald 23
ball boy 202
ball 50
ballet flat 33
ballet 221, 226
Baltic Sea 296–297
banana 80
band 232
bandage scissors 283
bandage 283
Bangladesh 308
bangs 23
banister 41
bank manager 169
bar chart 174
bar code 144
bar line 231
bar stool 147
bar 50, 136, 206
barb 216
Barbados 302
barbecue area 151
barbecue grill 248
barbell 222
barista 147
bark 319
barley 86
baroque 149
barricade tape 285
bartender 147
base 159, 184
baseball bat 200
baseball glove 200
baseball 161, 198, 199, 200

baseline 202
basil 83
basket 199, 218
basketball net 161
basketball 161
basmati rice 86
bass clef 231
bass drum 228
bass guitar 229
bass guitarist 232
bassoon 229
bat 324
bath 345
bathing suit 29, 209
bathmat 55
bathrobe 28
bathtub 53
baton 206, 228, 284
battery pack 59
battery 111, 158, 183
Bauhaus 149
bauxite 317
bay leaf 84
bay 295, 316
be admitted, to 273
be awake, to 51
be discharged, to 273
be in detox, to 278
be in distress at sea, to 288
be in shock, to 283
be out, to 199
be scented, to 321
be self-employed, to 52
be sound asleep, to 51
beach ball 246
beach bar 247
beach chair 246
beach hut 247
beach resort 247
beach shelter 247
beach towel 246
beach volleyball 198
beach 246
beam 207
bean sprouts 78
bear 325
beard 24
beat 233
beautician 168, 279
beautiful 24
bed and breakfast 137
bed frame 49
bed rest 274
bedrock 295
bedside lamp 49
bedside table 49, 273
bedspread 49
bee 332
beech 319
beef 68
beer 94
beet 75
Belarus 301
Belgium 299
Belize 302
bell 136

bell-bottoms 31
belt loop 33
belt sander 59
belt 33
bench press 222
bench 222, 279
Benin 304
Bhutan 308
biathlon 218
bib 27
biceps curl 222
biceps 256
bicycle path 106
bicycle stand 119
biennial 323
bifocal glasses 272
big bang 294
big screen 241
big toe 254
bike basket 118
bike helmet 118
bike lock 119
biking 220
bikini 30
bill 328
binder 173
biology 156
birch 319
birdie 205
birth control pill 261
birth weight 263
birth 21, 262
birthday cake 90
birthday candle 90
birthday 20
bishop 245
bit 214
bite, to 217
bitt 129
bitter 75
black bean 78
black belt 213
Black Forest gateau 90
black hole 294
black ice 108
black pudding 97
Black Sea 296–297
black square 245
black tea 93
black 237
blackberry 79
blackboard 155
blackcurrant juice 92
blackcurrants 79
black-eyed pea 78
blackish brown 237
bladder infection 265
bladder 259–261
blade 59, 203
blazer 31
bleach 56
bleed, to 269
blender 45
blind 268
blister pack 276
blister 269

block, to 198
blonde 23
blood donation 283
blood orange 81
blood poisoning 266
blood pressure monitor 264
blood 269
blossom 323
blouse 31
blow-dry one's hair, to 34
blowfish 331
blue eyes 24
blue mussel 71
blue 237
bluebell 320
blueberry 79
blues 231
Bluetooth® headset 183
blush 35
BMX bike 119
board game 245
board 170–171
boarding pass 126
boarding school 154
boardwalk 246
bob 23
bobbin 238
bobsledding 219
bocce 221
bodily harm 285
body tube 159
bodypump 223
bogey 205
boil, to 95
boiled egg 96
boiled 77
Bolivia 303
bomb alert 289
bond 139
bone 71
bongo drums 230
boogieboarding 212
book a flight, to 127
book 146
bookcase 52
bookmark 182, 189
bookshelf 42, 51, 163
bookstore 141
boom 210
booster 293
boot the computer, to 181
boot 33
boot-cut pants 31
bootie 27
bored 26
borrow, to 163
Bosnia-Herzegovina 299
boss 175
botanical garden 150
both 339
Botswana 304
bottle opener 48
bottle 263
bottled water 92
bottle-feed, to 263
boulevard 132

boutique 141
bow tie 29
bow 31, 128, 210, 211, 229
bow, to 19
bowl 102
bowling 221
box office 227, 241
box 226
boxers 29
boxing glove 213
boxing 213
boy 18
boyfriend 18
B-pillar 111
bra 30
braces 24, 271
braid 23
brain 255
brainstem 255
braise, to 69
brake 118
brake fluid reservoir 110
brake lever 118
brake light 111
brake pedal 112
brake, to 118
branch office 170–171
branch 319
brandy 94
Brazil nut 82
Brazil 303
bread plate 102
bread 96
breadcrumbs 89
breaded cutlet 100
break a record 206
break 160
breakfast bar 44
breakfast buffet 137
breakfast cereal 145
break-in 285
breast pump 263
breast stroke 208
breast 69, 252
breast-feed, to 263
breathing difficulty 267
breeze 313
bride 21
bridge of the foot 254
bridge 106, 132
bridle 214
Brie 72
briefcase 33
briefs 30
broadcast, to 187
broadsheet 188
broccoli 76
bronchitis 265
bronze 207
bronzer 35
broom 60
brother 16–17
brother-in-law 16–17
brow band 214
brown eyes 24
brown lentil 78

brown rice 86
brown 237
browser 182
bruise 269
Brunei 308
brunette 23
brush one's teeth, to 55
brush 35, 57, 235
Brussels sprout 76
bucket 57
buckle 33
buckwheat 86
bud 321
building blocks 50
bulb of garlic 75
bulbous bow 128
Bulgaria 299
bulgur 86
bull 326
bulldozer 121
bulletin board 164, 172
bumblebee 332
bump, to 198
bumper 110, 120
bun 23
Bundt cake 90
bungalow 38
bungee jumping 220
bunk bed 51
Bunsen burner 159
buoy 129
burger 99
Burkina Faso 304
burn calories, to 223
burn 269
Burundi 304
bus driver 168
bus station 115
bus stop shelter 115
bus stop 115, 135
bus 115
business administration
  management 170–171
business card 175
business class 124
business district 132
business executive 174
business trip 174
butcher 144, 168
butcher's 140
butter 73, 96
buttercup 320
butterfly 208, 332
buttermilk 73
butternut squash 77
buttock crease 253
buttocks 253
button mushroom 74
button 28, 239
buttonhole 28
Bye! 19
bytes 180

C
cabin 128
cabinet 42, 43

cable TV 185
cable 184
caddie 205
cafeteria 143, 160
cake decoration 90
cake rack 46
calf muscle 256
calf 253
Call an ambulance! 289
call button 275
call somebody, to 19, 184
Call the fire department! 289
Call the police! 289
calories 103
Cambodia 308
camel 326
Camembert 73
camera body 242
camera case 243
Cameroon 305
camisole 31
camomile 320
camper van 248
camper 121, 248
campfire 248
campsite 248
campus 162
Can I exchange this,
  please? 142
Can I pitch my tent here? 249
can opener 47
Can you show me on the map,
  please? 135
Can you tell me the way to ...,
  please? 135
Can you tell me where to find ...,
  please? 135
Canada 302
canal 133
canary 328
cancer 267
candle 43
candy aisle 145
canine tooth 270
canned fish 71
canned goods 145
canoe 211
canteloupe 81
canter 215
cantle 214
canvas 236
cap 32
Cape Verde 305
capital 298
capoeira 213
cappuccino 93, 96
caps lock key 178
capsize, to 210, 288
capsule 276
car accident 114
car carrier 120
car door 111
car mechanic 167
car 122
carafe 102
carbohydrates 103

cardamom 84
cardboard 236
cardiac massage 282
cardiac monitor 275
cardigan 31
cardiology 273
cardiovascular system 259
career 165
cargo hold 124
cargo 129
Caribbean Sea 296–297
carnation 322
carnival 20
carp 70
carpenter 167
carpet knife 58
carpeting 42, 51
carport 39
carrier 118
carrot juice 92
carrot 75
carry-on luggage 125
cartilage 258
carve, to 234
carving fork 48
case 178
cash register 144
cashew nut 82
cashier 138, 144
Caspian Sea 296–297
casserole 48, 100
cassette 233
cast the fishing line, to 217
cast 227
castanets 230
castle 134
casual 30
cat 324
catacombs 149
catamaran 128, 210
cataract 272
catch a fish, to 216
catch 217
catch, to 199, 217
caterpillar 332
catfish 331
cathedral 132
cauliflower 76
caulking 60
caulking gun 60
cave 315
caviar 70
CD player 233
CD/DVD drive 178
CD-ROM 179
ceiling 42
celebration 20
celery 74
cell phone case 32
cellar 39
cello 229
Celsius 312
cement truck 121
cemetery 135
center circle 194, 199
center console 112

center forward 195
center half 195
center line 201, 203
center spot 194
centimeter 344
centipede 333
Central African Republic,
the 307
central heating 62
cereal bar 96
cereal 96
cerebellum 255
cerebrum 255
cervical vertebra 257
cervix 261
Cesarean section 263
Chad 307
chain guard 118
chain 118
chair 43, 51
chalk 155, 207, 235, 317
chameleon 330
chamomile tea 93
champagne 94
championship 195
chandelier 43
change a tire, to 114
change the oil, to 113
change to a higher/lower gear,
to 118
change to mute mode, to 185
change, to 123
changing mat 50
changing table 50
channel surf, to 185
chanterelle 74
chapter 189
charcoal 235, 248
cheat, to 245
check in/out, to 137
check out desk 163
checkers 244
check-in counter 126
checking account 138
cheddar 73
cheek bone 257
cheek 22
Cheers! 102
cheese knife 101
cheese platter 101
cheese 96
cheesecake 90
cheetah 325
chef 168
chemical toilet disposal
point 249
chemical toilet 249
chemistry 156
cherimoya 80
cherry tomato 77
cherry 79
chess 245
chessboard 245
chest of drawers 49
chest 252
chestnut 82

chewing gum 98, 146
chick 328
chicken drumstick 69
chicken egg 72
chicken 69, 329
chickenpox 266
chickpea 78
child bike trailer 119
child seat 119
child 18
childhood illness 266
children's book 189
children's department 143
children's ward 273
Chile 303
chili 77, 84
chimney 40
chimpanzee 327
chin 22, 252
China 308
Chinese new year 20
chip, to 205
chipboard 60
chips 98
chirp, to 328
chisel out, to 59
chives 83
chocolate bar 98, 146
chocolate cake 90
chocolate spread 89
chocolate 98
cholesterol 103
chop 68
chop, to 95
chopper 116
chopsticks 101
chorus 228, 233
christening 20
Christmas 20
chrysalis 332
chrysanthemum 322
church 134
cicada 332
cider 94
cigar 146
cigarette lighter 112
cigarette 146
cinema 134
cinnamon bark 84
circuit training 223
circular saw 59
circulation 259
circumcision 260
citrine 318
clapperboard 186
clarinet 229
class schedule 157
class test 154
class trip 157
class 154
classical music 231
classical 149
claw 324, 328
clean one's room, to 51
clean, to 57
cleaning rag 46

cleanse, to 279
clear honey 89
clear space 198
cleat 196
clementine 81
clew 212
click, to 180
cliff 315
climber 323
climbing 220
clitoris 261
close (to) 135
closed 148
cloth diaper 27
clothes dryer 56
clothesline 56
clothespin 56
clothing department 143
cloudy 312
clove of garlic 75
clover 320
cloves 84
clubs 244
clutch lever 116
clutch pedal 112
coach (female) 200
coach (male) 200
coal 317
Coast Guard 129
coast 246, 315
coastguard boat 288
coat hanger 41
coat hook 41
coat stand 41
cobweb 333
coccyx 257
cockatoo 329
cockle 71
cockpit 210
cockroach 333
cocktail shaker 147
cocktail 94
coconut 80
cod 70
coffee beans 93
coffee machine, 45, 147
coffee table 42
coffee to go 93
coffee with milk 93
coffee 93, 101
coffee-table book 189
coins 139
cola 92
colander 47
cold cuts 68
cold water supply 54
cold 266, 312
cold-blooded animal 330
collage 236
collar 29
collarbone 257
colleague 175
collect stamps, to 234
collection times 191
college of music 164
Colombia 303

colon 258
colony 298
color chart 61
color compact 35
color 237
colored pencil 235
column 149, 188
coma 275
comb 34
come of age, to 21
comedian 226
comedy 226, 241
comet 294
comfortable 30
comic 146
commercial aircraft 124
commercial 187
commission 139
Commonwealth, the 311
Comoros, the 305
compact flash memory card 243
compartment 122
competition pool 208
competition 207
complexion 279
composition 233
composter 63
computer room 154
computer science 156
computer specialist 166
concealer 279
concentrate, to 52
conception 262
concert venue 232
concession stand 148
concierge 137
concussion 269
condensed milk 73
conditioner 34
condom 261
condominium 38
conductor 123, 228
conductor's podium 228
cone 91
conference table 174
confident 25
confused 25
Congratulations! 20
conifer 319
conjunctivitis 265
construction worker 167
consultant 166
consultation room 264
contact lens 272
container depot 129
container ship 129
container 54
contents gauge 211
contestant 186
continent 295
contraception 261
contract 174
control key 178
control knob 44
control tower 126
control 54

controlling 170–171
convalescence 274
convertible 109
conveyer belt 144
cook, to 234
cooked 77
cookie cutter 46
cookie 98
cool down, to 223
copilot 124
copper 317
copy, to 180
coral reef 316
cordless drill 59
cordless phone 184
core 81
coriander 83, 84
corkscrew 48, 147
corn on the cob 77
corn 86
cornea 272
corner arc 194
corner store 140
corner 195
cornflakes 96
cornflour 87
corporation 170–171
correction tape 173
correctional officer 284
cosmetic bag 34
cosmetics department 143
Costa Rica 302
costume 227
cottage cheese 72
cotton swab 55
cotton wool pad 55
cotton 240
cough syrup 276
cough 266
Could I change this, please. 139
Could I look at …, please? 142
Could we have the wine list,
    please? 102
Could you call me back
    please? 184
Could you call the towing service,
    please? 114
Could you help me change the
    tire, please? 114
Could you help me jump-start the
    car, please? 114
Could you wrap it as a present,
    please? 142
count, to 157
counter 138, 147
countertop 44
country music 231
country 298
couple 18
courier service 191
course of treatment 278
course 164
court house 133
courtyard 38
couscous 86
cousin 16–17

cover board 189
cover letter 165
cover 189
cover, to 199
covering 203
cow 326
cow's milk 73
crab 71
crack a nut, to 82
cramp 265
cranberry 79
crane 121, 129
crank 216
crayfish 71
crayon 235
cream cheese 73
cream 72
create a back-up, to 180
creative writing 234
credit card 139
credit 183
crème brûlée 91
crêpe 91
crescent 292–293
cress 74
crew 210
crib 50
cricket bat 200
cricket 200, 332
crime scene 284
criminal detective 284
criminal offense 285
criminal 284
crimson 237
crispbread 88
croak, to 330
Croatia 299
crochet, to 240
crocodile 330
crocus 321
croissant 88, 96
croquet 221
croquette 100
cross stitch 240
crossbar 196
cross-country ski run 218
cross-country skiing 218
crosswalk warning light 106
crosswalk 106
crossword 247
crow 328
crowd-surfing 232
crown 271
cruise ship 128
cruise, to 210
crunchy 81
crush, to 95
crushed chillies 84
crushed 85
crutches 268
cry, to 19
CT scan 275
cub 327
Cuba 302
cubic meter 344
cucumber 77

cuddly toy 50
cuff link 32
cuff 264
cultivate, to 65
cup 93, 195, 344
cupcake liner 46
cupcake pan 46
curb 106
cured 69
curious 25
curling iron 55
curling 219
curly 23
currency exchange 127
currency 139
current 62, 247
curriculum 157
curry powder 84
curry 100
cursor 181
curtain 42, 226
curtsey, to 19
curve 107
cushion 42
custom kitchen 44
customer acquisition 170–171
customer service 142, 170–171
customer 144
customs 126
cut out, to 95
cut 269
cut, to 59, 77, 180, 240
cute 25
cuticle 254
cutting board 47
CV 165
cyan 237
cymbal 230
Cyprus 301

D

daffodil 322
daily paper 188
dairy section 145
daisy 320
dancer 169
dandelion blowball 320
dandelion 320
Danger beware! 289
danger 289
dark beer 94
dark blue 237
dark chocolate 98
dark room 243
dark 23
darn, to 240
darts 221
dashboard 112, 116
data storage 183
date 82, 343
daughter 16–17
dawn 342
day planner 172
day 343
daylight 52
dead zone 183

dead 274
deaf 268
deal, to 244
death 274
December 343
deciduous tree 319
decimal point 339
deck 128
deckchair 246
deep fry, to 95
deep sea fishing 217
deep-sea animal 331
deer 326
defender 197
defense 195
defibrillator 282
deficiency symptom 266
degree 312
delay 123
delete, to 180
delicacies 145
delicatessen 144
deliver, to 99, 191
delivery person 168
delivery room 263
delivery service 99
delivery 191
deltoid muscle 256
dementia 267
Democratic Republic of the Congo,
    the 304
Denmark 299
dental bib 270
dental floss 55
dental instruments 270
dental nurse 270
dentist 166, 270
dentist's chair 270
dentures 271
deodorant 34, 277
department for business
    administration 170–171
departure 126
depilation 34
deposit money, to 138
deposit 39
depression 267
depth gauge 211
deputy 170–171
desert 316
desk lamp 51, 172
desk mat 172
desk organizer 173
desk 51, 52, 172
desktop computer 178
desperate 26
dessert spoon 102
dessert 101
destination 115, 127
detached house 40
detergent drawer 56
detergent 57
detergents 145
dethatched house 38
detoxification program 278
detoxification 278

deuce   202
diabetes   267
diagnose, to   275
diagnosis   264
dial, to   184
dialysis   267
diamond   318
diamonds   244
diaper bag   50
diaphragm   258, 261
diarrhea   265
dice   245
dictionary   155
die, to   21
diesel   113
dietary fiber   103
dig , to   65
dig   198
digestive system   259
digital camera   242
digital frame   243
digital receiver   185
dill   83
dimple   22
dinar   345
diner   101
dining hall   163
dining table   43
dinner fork   102
dinner knife   102
dinner plate   102
diphtheria   266
diploma   162
dipstick   110
dircetor   174
directional   112
director   227
dirt bike   116
disabled   268
disco   231
discus throw and hammer
   throw   206
disembark, to   129
disgusted   26
dish towel   44
dishcloth   47
dishwasher detergent   57
dishwasher   44
disinfectant   283
dislocate an arm/a vertebra,
   to   269
dismount   207
display   184
disposable camera   242
disposable diaper   27
disqualification   197
dissertation   162
dive, to   209
divide, to   339
diving board   209
diving boot   211
diving mask   211
diving platform   209
diving regulator   211
diving tank   211
diving   209

divorce   21
divorced   16–17
Diwali   20
dizziness   265
DJ   187, 232
Djibouti   304
do addition, to   157
Do not bend!   191
do pottery, to   234
do the laundry, to   56
Do you have this in a bigger/
   smaller size?   28
dock   129
doctor   166, 264
doctor's office hours   264
document   52
documentary   186
dodge the fare, to   123
dog sledding   219
dog   324
doll   50
dollar   345
dolphin   327
dome   149
domestic flight   127
Dominica   302
Dominican Republic, the   302
domino   244
donkey   326
door handle   111
door lock   38
door opener   112
door   124
doorbell   38
doormat   38
dormer   40
dormitory   163
dosage   276
double bed   49
double decker   115
double dribble   199
double room   136
double sideline   201
double-bladed paddle   211
doubles sideline   202
doubles   202
dough   87
doughnut   90
down vest   29
downhill skiing   218
download   182
dragonfly   332
drain the sink, to   44
drain   54
draining board   48
drama   156
draw   196
draw, to   157
drawer   44, 51, 172
dream, to   51
dress a salad, to   85
dress circle   226
dress rehearsal   227
dress   31
dressage   215

dressing material   283
dressing room   227
dressmaker   169
drill bit   59
drill, to   59
drink   241
drinks   145
drive, to   205
driver's cab   122
driver's seat   112, 116
driver's side   110
drop/weigh anchor, to   129
drops   276
drought   314
drown, to   288
drug store   141
drum set   230
drummer   232
drumstick   230
drying rack   56
duck   69, 329
dumbbell   222
dump truck   121
dunk   199
duodenum   258
dusk   342
dust jacket   189
dustpan   57
dustsheet   61
duty belt   284
duty-free shop   126
duvet cover   49
duvet   49
DVD player   185
DVD   185
D-zone   197

E

eagle   329
ear nose and throat
   department   273
ear plugs   277
ear   22
earn, to   175
earrings   32
Earth   292–293
earthquake   314
earth's crust   295
East Timor   309
Easter   20
Eastern hemisphere   298
eating disorder   267
e-book reader   183
éclair   90
economics   162
economy class   124
Ecuador   303
eczema   265
edge trimmer   64
edge   218
educational sciences   162
eel   70, 331
effervescent tablet   276
egg carton   73
egg slicer   47
egg timer   46

egg white   72
egg yolk   72
egg-free   103
eggshell   72
Egypt   304
eight a.m.   340
eight p.m.   341
eight   336
eighteen   336
eighteenth   337
eighth   337
eightieth   338
eighty   336
ejaculation   260
eject a CD, to   181
El Salvador   302
elastic bandage   283
elbow   253
elderberry   79
electric barbeque   45
electric bike   119
electric blanket   49
electric boiler   54
electric cable   179
electric drill   59
electric guitar   229
electric kettle   45
electric razor   55
electric shock   269
electrician   167
electricity meter   62
electronics department   143
elementary school   154
elephant   326
elevator   39
eleven a.m.   340
eleven p.m.   341
eleven   336
eleventh   337
elliptical trainer   222
elm   319
email address   182
embark, to   129
embarrassed   25
embassy   134
emblem   110
embroider, to   240
embryo   262
emegency break   112
emerald   237, 318
emergency call button   273
emergency doctor   282
emergency exit   125, 286
emergency landing   125, 289
emergency number   289
emergency room   275
emergency telephone   106
employee   170–171, 175
employer   175
en suite bathroom   49
enamel   271
encore   232
encryption   182
end line   203
end table   42
endive   76

endocrine system 259
engaged 16–17
engine 111, 124
engineer 167
engineering 162
English Channel 296–297
engrave, to 234
Enjoy your meal! 102
enlargement 243
enter key 178
enter, to 180
entertainment district 133
entry into the workforce 21
envelope 173, 190
envious 26
epidemic 289
epilepsy 267
episode 185
equals 339
equator 298
Equatorial Guinea 304
equity 139
eraser 173
erection 260
Eritrea 305
error message 181
escalator 123, 142
escape key 178
escape, to 285
escarole 76
esophagus 255
espresso 93
essay 154
estate 150
Estonia 299
estuary 315
ethics 156
Ethiopia 304
eucalyptus 319
euro 345
European Union (EU), the 311
evacuation 289
evening 342
evergreen tree 319
every 339
exam 154, 163
examination table 264
excavator 121
excess luggage 127
exchange booth 139
exchange program 157
exchange rate 139
excited 25
excursion 148
exercise ball 222
exercise 157
exfoliating sponge 55
exhaust pipe 111
exhaust stack 120
exhibition 148
exit 107
experiment 158
expiration date 277
explosion 289
express letter 190
expulsion 194

extend, to 163
extension cable 62
extension 38
external fuel tank 292–293
external hard drive 179
extra bed 137
extract a tooth, to 271
eye drops 272
eye shadow 35
eye test 272
eye 22, 216, 272
eyebrow 22
eyelash curler 35
eyelash 22
eyeliner 35
eyepiece 159

F

fabric softener 56
fabric 239
face cream 34
face mask 279
facial 279
factory 134
faculty 164
Fahrenheit 312
faint, to 269
fairway 204
fall in love, to 21
fallopian tube 261
false start 208
family room 137
fan belt 113
fan 42, 111
fans 232
fare 115
farmer 167
farmer's cheese 72
far-sighted 272
fashionable 30
fast, to 103
fasten one's seat belt, to 125
fast-forward, to 185
fat 24
father 16–17
father-in-law 16–17
Father's day 20
faucet 53
fault 202
fava bean 78
fax machine 184
feather duster 57
feather 328
feature 186
February 343
Federated States of
  Micronesia 310
felt tip 235
female reproductive system 259
female sex organs 261
femoral muscle 256
femur 257
fence 63
fencing 221
fennel 74, 83, 84
ferret 324

ferry 129
fertilization 262
fertilize, to 65
fertilizer 65
feta 72
fever 266
few 339
fiction 189
field hockey 200
field player 197
field reporter 187
fifteen 336
fifteenth 337
fifth 337
fiftieth 338
fifty thousand 337
fifty 336
fifty-five thousand 337
fig 80
figure skating 219
Fiji 310
filament 62
file 172, 181
file, to 59
filing cabinet 172
fill the washing machine, to 56
fill, to 61
filled roll 88
filler 61
fillet a fish, to 71
fillet 68, 71
filling 271
film camera 242
film poster 241
film 243
filter 242
fin 331
financial advisor 139
finch 328
finger nail 254
finger print 284
fingertip 254
finish line 206
finish wall 208
Finland 299
fins 211
fir tree 319
fire engine 121, 286
fire extinguisher 113, 286
fire helmet 286
fire hose 286
fire hydrant 135
fire station 133, 286
firefighter 286
firefighting 286
firelighter 248
fireplace 42
first class 122, 124
first day of school 21
first division 195
first floor 40, 142
first 337
first-aid course 283
first-aid kit 283
fish and chips 99
fish hook 216

fish market 140
fish steak 70
fisherman 167, 216
fishing equipment 216
fishing jacket 216
fishing license 217
fishing line 216
fishing reel 216
fishing rod and line 216
fishing rod 216
fitted 30
fitting room 142
five a.m. 340
five and three eighths 338
five p.m. 341
five past twelve 341
five 336
fivefold 339
flag 204
flamingo 329
flan 91
flare 210
flash (pop-up) 242
flashdrive 183
flashgun 242
flashlight 211, 249
flat race 215
flat rate 183
flat tire 114
flatbed trailer 120
flatbread 88
flavor enhancer 103
flea 333
flight attendant 125, 168
flight deck 124
flip chart 174
flip through a book, to 189
flip-flop 33, 246
float 209, 216
floating rib 257
flood 314
floor exercise 207
floor plan 39
floor 40
floret 74
florist 140
floss one's teeth, to 271
flotsam 247
flounder 70
flower 321
flower, to 321, 323
flowerbed 63
flu 266
flush valve 54
flute 229
flutter, to 328
fly fishing 217
fly 332
fly, to 125
flying fish 331
focusing knob 159
fog light 110
foggy 312
folded laundry 56
folder 180
folding chair 248

folding table 122
foliage 319
follow-through 205
font 181
food allergy 103
food court 142
food processor 45
foot pedal 238
foot rest 112, 268
foot 252, 344
football 161, 200
footrest 116
for sale 38
forearm 253
forehand 22, 202
foresail 210
foreskin 260
forest fire 314
forest 315
fork 118
fork-lift 121
formal 30
Former Yugoslav republic of
    Macedonia 299
formula one 220
formula 263
fortieth 338
forty 336
forward an e-mail, to 182
forward bend 223
foul 195
foundation 35
fountain 150
four a.m. 340
four p.m. 341
four times 339
four 336
four-door 109
fourteen 336
fourteenth 337
fourth 337
fox 325
foxglove 320
foyer 41
fracture 269
fragile 191
frame 201, 249, 272
franc 345
France 299
fraternal twins 263
freckles 22
free kick 195
free running 221
free throw line 199
free TV 185
free-range 69
freestyle 208, 219
free-throw line 197
freezer bag 46
freezer 44
freight train 122
French horn 229
French toast 97
frequency 187
fresh fruit 96
fresh water fishing 217

fresh 71, 81
freshen up, to 55
freshly squeezed grapefruit
    juice 92
freshwater fish 331
Friday 343
fridge 44
fried egg 97
fried noodles 99
fried potatoes 100
friendly 25
friends 18
fries 99
frill 30
Frisbee® 221
frog 330
front brake lever 117
front door 40, 41
front page 188
front wheel 118
front 149
frontal muscle 256
frontal sinus 255
front-door key 38
front-loader 56
frost 313
frown, to 26
frozen foods 145
frozen yogurt 98
frozen 71
fructose 103
fruit pie 90
fruit salad 91
fruit tree 323
fruit yogurt 96
fruits and vegetables 145
fry, to 77, 95
frying pan 48
full board 137
full moon 292–293
full-time work 165
funeral 21
funnel 48, 128
fur 324
furious 26
furnished 40
furniture store 141
fuse box 62
fuse 62
fuselage 124
fusilli 87

G
Gabon 305
galaxy 294
gall bladder 258
gallon display 113
gallop 215
Gambia 305
game show 186
gap year 164
garage 39
garam masala 84
garbage can 135
garbage collector 167
garbage pail 44

garbage truck 120
garden bench 63
garden hose 64
garden path 63
garden pond 63
garden shed 63
garden wall 63
garden, to 234
gardener 168
gardening glove 64
gardens 150
garfish 331
garlic press 47
garlic 75
garnet 318
gas burner 248
gas cap 113
gas cylinder 248
gas gauge 114
gas pump hose 113
gas pump 113
gas tank 111, 117, 120
gasoline 113
gastroenterology 273
gate 126
gauze bandage 283
gear lever 118
gear shift 112
gear 118
gecko 330
gelatin 91
general anesthesia 274
general commercial
    partnership 170–171
general manager 170–171
generator 118
geography 156
Georgia 308
geranium 322
gerbera 322
Germany 299
get divorced, to 21
get engaged, to 21
get off, to 123
get on, to 123
get up, to 51
geyser 316
Ghana 305
gibbon 327
gift shop 141, 148
gills 331
gin and tonic 94
ginger 84
gingerbread 90
giraffe 326
girl 18
girlfriend 18
girth 214
give paw, to 324
give somebody a kiss, to 19
give somebody an injection,
    to 265
glacier 315
gland 258
glans 260
glass for recycling 44

glasses cloth 272
glasses 32, 272
glaucoma 272
glaze, to 95
gloss paint 235
glossy 243
glove compartment 112
glove 32
glucose 103
glue gun 59
glue 235
gluteal muscle 256
gluten-free flour 87
gluten-free 103
go for a walk, to 151
go to bed, to 51
go to sleep, to 51
go to the bathroom, to 53
goal area 194, 197
goal line 194
goal post 196
goal 195
goalkeeper line 197
goalkeeper 195
goalkeeper's glove 196
goat cheese 72
goat 326
goat's milk 73
godfather 18
godmother 18
goggles 209
gold 207, 317
goldfish 331
golf bag 205
golf ball 204
golf cart 205
golf clubs 205
golf course 204
golfer 205
gong 228
Good evening! 19
Good morning! 19
Goodbye! 19
goods 144
goose egg 72
goose 69, 329
gooseberry 79
gorge 316
Gorgonzola 72
gorilla 327
Gothic 149
gouache 235
Gouda 73
grade 154
grades 157
graduate, to 154, 163
graduation 21
graffiti 236
gram 345
grand piano 230
granddaughter 16–17
grandfather 16–17
grandmother 16–17
grandparents 16–17
grandson 16–17
granite 317

grape 79
grapefruit 81
graphic designer 169
graphite 317
grasshopper 332
grassland 316
grate, to 95
grated cheese 73
grated 85
grater 47
gravity 294
gray eyes 24
gray 237
graying 23
Great Barrier Reef 296–297
great white shark 331
Greece 299
green bean 78
green eyes 24
green lentil 78
green 204, 237
greenhouse 63
greet somebody, to 19
greeting card 146
Grenada 302
grill 110, 120
grill, to 69, 95
grilled tomato 97
grilling pan 48
grocery department 143
grocery store 140
groin 252
groom 21, 215
ground cloth 249
ground floor 40, 142
ground meat 68
ground 62, 85
Guatemala 302
guava 80
guide dog 268
guide 148
guided tour 148
guilty 285
guinea pig 324
Guinea 305
Guinea-Bissau 305
guitarist 232
gulf 295
gum 271
gummy bears 98
gun 284
gurney 275
gutter 40, 106
Guyana 303
gym 136, 222
gymnasium 207
gymnast 207
gynecology 273
gyro 99

H

hail a taxi, to 121
hail 313
hair clip 34
hair product 34
hair straightener 55

hair 22
hairbrush 34
hairdresser 168
hairdresser's 141
hairdryer 55
Haiti 302
half a dozen 339
half an hour 340
half board 137
half moon 292–293
half past ten 341
half pipe 219
half-time 196
halfway line 194
halibut 70
Halloween 20
hallway 39
ham 68, 96
hammer 58
hammer, to 59
hammock 248
hamster 324
hamstring 256
hand brush 57
hand mixer 45
hand rake 64
hand saw 58
hand 244, 253
handbag 33
handball 161
handcuffs 284
handgrip 116, 117
hand-held blender 45
handicap 205
handicapped parking space 106
handle 201, 203, 268
handlebars 118
hand-rimmed wheel 268
handstand 207
handyman 61
hang up the laundry for drying,
  to 56
hang up, to 184
hang-gliding 220
hanging file 173
Hanukkah 20
Happy birthday! 20
happy 25
hard candy 98
hard of hearing 268
hard shoulder 107
hardcover book 189
harmonica 230
harness racing 215
harp 229
harpoon 217
harvest, to 65
hardwood floor 43
hash brown 97
hat 32
hatchback 109
have an injection, to 265
hawk 328
hay fever 266
hazard warning light switch 112
hazelnut 82

head rest 279
head 238, 252
head, to 196
headache 265
headboard 49
headgear 213
headlamp 248
headlight 111, 120
headline 188
headphones 184, 233
headrest 112, 122
health insurance 264
healthy eating 103
healthy 266
hearing aid 268
heart attack 267
heart rate monitor 223
heart 74, 258, 259
hearts 244
heat wave 314
heated seats 109
heather 320
heating stove 279
heavy metal 231
hedge clippers 64
hedge 63
hedgehog 324
heel bone 257
heel 33, 253, 254
Hello! 19
helmet 218, 287
Help! 289
hem 30
hemorrhage 269
herbal medicine 278
herbal preparation 279
herbal tea 93
Hi! 19
high bar 207
high beam 110
high chair 43
high heel 33
high jump 206
high school diploma 154
high school 154
high tide 247
high/low blood pressure 266
highlighter 173
highlights 23
high-speed train 122
highway interchange 107
highway 107
hi-hat 230
hiking boot 249
hiking pole 249
hiking sandal 33
hiking 220
hill 316
Himalayas 296–297
hip 252
hip-hop 231
hippopotamus 326
hire somebody, to 165
hiss, to 330
history 156
HIV positive/negative 267

hoarfrost 313
hockey stick 200
hoe 64
hogweed 320
hole punch 173
hole 204
hole-in-one 205
home economics 157
homeopathic remedy 278
homework 157
homogenized 73
Honduras 302
honey 89
honeydew honey 89
honeydew melon 81
hood 111, 120
hoodie 28
hoof 214, 324
hook a rug, to 240
hoop 199
hormone 260
horn 112, 324
horned melon 80
hornet 332
horror film 241
horse racing 215
horse 214, 326
horseback riding 215
horseshoe 215
hospital bed 273, 275
hospital room 273
hospital 133
host 186
hot chocolate 97
hot dog 99
hot shoe 242
hot 75, 312
hotel amenities 137
hot-water bottle 49
hour 340
hourglass pointer 181
hourglass 46
house guest 18
house number 38
houseplant 43, 52
How much is it? 142
How much is the room,
  please? 136
hub cap 111
hug, to 19
hull 128, 210, 211
human resources director 165
humanities 162
humid 312
hummingbird 328
Hungary 301
hunting 221
hurdle 206
hurdles 206
hurricane 314
husband 16–17
hyacinth 322
hydrangea 322
hydrant 286
hypnosis 278

I

I am annoyed/happy/sad. 25
I have booked a room
for 136
I have oily/normal skin. 279
I have sensitive/dry skin. 279
I would like to order takeout,
please. 99
ice bucket 147
ice cream 91
ice hockey 200
ice skate, to 219
ice 313
iceberg lettuce 76
ice-cream scoop 47
iced chocolate 92
iced coffee 92
iced tea 92
Iceland 299
icing 90
icy 312
I'd like ... 147
I'd like a king room for one night,
please. 136
I'd like to open an account,
please. 139
I'd like to speak to ...,
please. 184
identical twins 263
ignition 109
iguana 330
I'll have ... as an appetizer
/ for the main course / for
dessert 102
I'll put you through. 184
ill 266
illegal 284
image editing 243
impatient 26
implant 271
in love 25
in-box 172
inch 344
incisor 270
incoming mail 182
incubator 263
index finger 254
index 189
India ink 235
India 308
Indian Ocean 296–297
indicator 110, 117
indie music 231
Indonesia 308
induce labor, to 262
industrial area 133
infection 265
infertile/fertile 261
inflammation of the middle
ear 265
inflammation 266
in-flight entertainment
system 125
influenza 266
information screen 127
infusion bucket 279

inhaler 267
in-house counsel 170–171
injured person 289
injury 289
ink 155
ink cartridge 179
ink-jet printer 179
inland sea 295
in-line skating 220
inner core 295
inner court 142
inner courtyard 149
inner tent 249
in-patient 273
insect bite 269
insect repellent 248, 277
insomnia 267
install a program, to 181
instant camera 242
instructions 277
instrumental piece 233
intensive care unit 275
intercom 38
interest rate 138
intermission 227
internal mail 172
international flight 127
internship 164
intersection 107
interview 186
interviewee 186
intolerant 26
introduce somebody, to 19
investigation 284
invoice 139
Iran 308
Iraq 308
Ireland 299
iris 272, 322
iron ore 317
iron 56, 205
iron, to 56
ironing board 56
irritated 26
Is this seat taken? 123
ischium 257
island 295, 316
Israel 308
IT management 170–171
Italy 299
It's nice/wet/cold and
damp. 312
It's raining/snowing. 312
It's two o'clock. 340
It's your turn. 245
IUD 261
IV pole 273
I've broken down. 114
Ivory Coast, the 304
ivy 323

J

jack 113, 244
jade 318
jaguar 325
jail 285

jam tart 90
jam 89, 96
Jamaica 302
janitor 167
January 343
Japan 308
jar 89
javelin 206
jazz 231
jealous 26
jeans 31
Jenga® 245
jersey 196
jet-ski® 212
jetty 247
jewelry store 141
jigsaw puzzle 244
jigsaw 59
jingle 187
jiujitsu 213
job advertisement 165
job interview 165
jockey 215
jodhpurs 214
jog, to 151
joker 244
Jordan 308
journalist 169
judge 166
judo 213
juice extractor 92
juicy 81
July 343
jump rope 161
jump shot 197, 199
jump 214
jumper cables 114
June 343
junior high school 154
Jupiter 292–293

K

kangaroo 327
karate 213
kayak 211
Kazakhstan 308
keep dry 191
kendo 213
Kenya 305
kernel 78
kerosene lamp 249
ketchup 85
kettle drum 228, 230
key account management
170–171
key card 136
key hooks 42
key signature 231
keyboard 138, 178
kick, to 196
kickboxing 213
kickstand 116
kiddie pool 151
kidney bean 78
kidney 68, 258, 259
killer whale 327

kilogram 345
kilometer 344
kindergarten 21, 154
king room 136
king 244, 245
kingdom 298
kiosk 135
Kiribati 310
kitchen herbs 63
kitchen knife 47
kitchen scales 45
kitchen spatula 48
kitchen stool 44
kitchen 172
kite-surfing 212
kiwi 80
knead, to 87
knee bend 223
knee 252
kneecap 257
knife block 47
knife sharpener 46
knight 245
knit, to 240
knitted hat 27
knitting needles 239
knock-out 213
knuckle 254
koala 325
kohlrabi 74
koi 331
krill 217
krone 345
kumquat 81
kung fu 213
Kuwait 309
Kyrgyzstan 308

L

lab coat 158
lab equipment 158
labium 261
labor pains 262
lace 30
lacrosse 221
lactose-free milk 73
lactose-free 103
ladder 61
ladies' fashion 143
ladle 47
lady finger 90
ladybug 333
lager 94
lake 150, 295, 315
lamb 68
lamb's lettuce 76
lamp 42, 159
LAN cable 182
land 295
land, to 125, 129
landing gear 124
landing net 216
landing pad 206
landing pit 206
landing 41
landlady 39

landlord 39
landmark 149
landscape art 236
landscape format 243
landscape garden 150
landscape gardener 167
landslide 314
lane marker 208
lane 206, 208
languages 156
Laos 309
lapis lazuli 318
laptop case 179
laptop 52, 179
large intestine 258
larynx 255
lasagna 100
laser printer 179
last 338
lateral root 319
latitude 298
latte 93
Latvia 300
laugh, to 19
laundry basket 56
laundry detergent 56
lavender 83, 321
law 162
lawn for sunbathing 150
lawn rake 64
lawn 323
lawnmower 64
lawyer 166
lay turf, to 65
layered style 23
layover 127
lead paragraph 188
lead singer 232
leaded 113
leader 188
leaf 74, 319, 321
league 195
learn to ride a bike, to 118
lease agreement 39
leather glove 117
leather jacket 33, 117
leathers 117
Lebanon 309
lecture hall 162
lecture 163
lecturer 162
leek 75
left service court 201
left wing 197
left/right attacker 198
leg 252
legal department 170–171
leggings 30
lemon balm 83
lemon curd 89
lemon yellow 237
lemon 81
lemonade 92
lens cap 242
lens case 272
lens 159, 242, 272

leopard 325
leotard 207
Lesotho 305
letter opener 173
letter tray 172
letter 190
lettuce 76
level 58
Liberia 305
librarian 163, 169
library card 163
library 133, 163
Libya 305
license plate 110
lichen 320
licorice 98
lid 93 -
Liechtenstein 300
life boat 288
life buoy 288
life jacket 209
life preserver 288
life saver 210
life vest 288
lifeboat 128, 210
lifeguard 209, 288
light bar 285
light bulb base 62
light bulb 62
light therapy 278
light year 294
lighter 146
lighthouse 129
lightning 313
likeable 25
lilac 237, 321
lily of the valley 320
lily 322
lima bean 78
lime 81, 319
limestone 317
limited commercial partnership
  consisting of a general partner
  and a limited partner
  170–171
limited liability company
  170–171
limited partnership 170–171
limp, to 268
line judge 198
line 148, 208
lineman 202
linen 240
linens department 143
line-up 195
lingerie 143
Linzer tart 90
lion 325
lip balm 277
lip gloss 35
lip 22
lipstick 35
liqueur 94, 101
liquor store 140
lira 345
liter 344

Lithuania 300
little finger 254
little toe 254
live broadcast 186
live recording 187
liver 68, 258
lizard 330
llama 326
loaf 89
loan 138
lobby 136, 226
lobster trap 217
lobster 71
local anesthesia 274
local anesthetic 271
locally grown 74
locker room 223
locker 160
log off, to 180
log on, to 180
lollipop 98
long jump and triple jump 206
long service line 201
long wave 187
longboarding 220
long-distance flight 127
longitude 298
loose change 145
lose, to 245
loser 200
lottery ticket 146
loudspeaker 233
lounge room 279
lovage 83
low beam 110
low fuel warning light 114
low tide 247
low-energy light bulb 62
lower jaw 22, 255
lower leg 252
low-fat 73
low-floor bus 115
luck 245
luge 219
luggage cart 123, 137
luggage check 127
luggage department 143
luggage hold 115
luggage rack 137
luggage tag 127
lumbar region 253
lumbar vertebra 257
lunar phases 292–293
lunch box 160
lunch time 160
lung 258
lunge 223
lure 217
Luxembourg 300
lychee 80
lymphatic system 259
lyrics 232

M
macadamia nut 82
macaroon 90

mackerel 70
Madagascar 305
made of synthetic material 27
magazine rack 146
magazine 146
magician 226
magnet 158
magnifying glass 158
maid 137
mail a letter, to 190
mail compartment 172
mail order 191
mailbox 38, 190, 191
main course 101
main memory 179
mainsail 210
make films, to 234
make jewelry, to 234
make lace, to 240
make mosaics, to 234
make the bed, to 51
Malawi 305
Malaysia 309
Maldives, the 309
male reproductive system 259
male sex organs 260
Mali 305
mallet 58
Malta 300
man 18, 252, 235
manager 170–171, 175
mane 214
mango 80
mangosteen 80
manhole cover 135
manicure 279
mannequin 143
mantel 42
mantle 295
manual transmission 109
many 339
map 142, 148
maple syrup 89
maple 319
maracas 230
marathon 206
marble 317
March 343
margarine 89
marigold 322
marina 210
marinate, to 85
marinated 69
maritime container terminal 129
marjoram 83
marker 155
market price 139
market stall 140
market 140
marketing department 170–171
marketing management
  170–171
married couple 16–17
married 16–17
marry, to 21
Mars 292–293
Marshall Islands 310

marzipan 90
mascara 35
mash, to 95
mashed 77
masking tape 61
massage 278
mast 210, 212
master's degree 162
mat 222
maternity leave 175
maternity wear 30
math 156
matte 243
mattress 49
Mauritania 306
Mauritius 306
May bug 332
May I have another, please. 147
May I please try this on? 28
May 343
mayonnaise 85
maze 151
meadow 316
mealy 75
measles 266
measure blood pressure, to 264
measure, to 59
measuring cup 48, 276
measuring scoop 263
measuring spoon 48
meat and poultry 145
meat cleaver 47
meat mallet 47
medal 207
median strip 107
medical tape 283
medication 276
medicine 162
meditation 278
Mediterranean Sea 296–297
meerkat 325
meet for a coffee, to 147
meeting 174
melon 96
memorial 149
memory card 243
meningitis 266
menstruation 261
menswear 143
menu 101
Mercury 292–293
mercury 317
meringue 90
mesh 203
message 182
metal saw 58
metal 60
meteor 294
meter 344
Mexico 302
mezzanine level 226
microcar 109
microfiber cloth 60
microphone 184, 186, 232
microscope 159
microwave 45
midcourt line 199

midday 342
middle attacker 198
middle finger 254
midfielder 195
midnight 341, 342
midwife 262
migraine 265
mile marker 107
mile 344
milk chocolate 98
milk froth 93
milk 72, 96
milkshake 92
Milky Way 294
millet 86
milliliter 344
millimeter 344
millionth 338
mineral water 92
minibar 137
minibus 115
minimize a window, to 181
minivan 109
mint tea 93
mint 83
mints 146
minute 340
minutes 174
mirror 35, 41, 42, 53, 116
miscarriage 263
missing person 288, 289
mitten 27
mixing bowl 46
mixing console 232
mobile case 183
mobile phone 183
mobile 50
model making 234
model trains 234
moisturizer 34
molar 270
Moldova 300
mole 22, 324
molest, to 285
Monaco 300
Monday 343
money 139
Mongolia 309
monitor 178
monkey bars 151
monkfish 70
Monopoly ® 245
monorail 122
monsoon 314
Montenegro 300
month 343
monthly ticket 115
monument 135
moor 316
mooring 129
mop 57
morning 342
Morocco 306
mortar 47
mortgage 138
mosque 134
mosquito net 249

mosquito 332
moss 320
moth 332
mother 16–17
mother-in-law 16–17
Mother's day 20
motocross 220
motor boat 128
motor home 248
motor yacht 128
motorbike racing 220
motorcycle combination 117
motorcycle helmet 117
mount 207
mountain bike 119
mountain biking 220
mountain park 150
mountain range 295, 315
mountain rescue service 287
mountain slope 315
mountain stream 316
mountain 315
mouse pad 179
mouse 178, 324
mousse 91
mouth 22, 324
mouthguard 213
mouth-to-mouth
  resuscitation 282
mouthwash 55, 271
move a file, to 180
move 245
move, to 21
movie ratings 241
movie theater 241
moving walkway 127
mow the lawn, to 65
Mozambique 306
mozzarella 73
MP3 player 183, 233
Mr ... 18
MRI scan 275
Mrs/Ms/Miss ... 18
mud guard 116, 118
muesli 96
muffin 90
muffler 111
mugging 285
mulled wine 93
multigrain bread 88
multiple sclerosis 267
multiple socket 62
multiply, to 339
mumps 266
mung bean 78
mural art 236
murder 285
muscle ache 223
muscular 24
museum 134
mushroom 320
mushrooms 97
music festival 232
music stand 228
music 156
musical score 228
musician 169

mustache 24
mustard 85
My name is ... 19
Myanmar 309

N

nail file 34, 277
nail polish remover 34
nail polish 35
nail scissors 34
nail 58
Namibia 306
nape 253
napkin 102
nasal bone 255
nasal cavity 255
nation 298
national park 150
natural sciences 162
Nauru 310
nausea 265
navel 252
navigation system 112
near-sighted 272
nebula 294
neck 252
necklace 32
neckline 30
nectarine 79
needle plate 238
needle threader 239
needle 238–239
negative 243
neighbor 18
Nepal 309
nephew 16–17
Neptune 292–293
nerve 271
nervous system 259
nervous 26
net support 203
net 196, 198, 199, 202, 203
net, to 217
Netherlands, the 300
neurology 273
never 339
new building 40
New Year's Eve 20
New Zealand 310
newborn baby 263
news anchor 186
news reporter 169
news 186
newspaper 146, 188
Nicaragua 303
nice 25
niece 16–17
Niger 306
Nigeria 306
nightmare 51
nine a.m. 340
nine p.m. 341
nine 336
nineteen 336
nineteenth 337
ninetieth 338
ninety 336

ninth 337
nipple 252
no entry 108
no left turn 108
no parking 108
no right turn 108
no smoking 113
no stopping 108
no U turn 108
nocturnal plant 321
non-alcoholic beer 92
non-fiction book 189
non-fiction 189
non-smoking flight 125
North Atlantic Treaty Organization
    (NATO) 311
North Korea 309
North Pole 295
North Sea 296–297
Northern hemisphere 298
Norway 300
nose band 214
nose gear 124
nose 22, 124
nosebleed 265
nosepiece (revolving) 159
nostril 22
notation 231
note 231
notebook 146, 155, 173
novel 189
November 343
nuclear disaster 289
nude painting 236
nudist beach 247
nuggets 99
number 339
numerous 339
nurse 166, 282
nut 58
nutcracker 82
nutmeg 84
nutritional supplement 277
nuts and raisins 82
nutshell 82
nylon® 240

O
oak 319
oatmeal 97
oats 86
obituary 188
oboe 229
observatory 294
ocean current 210
ochre 237
October 343
octopus 71
odometer 114
offal 69
office administration 170–171
office administrator 168
office building 134
office chair 172
office furniture 172
office work 170–171
off-roading 220

offside 196
off-trail 218
oil paint 235
oil painting 236
oil pastel 235
oil 103
ointment 276
okra 77
old building 39
old town 132
old 24
olive oil 85
olive 77, 237
Oman 309
omelette 97
on the right/left 135
on the rocks 94
on time 123
on/off switch 178
once 339
oncology 273
oncoming traffic 108
one a.m. 340
one hundredth 338
one p.m. 340
one thousandth 338
one time 339
one 336
one-handed pass 197
onesie 27
one-way street 106, 108
onion 75
online banking 138
online check-in 127
online purchase 182
on-ramp 107
onyx 318
opal 318
open a file, to 180
open car 122
open 25, 148
open-air theater 226
open-end wrench 58
opening hours 148
opera house 134
opera singer 228
opera 228
operating nurse 274
operating room 274
operating system 181
operating table 274
operation 274
optic nerve 272
optometrist 141, 166, 272
oral exam 163
oral hygiene 271
orange juice 92, 96
orange yellow 237
orange 81, 237
orangutan 327
orbit 294
orbiter 292–293
orchestra level 226
orchestra pit 228
orchid 322
order 101
order, to 99

oregano 83
organ donation 283
organic cotton 27
organic grocery store 140
organic product 69
organic products 145
organic 74
organize, to 174
origami 234
orthopedics 273
orthopedist 166
osteopathy 278
ostrich 329
otter 327
ottoman 42, 49
ounce 344, 345
out of focus 243
outer core 295
outgoing mail 182
out-of-office reply 182
out-patient 273
ovary 261
oven 44
oven mitt 46
overbed table 273
overcast 312
overdraft 138
overexposed 243
overflow 54
overhead compartment 125
overhead rack 122
overhead wires 122
overlock 238
overpass 107
overtime 52, 196
overture 228
ovulation 261
ovum 262
owl 329
owner (female) 40
owner (male) 40
oxford shoe 33
oxygen mask 125, 282
oyster 71
ozone layer 313
ozone 313

P
Pacific Ocean 296–297
pacifier 27
packaging 44
packed lunch 160
packing peanuts 191
packing tape 191
paddleboard 212
paddock 215
page number 189
page 189
pail 246
painkiller 277
paint can 61
paint roller 61
paint thinner 61
paint tray 61
paint 61
paint, to 59

painter 167
painting 42
pajamas 28
Pakistan 309
palace 134
palate 255
Palau 310
pale pink 237
pale 24
palette 235
palliative care 278
palm tree 323
palm 254
pamphlet 188
pan pipes 230
Panama 303
pancake 97
pancakes 91
pancreas 258
panda 325
pandemic 314
panna cotta 91
pansy 322
panty liner 277
papaya 80
paper clip 173
paper towel roll 46
paperback 189
papier-mâché 234
paprika 84
Papua New Guinea 311
par 205
parachuting 220
Paraguay 303
parallel bars 207
paralyzed 268
paramedic 168, 282
parcel 190
parchisi 245
parchment paper 46
parent/teacher night 157
parents 16–17
park bench 150
park 133, 150
parked car 106
parking lot 142
Parkinson's disease 267
Parmesan 73
parrot 329
parsley 83
parsnip 75
participant 174
part-time job 164
part-time work 165
passenger seat 112, 116
passenger side 110
passenger 123
passing lane 107
passion fruit 80
Passover 20
passport 126
paste, to 180
pastel 235
pasteurized 73
pasting table 61
pastry brush 48
pastry wheel 46

pastry 90
patch an inner tube, to 118
patchwork 240
paternity leave 175
patient 25, 264, 270
patio door 52
patio furniture 63
patio 40, 63
pattern 239
pause button 185
pavilion 150
paw 324
pawn 245
pay TV 185
pay, to 145
pay-as-you-go card 183
payment terminal 138
payment 102
pea 78
peach 79
peacock 329
peak 315
peanut butter 89
peanut 82
pear 79
pearl 318
pebble beach 247
pebble garden 63
pecan nut 82
pectoral muscle 256
pedal 116, 118
pedal, to 118
pedestrian zone 135
pedicure 279
peel 81
peel, to 77, 95
peeled 81
peeler 47
peeling 279
pelican crossing light 135
pelvis 257
pen 155, 173
penalty arc 194
penalty box 194
penalty spot 194
penalty 196
pen-and-ink drawing 236
pencil case 155
pencil drawing 236
pencil sharpener 173
pencil 155, 173
pendant light 51
penguin 329
penholder grip 203
peninsula 295
penis 260
penne 87
pensive 25
penultimate 338
pepino 80
pepper mill 85
pepper 84–85
percentage 339
perennial 323
performance 226
perfume 34
perfumery 141

periodical 163
permanent position 165
personal best 206
personnel department 170–171
personnel management
  170–171
personnel 175
Peru 304
peso 345
pestle 47
pet food 145
pet store 140
petal 321
Petri dish 159
petunia 321
pharmacist 166, 276
pharmacy 141
pharynx 255
PhD 162
Philippines, the 311
photo album 243
photo studio 243
photo 52
photographer 169
physalis 80
physical education 156
physical therapist 166
physics 156
piccolo 229
pick up the tab, to 147
pick, to 65
pickpocketing 285
pickup truck 109
picnic 151
picture frame 42, 52
picture 188
pie chart 174
pie 100
piece of evidence 285
pier 129
pig 326
pigeon 328
pike perch 70
Pilates 223
pillow 49
pillowcase 49
pilot 124, 168
pimple 22
PIN number 138
pin 239
pincushion 239
pine nut 82
pineapple guava 80
pineapple 80
pink 237
pint 344
pipe 146
pipette 159
piping bag 46
piranha 331
pistachio 82
pitahaya 80
pitch a tent, to 248
pitch 228
pitchfork 64
pizza 99
placenta 262

plain 316
plane, to 59
planet 294
plank of wood 60
plant, to 65
plaque 271
plaster, to 61
plastic wrap 46
plastic 60
plate 295
plateau 316
platform number 123
platform 123
play hopscotch, to 160
play poker, to 244
play 227
play, to 185
player's bench 198
playground 151, 160
playing card 244
playpen 50
"Please don't disturb" door
  hanger 137
Please leave a message after the
  tone. 184
pliers 58
plot 38
pluck one's eyebrows, to 34
plug 62
plum tart 90
plum 79
plumage 328
plumber 167
plywood 60
PO box 190
poach, to 95
pocini mushroom 74
pocket calculator 155, 339
pocket knife 60, 248
pod 78
poisoning 269
Poland 300
polar bear 325
pole vault 206
police car 121, 285
police officer 284
police siren 285
police station 133
polio 266
polish, to 57
political sciences 162
pollen count 313
polo shirt 29
polo 215
polyester 240
pomegranate 80
pommel horse 207
pommel 214
ponytail 23
pool noodle 209
pool 136, 221
pop 231
popcorn 98, 241
poppy 323
popsicle 98
pore 22
pork 68

port side 128
porthole 128
portrait format 243
portrait painting 236
Portugal 300
pose for a photo, to 243
post office 133
postage paid 190, 191
postage 191
postal worker 167
postcard 190
postdoctoral lecturer
  qualification 162
post-it note 173
postmark 190
post-operative care 274
pot, to 65
potato masher 47
potato wedges 100
potato 75
potent/impotent 260
potted plant 64
potty 50
pound 345
powder compact 35
powder 218
power connector 248
power supply 62
PR department 170–171
praying mantis 332
pregnancy test 262
pregnancy 21
pregnant 262
preheat the oven, to 44
premature baby 263
premature birth 263
premiere 227, 241
premolar 270
preschool 154
prescription 264
present a paper, to 163
presentation 174
presenter 186
preserves 89
presser foot 238
pressure cooker 45
pretty 24
pretzel 88
pretzels 98
preview 241
price display 113
price tag 145
price 145
primary business segment
  170–171
primrose 322
principal 154
principality 298
print a file, to 180
privacy curtain 273
private room 273
private school 154
processor 179
produce 140
production management
  170–171
production 170–171

professional athlete 169
professional experience 165
professor 162
program selector 242
program 181, 187, 227
progress bar 181
projector 174
prom 21, 157
promotion 175
propane gas 248
property 38
propose to somebody, to 21
prostate 260
protective strip 111
protein 103
protractor 155
proud 25
province 298
prune 82
prune, to 65
pruning shears 64
psoriasis 266
psychologist 166
pubic region 252
public holiday 20, 342
public limited company 170–171
puck 161, 200
pull-up 223
pulse measurement 282
pulse 282
puma 325
pump nozzle 113
pump 118
pumpernickel bread 88
pumpkin seeds 86
pumpkin 77
punching bag 213
pupil 272
purée 77
purple 237
purse 33
push cart 205
push, to 262
push-up 223
put on makeup, to 55
put something on the tab, to 147
putt, to 204
putter 205

Q
Qatar 309
quadruple 339
quail egg 72
quail 69, 329
qualification 165
quality paper 188
quarantine 273
quarter past nine 341
quarter to twelve 341
quartet 228
quartz 318
queen 244, 245
quiche 100
quilt, to 240
quince 79

quinoa 86
quite a lot 339

R
rabbit 68, 324
rabies 266
raccoon 325
racehorse 215
racing bike 116, 119
racing dive 208
raclette cheese 73
raclette grill 45
racquetball 201
radar antenna 128
radiation 275
radiator 62, 111
radio antenna 128
radio drama 187
radio hits countdown 187
radio station 187
radio telescope 294
radio 187, 233
radish 75
radius 257
rafting 212
rail network 123
rail 122, 219
railcar 122
railing 123
rain boot 33
rain 313
rainbow 313
raincoat 28
rainy 312
raise one's hand, to 157
raisin 82
rake the leaves, to 65
rake 64
rally driving 220
Ramadan 20
rambutan 80
ramekin 48
rand 345
range hood 44
rap 231
rape 285
rappelling 220
rash 265
raspberry 79
rat 324
rattle 27
rave 232
raven 328
ravioli 87
raw duck 69
raw goose 69
raw quail 69
raw 75, 77
razor 55
read, to 157, 234
reading glasses 272
reading light 125
reading room 163
real estate agent 168
real 345
rear window 111
rear-view mirror 110

reboot 180
rebound 199
receipt 145
receive a letter, to 190
receive, to 182
receiver 184
receiving blanket 27
reception 136
receptionist 136, 166
recessed lights 44
record player 233
record 233
record, to 185
recording 187
recovery position 282
recovery room 274
recreational vehicle 121
rectum 260
recumbent bicycle 119
recuperate, to 275
red cabbage 76
red card 194
red lentil 78
red onion 75
Red Sea 296–297
red wine glass 101
red wine 94
red 237
redcurrants 79
red-eye effect 243
red-haired 23
reel in a fish, to 217
reel in, to 217
referee 194
reference librarian 163
referral 264
reflective stripe 286
reflector strip 117
reflector 118, 270
reflex camera 242
reflexology massage 278
refrigerated foods 145
refuel, to 113
regain consciousness, to 275
region 298
registered letter 190
regular bus service 115
rehab 274
rehearsal 227
reiki 278
rein 214
reindeer 326
related 16–17
relative 16–17
relaxation 278
relay race 206
release, to 217
religious education 156
remodel, to 38
remote control 185
Renaissance 149
renewable energy 62
rent 39
rent, to 39
rented apartment 38
rented bicycle 119

repair kit 119
repeatedly 339
reply to a letter, to 190
report 174
reporter 186, 187
reproduce, to 65
Republic of South Sudan, the 307
Republic of the Congo, the 306
republic 298
rescue dog 287
rescue helicopter 287
rescue mission 287
rescue rope 288
rescue sled 287
rescue worker 287
rescue, to 289
research 162
research institute 162
reservation 127
reserve, to 163
residential area 133
resign from one's job, to 175
resort 136
respiratory system 259
restaurant 136
restore furniture, to 234
restore, to 181
restricted area 199
results 264
resuscitation 282
retainer 271
retina 272
retire, to 21, 175
return date 163
reverse light 111
reverse 238
reverse, to 107
rewind, to 185
rheumatism 267
rhinoceros 326
rhododendron 321
rhubarb 74
rhythmic gymnastics 221
rib 257
rice cooker 45
rice noodles 87
rice 86
rickets 266
ride bareback, to 215
rider 214
riding boot 214
riding crop 215
riding helmet 214
rigatoni 87
rigging 210
right of way 107
right service court 201
right wing 197
rim 118
ring finger 254
ring 32
ring, to 184
rings 161, 207
ringtone 183
ripe 81
river 132, 315

river cruise 148
river rat 327
rivet, to 59
riveting pliers 59
road construction 108
road marking 106
roast chicken 100
roast marshmallows, to 249
roast, to 69, 95
roasted 82
robin 328
rock concert 232
rock 231, 315
Rocky Mountains 296–297
rococo 149
rodeo 215
roe 331
roll of wallpaper 61
roll the dice, to 245
roll 88, 96
roll, to 95
roller bin 52
roller shade 43
rolling pin 48
rolling suitcase 127
romaine lettuce 76
romance 241
Romanesque 149
Romania 300
romper 27
roof garden 63
roof 40, 110
roofer 167
rook 245
rookie 284
room number 137
room service 137
rooster 329
root canal 271
root 75, 271, 319
rope ladder 161
rope 287
rose bush 322
rose quartz 318
rosé wine 94
rose 321
rosemary 83
rotten 81
rough 204
route number 115
router 182
row 125, 241
rowing machine 222
rowing 212
rubber glove 57
rubella 266
ruble 345
ruby 318
rudder 210
rug 49
rugby 200, 221
ruin 134
ruler 155
rum 94
run the dishwasher, to 44
runner 43
runway 125, 206

rupee 345
rush-hour traffic 107
Russia 300
Rwanda 306
rye bread 88
rye flour 87

S
sabbatical 164
sad 26
saddle bag 119
saddle 214
safari park 150
safe 137, 139, 172
safety binding 219
safety cage 206
safety deposit box 139
safety glove 158
safety goggles 60, 158
safety instructions 125
safety net 287
safety pin 239
safety valve 54
sage 83
Sahara 296–297
sail 212
sail, to 129
sailboat 128
sailfish 331
salad dressing 85
salad 101
salamander 330
salami 68
salary 175
sale 142, 144
sales assistant 168
sales department 170–171
sales management 170–171
sales representative
  170–171, 175
salesperson 142
salmon 70
salsa 85
salt 85
salt shaker 85
salted 82
Samoa 311
San Marino 300
sand, to 59
sand dune 246
sand trap 204
sand 246
sandal 33
sandbox 151
sandcastle 247
sandpaper 58
sandstone 317
sandwich toaster 45
sandwich 89, 160
sangria 94
Sao Tome and Principe 306
sapphire 318
sardine 70
satellite dish 185
satellite 294
Saturday 343
Saturn 292–293

saucepan 48
Saudi Arabia 309
sauna 223, 279
sausage 68, 97
sauté, to 95
save the ball, to 196
save, to 180
savings account 138
savory 99
savoy cabbage 76
saw, to 59
saxophone 229
say goodbye, to 19
scale 71, 103, 158, 191
scale, to 71
scales 330
scallion 75
scallop 71
scalpel 158
scanner 144, 179
scar 24, 274
scared 26
scarf 32
scarlet fever 266
scene 186
schedule 115
schnapps 94
scholarship 164
school bag 155
school bell 160
school bus 115
school of fish 331
school uniform 154
school 133
science-fiction film 241
scientist 169
scissors 58, 173, 239
scoop of ice cream 91
scooter 116
score 200
scoreboard 200
scorpion 333
scrambled eggs 97
scrapbooking 234
scraper 61
screen printing 236
screen 249
screw 58
screw, to 59
screwdriver 58
scroll bar 181
scroll wheel 178
scroll, to 180
scrotum 260
scrub , to 57
scrubbing brush 57
scrubs 274
scrunchie 34
sculpt, to 234
sculptor 169
sculpture 234
sea bass 70
sea horse 331
sea lion 327
sea turtle 330
sea 246, 295
seafish 331

seafood section 145
seagull 328
seal 327
sealant 61
seam ripper 239
seam 30
search party 289
search 288
search, to 180
season, to 85
seat belt 112, 125
seat number 125
seat post 118
seat reservation 122
seat spacing 125
seat 118, 122, 125, 211, 226
seaweed 247
second class 122
second floor 142
second 337, 340
secondary business
  segment 170–171
security 142
security check 126
sedan 109
sedative 277
seed 78
seedless 81
seedling 65
seesaw 151
segment 81
select, to 180
self-adhesive strip 173
self-defense 213
self-service check-in 126
self-service checkout 144
self-timer light, delayed 242
semester 164
seminal duct 260
seminal vesicle 260
seminar 163
send somebody a letter, to 190
send, to 182
sender 190
Senegal 306
sense of balance 259
sense of hearing 259
sense of sight 259
sense of smell 259
sense of taste 259
sense of touch 259
sensitive 26
September 9, 2014. 342
September 343
Serbia 301
serve 198, 202
service area 107
service line 201, 202
serving counter 160
serving spoon 48
set square 155
set the alarm clock, to 49
set 186, 202
set 227
set, to 198
settings 181
seven a.m. 340

seven and a half 338
seven p.m. 341
seven 336
seventeen 336
seventeenth 337
seventh 337
seventieth 338
seventy 336
severely disabled 268
sew, to 240
sewing kit 239
sewing machine 238
sexual intercourse 260
sexually transmitted disease 260
Seychelles, the 306
shaft 201
shake hands grip 203
shake hands, to 19
shallot 75
shampoo 34
shank 68
shareholder 170
sharp 231
shave, to 55
shaving cream 55
sheep 326
sheet 49
shelf 144
shell 330
sherry 94
shift key 178
shift work 165
shin guard 196
shin 252
shingle 40
shingles 266
shipping forecast 288
shipwreck 288
shirt 29
shock 283
shoe department 143
shoe store 141
shoehorn 41
shoelace 33
shoot 323
shoot, to 196, 199
shopping bag 143
shopping basket 144
shopping cart 144
shopping district 133
shopping list 144
short haircut 23
short service line 201
short wave 187
short 24
short/long 28
shorts 29, 31, 196
shoulder blade 253
shoulder pad 31
shoulder 252
shovel 246
show jumping 215
shower and toilet block 248
shower curtain 55
shower gel 34
shower stall 53
shower 53

shower, to 55
showerhead 55
shredder 172
shrimp 71
shuffle, to 244
shut down the computer, to 181
shutter release 242
shy 25
siblings 18
side dish 101
side effect 277
side light 110
side line 198, 203
side mirror 111, 112
side salad 100
side street 132
side table 41
side window 111
sideboard 43
sidecar 117
sideline 199
sidewalk 106, 132, 150
Sierra Leone 306
sieve 47
sift, to 87
sift, to 95
sightseeing tour 148
sign a delivery confirmation,
   to 190
sign language 268
sign 123
silk 30, 240
silver 207, 317
SIM card 183
simmer, to 95
Since when? 341
Since yesterday. 341
sing along, to 232
sing in a choir, to 234
sing, to 232
Singapore 309
singer 169
single bed 51
single room 136
single sideline 201
single 16–17
single-bladed paddle 211
singles sideline 202
singles 202
sink cabinet 53
sink 44, 53, 54, 270
sinus 255
siphon 54
sister 16–17
sister-in-law 16–17
sistrum 230
sitcom 186
sit-up 223
six a.m. 340
six p.m. 341
six 336
sixfold 339
sixteen 336
sixteenth 337
sixth 337
sixtieth 338
sixty 336

size 30
skateboarding 220
sketch 236
skewer 47
ski boot 218
ski goggles 219
ski jumping 218
ski lift 218
ski lodge 219
ski pole 218
ski slope 218
ski suit 218
ski trail 218
ski 218
skier 218
skiing 219
skim a page, to 189
skin care 277
skin 22
skirt 31
skull 257
skunk 325
skylight 40
skyscraper 134
slalom 218
slam dunk 199
slate 317
sledding 219
sleep in, to 51
sleep mask 49
sleep, to 51
sleeper berth 120
sleeping bag 249
sleeping pad 249
sleeping pill 277
sleeve 30
slice of pizza 99
slice 89
slide 151, 159, 174
slim 24
slipped disc 269
slipper 28
slither, to 330
sloth 327
slotted spatula 48
Slovakia 301
Slovenia 301
slug 333
small / medium / large 99
small car 109
small gift 19
small intestine 258
small package 191
small/big 28
smartphone 183
smile, to 25
smog 313
smoke detector 39, 286
smoked fish 71
smoked 69, 71
smoothie 97
snack bar 241
snail mail 190
snail 333
snake 330
snap link 287
snap 28

snare drum 228
sneaker 33, 223
sneezing 266
snooker 221
snore, to 51
snorkel 211
snorkel, to 247
snow chains 113
snow pants 28
snow pea 78
snow shoeing 219
snow suit 27
snow 313
snowboard 219
snowboarder 219
snowboarding 219
snowdrop 321
snowmobile 287
snowplow 120
snowstorm 314
snowy 312
soap dispenser 53
soap 34
soccer ball 161
soccer field 194
soccer shoe 196
soccer 196
social media 182
social studies 156
sock 27, 33, 196
socket 103
sodium 103
sofa 42
sofa bed 42
soft blanket 50
softball 200
software 183
soil 295
solar eclipse 294
solar heating 62
solar system 292–293
solarium 279
solder 60
solder, to 59
soldering iron 60
soldier 167
sole 33, 70, 254
soloist 228
Solomon Islands, the 311
solvent 61
Somalia 306
some 339
somersault 207
sometimes 339
son 16–17
sonata 228
song 232
son-in-law 16–17
sonogram 262
sorbet 101
sore throat 265
Sorry, I've dialed the wrong
   number. 184
soul 231
soup spoon 102
soup 100, 101
sour 81

sourdough bread 88
South Africa 307
South Korea 310
South Pole 295
Southern hemisphere 298
souvenir 148
sow, to 65
soy bean 78
soy milk 73
soy sauce 85
spa 279
space bar 178
space station 294
spaceship 292–293
spade 64
spades 244
spaghetti bolognese 100
spaghetti 87
Spain 301
spam 182
spare tire 114
sparkling cider 92
sparkling water 92
sparkling wine 94
sparring 213
sparrow 328
spastic paralysis 268
speaker 179
spear fishing 217
special 102
spectators 194
speed bag 213
speed limit 108
speed skating 219
speed 114
speeding 107
speedometer 114, 117
spell, to 157
spelt 86
sperm 262
spider 333
spike, to 198
spin class 223
spin cycle, to 56
spinach 76
spinal column 257
spine 189
spiral staircase 39
splash, to 209
spleen 258
split, a 207
spoke 118
sponge cloth 55
sponge 57, 261
spool pin 238
spool 216
sport utility vehicle 109
sporting event 157
sporting goods 143
sports bra 30
sports car 109
sports field 154
sports jacket 29
spotlight 232
sprain 269
sprain/fracture one's foot, to 269
spray bottle 57

spray 276
spray, to 65
spring flower 321
spring 342
springform pan 46
sprinkle, to 95
sprinkler 64
sprint 206
spritzer 94
sprout, to 321
spruce 319
square foot 344
square inch 344
square meter 344
square root 339
square 133
squash 201
squeegee 57
squid 71
squirrel 324
Sri Lanka 309
St. Kitts & Nevis 303
St. Lucia 303
St. Vincent and the
  Grenadines 303
stable 215
stadium 194
stage clip 159
stage 159, 226
stain remover 56
stainless steel 60
stairs 41
stairwell 39
stalk 74, 321
stamp 190
stance 204
stand 194
stapler 173
star anise 84
star fruit 80
star 294
starboard side 128
start a family, to 21
starter pistol 206
starting block 206, 208
starting line 206
state 298
station concourse 123
station wagon 109
stationary bike 222
stationery department 143
stationery store 140
stave line 231
steak knife 102
steak 68, 100
steam cooker 45
steam engine 122
steam room 279
steamed vegetables 74
steep gradient 108
steeplechase 215
steering wheel 112
stem 211, 321
step 41, 120, 223
stepbrother 18
stepfather 18
stepmother 18

steps 132
stepsister 18
stereo system 233
stereo 112
sterile 283
stern 210, 211
sternpost 211
sternum 257
stethoscope 264
stew 100
still life 236
stinging nettle 320
stingray 331
stink bug 333
stir, to 87
stirrup 214
stitch selector 238
stitch width regulator 238
stitch 240
stock market 139
stockings 30
stomach flu 265
stomach muscle 256
stomach 258
stomachache 265
stone 345
stop button 115, 185
stop valve 54
stop watch 206
stop, to 107
storage compartment 120
store window 140
store 142
stork 329
storm 288, 314
stormy 312
stove 44
straight 23
straighten one's hair, to 34
straight-legged pants 31
strait 295
strap 33
strapless 30
stratosphere 313
strawberry 79
street café 147
street entertainer 148
street light 106, 132, 135
street performer 148
street sweeper 120
street 132
stressed 26
stretch limo 109
stretch 223
stretcher 282
stretchy 30
stringing 201
strip off wallpaper, to 61
stroke 208, 267
stroller 50
stubborn 26
student (female) 155
student (male) 155
student ID 164
student 163
study group 164
subject 157

sublet, to 39
submarine 129
subscription 188
substitute bench 197
substitute player 197
substitution area 197
subtract, to 339
suburb 132
subway 122
Sudan 307
sudoku 247
sugar 103
sugar-free 103
suit 29
suitcase 32
suite 137
sulphur 317
sultana 82
summer tire 113
summer 342
sun hat 27, 32
sun 292–293
sunbathe, to 247
sunburn 247, 269
sundae 91
Sunday 343
sunflower seeds 86
sunflower 322
sunglasses 32
sunny 312
sunrise 342
sunscreen 34, 247, 277
sunset 246, 342
sunshine 313
super 39
supermarket 140
supplement 188
supply pipe 54
support (for fishing tackle) 217
support handle 115
suppository 276
surf the Internet, to 182
surf 247
surf, to 212
surfboard 212
surfcasting 217
surfer 212
surgeon 166, 274
surgical lighting 274
surgical mask 270, 274
surgical tools 274
Suriname 304
surprised 25
surround sound 185
surveillance camera 289
survive, to 283
sushi 99
suspect 284
suspend a player, to 195
suspenders 32
suspension 116
sutures 274
swallow 328
swan 329
Swaziland 307
sweater vest 29
Sweden 301

sweep, to 57
sweeper 195, 198
sweet pepper 77
sweet potato 75
sweet shop 140
sweet 99
swell 210
swim, to 209
swimmer 209
swimming cap 209
swimming pool 209
swimsuit 30
swing set 151
swing 151
swing, to 205
swipe, to 183
Swiss chard 74
Swiss cheese 73
Swiss franc 345
switch channels, to 185
switch 62
Switzerland 301
swivel chair 52
symphony orchestra 228
symptom 277
synagogue 134
synchronized swimming 209
Syria 310
syringe 276

T
table decoration 43
table for two 101
table of contents 189
table tennis ball 203
table tennis paddle 203
table tennis table 203
tablecloth 102
tablespoon 344
tablet 183, 276
tabloid format 188
tabloid 188
tabulator key 178
tachometer 114
tack, to 240
tackle box 217
tackle, to 195
taco 99
tadpole 330
tae kwon do 213
tagliatelle 87
t'ai chi 213
tai chi 278
tail light 111, 116
tail 124, 324
tailor's dummy 239
tailor's 141
tailplane 124
Tajikistan 310
take a bath, to 55
take a blood sample, to 264
take a break, to 52
take a photo, to 243
take off, to 125
take out a mortgage, to 40
take the minutes, to 174
talk show 186

tall 24
tambourine 230
tampon 277
tan 237
tandem bike 119
tank cap 117
tanker 120
tanned 24
Tanzania 307
tap water 92
tap 147
tape measure 58, 238
tape 173
taproot 319
tarragon 83
task bar 181
tax return 52
taxi driver 168
taxi stand 121
taxi 121
tea bag 93
tea leaves 93
teacher 154, 169
teacher's desk 155
team leader 170–171, 174
team 170–171, 200
teapot 93
teaspoon 344
technical drawing 157
techno 231
teddy bear 50
tee off, to 205
tee 204
teenager 18
tee-off 204
telephone directory 184
telephone keypad 184
teleprompter® 186
television tower 132
temp work 165
temperature controls 112
temperature gauge 114
temperature 312
temple 22, 134
temporary employee 175
ten a.m. 340
ten millionth 338
Ten minutes ago./In ten
   minutes. 341
ten p.m. 341
ten thousand 337
ten thousandth 338
ten 336
tenant (female) 39
tenant (male) 39
tenderize, to 95
tendon 258
tennis ball 161, 202
tennis racket 202
tent flap 249
tent stake 249
tent 248
tenth 337
tepee 248
tequila 94
terminal 126
terminate somebody, to 175

termite 333
terrace 147
territory 298
terrorist attack 289
test tube 158
testicle 260
testimony 284
tetanus 266
text message 183
textbook 155
Thailand 310
Thanksgiving 20
thaw food, to 44
The bill, please. 102
The car won't start. 114
the Czech Republic 301
the day after tomorrow 342
the day before yesterday 342
the majority 339
theater 134
theft 285
therapy 278
There's been an accident! 289
thermal spring 316
thermal underwear 249
thermometer 158, 277
Thermos® 47
thermostat 54
thigh 69, 252
thimble 239
third 337
thirteen 336
thirteenth 337
thirtieth 338
thirty 336
this end up 191
This fits nicely, I'll take it. 28
thistle 320
thorax 257
thorn 321
thread guide 238
thread lever 238
thread reel 238
thread 238
thread, to 239
three a.m. 340
three hundredth 338
three p.m. 341
three quarters 338
three times 339
three 336
three/four star hotel 137
three-door 109
threefold 339
three-point-line 199
three-room apartment 40
threshold 40
thriller 241
throat lozenge 277
throat 255
throw, to 199
throw-in 195
throwing circle 206
thumb 254
thumbtack 173
thunder 313
thunderstorm 313

Thursday 343
thyme 83
thyroid disorder 267
thyroid gland 258
tibialis anterior muscle 256
tick 333
ticket check 126
ticket counter 123
ticket machine 106, 115, 123
ticket 115, 227
tie 29
tiebreaker 202
tiepin 32
tier 226
tiger shark 331
tiger 325
tiger's eye 318
tight/loose 28
tightrope 151
tights 30
tile, to 61
tiller 210
time out 197
time penalty 197
time signature 231
timekeeper 197
timer 158
tinfoil 46
tip 74, 102, 218
tiramisu 91
tire iron 114
tire pressure gauge 113
tire pressure 113
tire 111, 118
tired 26
tissue 55, 258
to be laid off 175
to judge somebody by his/her
   appearance 24
to make a face 22
to study 164
toad 330
toast 88, 97
toaster 45
tobacco 146
today 342
toenail 254
Togo 307
toilet bowl 53
toilet brush 53
toilet cleaner 57
toilet flush 53
toilet lid 53
toilet paper 53
toilet sanitizer 53
toilet seat 53
toilet tank 53, 54
toilet 53
tolerant 25
tollbooth 107
tomato juice 92
tomato 77
tomb 149
tomorrow 342
ton 345
toner cartridge 179
Tonga 311

tongs 48
tongue 255
tonic water 92
toolbox 60
tooth decay 271
tooth 22, 271
toothache 265
toothbrush 55
toothpaste 34
toothpick 102
top of the net 203
top 31
topaz 318
topiary 323
tornado 314
tortellini 87
tortilla chips 99
tortilla 88
tortoise 330
total 339
toucan 328
touchline 194
touchscreen 183
tour guide 148
touring bike 119
touring motorcycle 117
tourist information 148
tourmaline 318
tournament 200
tow away, to 107
tow truck 121
towel bar 53
towel 53
tower 132
town hall 133
town wall 149
townhouse 38
toy store 141
toy 50
trachea 258
track 206
tracksuit 28
tractor trailer 120
tractor 121
traditional Chinese
  medicine 278
traffic circle 106, 108
traffic jam 107, 108
traffic lane 106
traffic lights 106, 135
traffic news 187
traffic police officer 107
traffic ticket 107
tragedy 226
trailer 120, 121
train 122
train, to 222
trainee position 164
trampoline 161
transfer order 139
transmission 111, 116
transplant 267
trapezoid muscle 256
trash bag 60
trash can 180
traumatized 283
travel bag 32

traveler's check 139
tray 46, 147, 160
tread 110
treadmill 222
treatment 264
treble clef 231
treetop 319
triangle 230
triathlon 221
triceps 256
tricycle 119
trim brush 61
trim, to 65
Trinidad and Tobago 303
tripod 159, 242
trivet 48
trolley 122
trombone 229
Tropic of Cancer 298
Tropic of Capricorn 298
tropical storm 314
tropics 298
troposphere 313
trotting race 215
trousers 29
trout 70
trowel 64
truffle 74
trumpet 229
trunk 111, 319
T-shirt 29
tsunami 288, 314
tuba 229
tube 209
tuberculosis 266
tubular bells 228
Tuesday 343
tuition 155
tulip 322
tuna 70
tune an instrument, to 228
tune 233
Tunisia 307
tunnel 106, 108
turbulence 125
turkey meat 69
Turkey 301
turkey 69, 329
Turkmenistan 310
turmeric 84
turn on/off the faucet, to 55
turn right/left 135
turn the heating on/off, to 62
turn 208
turnip 75
turnout coat 286
turquoise 318
turtleneck 29
Tuvalu 311
TV series 185
TV stand 42
TV 185
tweezers 34, 158, 277
twelfth 337
twelve noon 340
twelve 336
twentieth 337

twenty thousand 337
twenty to seven 341
twenty 336
twenty-first 337
twenty-one 336
twenty-second 337
twenty-three 336
twenty-two 336
twins 18
twist-grip throttle 117
two a.m. 340
two fifths 338
two hundred and twenty-
  fifth 338
two hundred and twenty-
  two 337
two hundredth 338
two p.m. 341
Two round trips to …,
  please. 123
two semi-detached houses 38
two seventeenths 338
two times 339
two 336
two-door 109
type, to 180

U

Uganda 307
ugly 24
Ukraine, the 301
ulna 257
ultrasound 262
umbilical cord 262
umbrella stand 38, 41
umbrella 32, 247
umpire 202
uncle 16–17
unconscious 275, 282
underexposed 243
underfloor heating 62
underground parking garage 135
underpants 29
underpass 107
undo, to 181
UNESCO 311
uneven bars 207
unicycle 119
uniform 284
uninstall a program, to 181
United Arab Emirates 310
United Kingdom, the 301
United Nations (UN), the 311
United States, the 303
universe 294
university degree 164
university 133
unleaded 113
unpick, to 240
unpleasant 26
upper arm 253
upper jaw 255
upset 25
Uranus 292–293
ureter 259
urethra 260, 261
urinary tract 259

Uruguay 304
USB flash drive 179
USB port 178, 233
user account 182
usher 227
uterus 261
UV rays 313
Uzbekistan 310

V

vacation 157
vaccination 263
vacuum cleaner 57
vacuum, to 57
vagina 261
Valentine's Day 20
valley 315
Vanuatu 311
variety show 226
varnish 60
vase 43
vault table 207
vault 149
veal 68
vegan 103
vegetable garden 63
vegetarian 103
vein 259
Velcro® 32
Venezuela 304
venom 330
venomous fang 330
ventilation 275
Venus clam 71
Venus 292–293
vertical stabilizer 124
Vesakh 20
veterinarian 166
via airmail 191
video game 185
Vietnam 310
viewing platform 148
vinegar 85
vintage car 109
violence 285
violin 229
virus 265
visa 127
visiting hours 273
visor 117, 286
vitamin pill 276
vocal piece 233
vocational school 164
vocational training 164
vodka 94
volcanic eruption 314
volcano 316
volley 202
volleyball 161
volt 62
voltage 62
volume control 181, 233
volume 185

W

waders 216
wading pool 209

waffle iron   45
waffle   97
waist   253
waiter   101, 168
waiting room   264, 275
wake up, to   51
wakeboarding   212
wake-up call   137
walk   215
walkie-talkie   284
walking boot   33
walking stick   268
wall bars   161
wall clock   43
wall-cupboard   44
wallet   33
wall-mounted gas boiler   54
wallpaper, to   61
walnut   82
walrus   327
waning moon   292–293
want ads   188
ward   273
wardrobe   49
warehouse   141
warm up, to   223
warm water supply   54
warm   312
warning   197
wash, to   55
washcloth   55
washing machine   56
wasp   332
waste separation   44
wastepaper basket   172
watch birds, to   234
watch TV, to   185
watch   32
watchtower   288
water aerobics   209
water canister   249
water cooler   172
water glass   102
water hazard   204
water lily   321
water polo   209
water strider   333
water the lawn, to   65
water wing   209
water   92, 208
water, to   65
watercolor   235
watercolor painting   236
watercress   74
waterfall   315
watering can   64
watermelon   81
waterproof   249

water-ski   212
Watt   62
wave   212
wave, to   19
wavy   23
waxing moon   292–293
waxing   279
waxy   75
weather conditions   288
weather forecast   187, 312
weave, to   240
webcam   179
wedding dress   21
wedding   20
wedge heel   33
wedge   205
Wednesday   343
weed   323
weed, to   65
weedkiller   65
week   343
weekday   343
weekend   343
weekly paper   188
weight training   222
weight   191
weight   222
Welcome!   19
Western hemisphere   298
western   241
wet wipe   277
wetland   316
wetsuit   211
What time is it, please?   340
What's the current exchange
   rate?   139
What's the weather like?   312
What's today's date?   342
What's your name?   19
wheat beer   94
wheat flour   87
wheat   86
wheatgerm   96
wheel rim   111
wheel suspension   110
wheel   110, 238
wheelbarrow   64
wheelchair   268
wheeled walker   268
When?   341
Where are the restrooms,
   please?   147
whiplash   269
whipped cream   91
whisk   47
whisk, to   95
whiskers   324
whiskey   94

whistle   200
whistle, to   232
white bread   88
white cabbage   76
white chocolate   98
white square   245
white tape   198
white wine   94
white   237
whole milk   73
whole wheat bread   88
whole wheat flour   87
whooping cough   266
Whose turn is it?   245
widowed   16–17
wife   16–17
Wi-Fi   182
wig   23
wild rice   86
wildflower meadow   323
willow   319
wilt, to   321, 323
win, to   245
wind speed   313
wind   210, 313
window sill   43, 51
window   40, 124, 181
windshield wiper   110
windshield   110, 120
windsock   124
windsurfer   212
windsurfing   212
windy   312
wine glass   102
wing chun   213
wing   69, 124, 149, 195, 328
wingback   195
wings   226
winner   200
winter coat   28
winter pentathlon   219
winter tire   113
winter   342
wipe, to   57
wire cutter   59
wire gauze   159
wire   60
wiring   62
wisdom tooth   270
with short/long sleeves   28
withdraw money, to   138
witness   284
wok   48
wolf   325
woman   18, 252, 253
wood chisel   59
wood stove   62
wood   205

wooden spoon   48
woodlouse   333
woodpecker   328
woodwork and metalwork   156
wool   239
work from home, to   52
work, to   52
workbench   60
working conditions   165
workspace   172
world champion   200
worm   333
wound   269
wrap   99
wrench   58
wrestling   213
wrinkle   22
wrist   253, 254
write a check, to   138
write, to   157

X
X-ray machine   275
X-ray   271, 275
xylophone   228

Y
yachtsman   210
yard   344
year   343
yeast   87
yellow card   195
yellow   237
yellowish green   237
Yemen   308
yen   345
yesterday   342
yield   108
yoga   278
yogurt   72
young   24
Your flight is ready for
   boarding.   124
yuan   345

Z
Zambia   306
zebra   326
zero   336
Zimbabwe   306
zip code   190
zip   32
zipper   240
zippers   240
zone   298
zoo   150
zoom lens   242
zucchini   77

ITALIAN INDEX – INDICE ITALIANO

A

A che ora? 340
A chi tocca? 245
a due porte 109
a quattro porte 109
A scuola 154
a tre porte 109
abat-jour, l' 49
abbaino, l' 40
abbigliamento, l' 27
Abbigliamento maschile 29
Abbigliamento per signora 31
Abbigliamento unisex 28
abboccare 217
abbonamento, l' 188
abbonamento mensile, l' 115
abbracciarsi 19
abbronzata 24
abete, l' 319
abilitazione, l' 162
abito da sposa, l' 21
aborto, l' 263
abrasione, l' 269
Acca sellowiana, l' 80
accademia d'arte teatrale, l' 164
accademia di belle arti, l' 164
accappatoio, l' 28
accendere il riscaldamento 62
accendere un'ipoteca 40
accendifuoco, l' 248
accendino, l' 146
accendisigari, l' 112
accensione, l' 109
accesso alla professione, l' 21
Accessori 32
acciaio inossidabile, l' 60
accidente, l' 231
accordare uno strumento 228
account utente, l' 182
ace, l' 202
acero, l' 319
aceto, l' 85
acido 81
acqua, l' 92, 208
acqua di rubinetto, l' 92
acqua minerale da tavola, l' 92
acqua minerale gassata, l' 92
acqua minerale liscia, l' 92
acqua tonica, l' 92
acquamarina, l' 318
acquapark, l' 209
acquarello, l' 235, 236
acquario, l' 148, 331
acquascooter, l' 212
acquavite, l' 94

acquisizione di nuovi clienti, l' 171
Acquisti 140
acquisto online, l' 182
acro, l' 344
acustico 233
addetta al personale, l' 165
addetto alle pulizie, l' 167
addizionare 339
addobbi da tavola, gli 43
addominale, l' 256
addormentarsi 51
adrenalina, l' 283
adulto, l' 18
aereo, l' 124
aereo di linea, l' 124
aerobica, l' 223
affanno, l' 267
affettato, l' 68
affilacoltelli, l' 46
affittare 39
afflusso, l' 54
affrancatura, l' 191
affumicato 69, 71
Afghanistan, l' 307
Africa 304
agenda, l' 172
agente immobiliare, l' 168
aglio, l' 75
ago, l' 238, 239
agopuntura, l' 278
agosto, l' 343
agricoltore, l' 167
Agrumi e meloni 81
aguglia, l' 331
AIDS, l' 267
aikido, l' 213
airbag, l' 112
aiuola, l' 63
Aiuto! 289
Al ristorante 101
Al porto 129
ala, l' 69, 124, 149, 195, 328
ala destra, l' 197
ala sinistra, l' 197
alba, l' 342
Albania, l' 299
alberatura, l' 210
albergo, l' 136
albergo a tre/quattro stelle, l' 137
Alberi 319
albero, l' 210, 212
albero da frutto, l' 323
albero genealogico, l' 16
albicocca, l' 79
album fotografico, l' 243
albume, l' 72, 103
alcuni 339
alettone, l' 124
alfiere, l' 245
Algeria, l' 304
alimentazione sana, l' 103
Alimenti da spalmare sul pane 89
All'aeroporto 126
all'angolo 135

alla moda 30
Alla salute! 102
Alla stazione di servizio 113
Alla stazione ferroviaria 123
allacciamento elettrico, l' 248
allacciare la cintura 125
allarme bomba, l' 289
allattare 263
Alle sette. 340
allegato, l' 182
allenamento a circuito, l' 223
allenarsi 222
allenatore, l' 200
allenatrice, l' 200
allergia, l' 265
alligatore, l' 330
alluce, l' 254
All'università 162
Alpi, le 297
alpinismo, l' 220
alta marea, l' 247
altalena, l' 151
altalena a bilico, l' 151
altezza del suono, l' 228
altipiano, l' 316
alto 24, 191
altoparlante, l' 179
Altri casi di emergenza 289
Altri sport con la palla 200
Altri tipi di sport 220
alunna, l' 155
alunno, l' 155
alzare la cornetta 184
alzare la mano 157
alzarsi 51
amaca, l' 248
amaretto, l' 93
amaro 75
amazzone, l' 214
Amazzonia, l' 297
ambasciata, l' 134
ambiente, l' 185
ambito commerciale, l' 170
ambra, l' 318
America del Sud 303
America settentrionale e America centrale 302
ametista, l' 318
amici, gli 18
ammarraggio, l' 129
ammobiliato 40
ammonizione, l' 197
ammorbidente, l' 56
ammortizzatore, l' 120
amo da pesca, l' 216
ampère, l' 62
amplificatore, l' 232
anacardio, l' 82
ananas, l' 80
anatra, l' 69, 329
anatra cruda, l' 69
anca, l' 252
ancora, l' 210
andare a letto 51
andare a passeggio 151
andare avanti velocemente 185
andare in bagno 53

andare in pensione 21, 175
andare in slitta 219
andare indietro velocemente 185
Andata e ritorno ... 123
Ande, le 297
Andorra, l' 299
anelli, gli 161, 207
anello, l' 32, 199
anello per autospinta, l' 268
anestesia locale, l' 271, 274
anestesista, l' 274
aneto, l' 83
Angola, l' 304
angolo di scotta, l' 212
anguilla, l' 70, 331
anguria, l' 81
anice stellato, l' 84
animale a sangue freddo, l' 330
animale abissale, l' 331
Animali 324
annaffiare 65
annaffiatoio, l' 64
annegare 288
anniversario di matrimonio, l' 20
anno, l' 343
anno luce, l' 294
anno sabbatico, l' 164
annoiata 26
annuale 323
annunciatrice, l' 186
annuncio, l' 188
annuncio mortuario, l' 188
ano, l' 261
Antartide, l' 298
antenato, l' 17
antenna, l' 110, 187
antenna parabolica, l' 185
antenna radar, l' 128
antenna radio, l' 128
anteprima, l' 241
antidolorifico, l' 277
Antigua e Barbuda 302
antipasto, l' 101
antipatico 26
anulare, l' 254
anziana 24
ape, l' 332
aperitivo, l' 101
aperto 25, 148
app, l' 183
apparecchi da laboratorio, gli 158
apparecchio acustico, l' 268
apparecchio ortodontico, l' 24, 271
apparecchio radiologico, l' 275
appartamento, l' 38
appartamento di proprietà, l' 38
appartamento di tre camere, l' 40
appartamento in affitto, l' 38
appassire 321, 323
appendice vermiforme, l' 258

appiglio, l' 115
applauso, l' 227
appoggiapiede, l' 116
appoggiapiedi, l' 112
appoggiatesta, l' 122
approdare 129
appuntamento, l' 172, 264
apribottiglie, l' 48
aprile, l' 343
apriporta, l' 112
aprire il rubinetto 55
aprire un file 180
apriscatole, l' 47
aquila, l' 329
Arabia Saudita, l' 309
arachide, l' 82
arancia, l' 81
arancia sanguigna, l' 81
arancione, l' 237
arbitro, l' 194, 202
architetto, l' 167
architetto paesaggista, l' 167
architettura, l' 149
arcione anteriore, l' 214
arco, l' 149, 229
arco d'angolo, l' 194
arcobaleno, l' 313
ardiglione, l' 216
area attrezzata per falò, l' 248
area dei tre secondi, l' 199
area di porta, l' 194, 197
area di rigore, l' 194
area di riposo, l' 279
area di smaltimento, l' 249
Argentina, l' 303
argento, l' 207, 317
armadietto, l' 42, 160
armadio, l' 49
armadio da archivio, l' 172
Armenia, l' 307
armonica a bocca, l' 230
aromatizzare 85
Aromi e salse 85
arpa, l' 229
arpione, l' 217
arrabbiato 26
arrampicata, l' 151
arrestare il sistema 181
arresto, l' 285
Arrivederci! 19
arrivo, l' 126
arrogante 26
arrostire 69, 77, 95
art déco, l' 149
Arte e bricolage 235
arte e immagine 156
arte topiaria, l' 323
arteria, l' 259
articolazione del piede, l' 254
articoli da toeletta, gli 137
articolo, l' 188
articolo di fondo, l' 188
Artide, l' 298
artiglio, l' 324, 328
artista ambulante, l' 148
ascella, l' 252
ascensore, l' 39

ascia, l' 286
asciugamano, l' 53
asciugarsi i capelli con il fon 34
asciugatrice, l' 56
Ascoltare musica 233
asello, l' 333
asfalto, l' 317
Asia 307
asilo (nido), l' 21
asilo d'infanzia, l' 154
asino, l' 326
asma, l' 267
asola, l' 28
asparago, l' 74
aspetto esteriore, l' 24
aspirante, l' 165
aspirapolvere, l' 57
asportare 59
assalto, l' 285
asse d'equilibrio, l' 207
asse da stiro, l' 56
asse di legno, l' 60
assegno turistico, l' 139
assenza di campo, l' 183
assistente, l' 175
assistente dentale, l' 270
assistente di volo, l' 125, 168
assistenza alla clientela, l' 142
asso, l' 244
assorbente interno, l' 277
assuefazione, l' 267
assumere qualcuno 165
asta portaflebo, l' 273
asteroide, l' 294
astice, l' 71
asticella, l' 206
astina del livello dell'olio, l' 110
astore, l' 328
astro, l' 294
astronauta, l' 294
astronomia, l' 294
astuccio, l' 155
atelier di bricolage, l' 58
atletica leggera, l' 206
atmosfera, l' 295
atrio della stazione, l' 123
attaccante, l' 197
attaccante centrale, l' 198
attaccante laterale, l' 198
attaccapanni, l' 41
attaccare 195
attacco, l' 219
attacco terroristico, l' 289
Attenzione, pericolo! 289
atterraggio di emergenza, l' 125, 289
atterrare 125
attore, l' 186, 227
attraente 24
Attrazioni turistiche 148
attrezzatura da pesca, l' 216
Attrezzi da giardino
attrice, l' 169, 227
Auguri! 20
aula magna, l' 154
auricolare bluetooth®, l' 183
Australia, l' 310

Austria, l' 300
autista, l' 168
auto d'epoca, l' 109
autoarticolato, l' 120
autobetoniera, l' 121
autobus, l' 115
autobus a due piani, l' 115
autobus a pianale ribassato, l' 115
autobus di linea, l' 115
autocaravan, l' 248
autocarro della nettezza urbana, l' 120
autocisterna, l' 120
autodifesa, l' 213
autogrill®, l' 107
autogru, l' 121
automobile, l' 109
automotrice, l' 122
autopompa, l' 121, 286
autostrada, l' 107
autunno, l' 342
avambraccio, l' 253
avant'ieri 342
avaria, l' 288
avena, l' 86
avocado, l' 77
avviare il sistema 181
avviare la lavastoviglie 44
avvitare 59
avvocato, l' 166
avvolgitore, l' 238
ayurveda, l' 278
Azerbaigian, l' 307
azienda sanitaria, l' 264
azionista, l' 170

B

babbuino, il 327
babyphone®, il 50
baccello, il 78
Bacche e frutta a nocciolo 79
bacchetta, la 101, 228, 230
bacheca, la 164
bacinella, la 270
bacino, il 257
badminton, il 201
baffi, i 24
bagagliaio, il 115
bagaglio a mano, il 125
bagaglio in eccedenza, il 127
bagel, il 88
bagnina, la 209
bagnino, il 209
bagno turco, il 279
baguette, la 88
Bahama(s), le 302
Bahrein, il 307
baht, il 345
baia, la 295, 316
balaustra, la 123
balconata, la 226
balcone, il 40
ballerina, la 33
ballerino, il 199
balletto, il 221, 226
ballo di fine anno, il 157

ballo di fine anno (scolastico), il 21
balsamo, il 34
bambino, il 18
bambola, la 50
banana, la 80
banca, la 138
bancarella, la 140
banchina, la 129
banco, il 147
banco carni, il 144
banco colazione, il 44
banco da lavoro, il 60
banco di pesci, il 331
banco formaggi, il 144
banco frigo, il 145
banco pesce, il 145
bancomat, il 138
banconota, la 139
band, la 232
bandierina, la 204
Bangladesh, il 308
bar, il 136, 241, 247
bar all'aperto, il 147
barare 245
barattolo di pittura, il 61
barba, la 24
barbabietola, la 75
Barbados 302
barca a vela, la 128
barca di salvataggio, la 128, 210
barella, la 282
barella mobile, la 275
barista, il 147
barman, il 149
barocco 149
barra dei task, la 181
barra del timone, la 210
barra di progressione, la 181
barra di protezione laterale, la 111
barra di scorrimento, la 181
barra spaziatrice, la 178
barretta al cioccolato, la 98
barretta di cioccolato, la 146
barretta müsli, la 96
barriera corallina, la 316
basamento, il 295
base, la 159, 184
baseball, il 200
basilico, il 83
bassa marea, la 247
bassista, il 232
basso 24, 229
bastoncino d'ovatta, il 55
bastoncino da trekking, il 249
bastone da sci, il 218
bastone per ciechi, il 268
bastoni da golf, i 205
battere 95
battere un record 206
batteria, la 111, 158, 230
batteria ricaricabile, la 59, 183
batterista, il 232
battesimo, il 21
batticarne, il 47

Bauhaus, il 149
bauxite, la 317
bavaglino, il 27
beach volley, il 198
beat, il 233
bebè, il 18
becco, il 328
becco (di) Bunsen, il 159
Belgio, il 299
Belize, il 302
bello 24
belvedere, il 148
benda, la 283
Benessere 279
Benin, il 304
Benvenuto! 19
benzina, la 113
berlina, la 109
berlina a due volumi, la 109
berretto, il 32
betulla, la 319
bevanda, la 241
Bevande 92
bevande, le 145
Bevande alcoliche 94
Bevande calde 93
Bhutan, il 308
biancheria intima, la 143
biancheria termica, la 249
bianchetto, il 173
bianco, il 237
biat(h)lon, il 218
biberon, il 27, 263
Bibite 92
biblioteca, la 133, 163
bibliotecario, il 163, 169
bicchiere, il 93
bicchiere da acqua, il 102
bicchiere da vino, il 102
bicchiere da vino rosso, il 101
bicicletta, la 118
bicicletta a noleggio, la 119
bicicletta BMX, la 119
bicicletta da corsa, la 119
bicicletta da turismo, la 119
bicicletta elettrica, la 119
bicicletta reclinata, la 119
bicipite, il 256
Bielorussia, la 301
biennale 323
bietola, la 74
big bang, il 294
bigliettaia, la 123
biglietteria, la 123
biglietto, il 115
biglietto d'ingresso, il 227
biglietto da visita, il 175
bikini, il 30
bilancia, la 191
bilancia da cucina, la 45
bilancia da laboratorio, la 158
bilanciere, il 222
bilione, un 337
bioalimento, il 69
biologia, la 156
biondi 23
birdie, il 205

birra, la 94
birra analcolica, la 92
birra di frumento, la 94
birra scura, la 94
bis, il 232
bisarca, la 120
biscotto, il 98
bistecca, la 68, 100
bistecca di pesce, la 70
bistecchiera, la 48
bitta, la 129
blatta, la 333
blazer, il 31
blister, il 276
bloc notes, il 146
blocco di partenza, il 206, 208
blu, il 237
blu scuro, il 237
blues, il 231
boa, la 129
boa di salvataggio, la 288
bob, il 219
bobina, la 216, 238
bocca, la 22
bocca guardia, il 213
bocchettone d'aria, il 125
boccia, la 221
boccio, il 321
body, il 27
body pump, il 223
bodyboard, il 212
bodybuilding, il 222
bogey, il 205
Bolivia, la 303
bollettino del mare, la 288
bollettino del traffico, il 187
bollettino meteorologico, il 187
bollire 95
bollito 77
bollitore, il 45
boma, la 210
bombo, il 332
bombola, la 211
bombola del gas, la 248
bombolone, il 90
bongo(s), i 230
bordeggiare 210
bordo della rete, il 198
bordo superiore della rete, il 203
borsa, la 139
borsa a bisaccia, la 119
borsa da viaggio, la 32
borsa dell'acqua calda, la 49
borsa della spesa, la 143
borsa di studio, la 164
borsa porta pannolini, la 50
borseggio, il 285
borsetta, la 33
bosco, il 315
Bosnia ed Erzegovina, la 299
Botswana, il 304
botteghino, il 227
bottone, il 28, 239
bottone automatico, il 28
bottone retromarcia, il 238
boutique, la 141

bowling, il 221
box, il 50
boxer, i 29
bracciata, la 208
braccio, il 252, 253
bracciolo, il 52, 122, 209, 268
bradipo, il 327
branchie, le 331
brandy, il 94
branzino, il 70
Brasile, il 303
bretelle, le 32
bretzel, il 98
brezel, il 88
brezza, la 313
brie, il 72
briglie, le 214
brina, la 313
brizzolati 23
broadsheet, il 188
broccolo, il 76
bronchite, la 265
bronzer, il 35
bronzo, il 207
browser, il 182
bruciare calorie 223
bruco, il 332
brufolo, il 22
brughiera, la 316
Brunei, il 308
bruni 23
brutto 24
buca, la 204
buca delle lettere, la 190
buca di sabbia, la 206
bucaneve, il 321
buccia, la 81
buco nero, il 294
budino di gelatina, il 91
buffé di colazione, il 137
bulbo d'aglio, il 75
bulbo di prua, il 128
Bulgaria, la 299
bulgur, il 86
bulldozer, il 121
bungalow, il 38
bungee jumping, il 220
bunker, il 204
Buon appetito! 102
Buon compleanno! 20
Buonasera! 19
Buondì! 19
Buongiorno! 19
Burkina Faso, il 304
burro, il 73, 96
burro di arachidi, il 89
Burundi, il 304
business class, la 124
busta, la 173, 190
bustina di tè, la 93
bytes, (i) 180

C

C'è stato un incidente! 289
C'è una camera libera? 136
C'è una taglia più grande/
  piccola? 28

cabina, la 128
cabina con zona notte, la 120
cabina da spiaggia, la 247
cabina del macchinista, la 122
cabina della doccia, la 53
cabina di pilotaggio, la 124
cabriolé, il 109
cacatua, il 329
caccia, la 221
caccia a cavallo, la 215
cacciavite, il 58
cachet, il 276
caffè, il 93, 101
caffè da asporto, il 93
caffè freddo con panna e
  gelato, il 92
caffel(l)atte, il 93
Caffetterie e bar 147
calabrone, il 332
Calamità naturali 314
calcagno, il 257
calcio, il 194
calcio d'angolo, il 195
calcio di punizione, il 195
calcio di rigore, il 196
calcolatrice tascabile, la 155, 339
caldaia a gas da parete, la 54
caldo 312
calendario, il 343
calendola, la 322
calmante, il 277
calorie, le 103
calva 23
calza, la 30
calzamaglia, la 30
calzascarpe, il 41
calzetta, la 27
calzettone, il 196
calzino, il 33
calzoncini, i 196
calzoni da equitazione, i 214
camaleonte, il 330
cambiare 123
cambiare canale 185
cambiare l'olio 113
cambiare lo pneumatico 114
cambio, il 111, 116, 139
cambio automatico, il 109
cambio manuale, il 109
cambio valuta, il 127
Cambogia, la 308
camembert, il 73
camera con bagno, la 49
camera con colazione, la 137
camera d'ospedale, la 273
camera da letto, la 49
camera dei bambini, la 50
camera dei ragazzi, la 51
camera doppia, la 136
camera matrimoniale, la 136
camera oscura, la 243
camera per famiglia, la 137
camera singola, la 136, 273
cameriera, la 137
cameriere, il 101, 168
camerino, il 142, 227

Camerun, il 305
camice, il 158
camice chirurgico, il 274
camicetta, la 31
camicia, la 29
caminetto, il 42, 62
camion, il 120
cammello, il 326
camomilla, la 93, 320
campana, la 54
campane tubolari, le 228
campanella, la 160
campanello, il 38, 136
campanula, la 320
campeggio, il 248
camper, il 121, 248
campionato, il 195
campione mondiale, il 200
campo d'attività principale, il 170
campo d'attività secondario, il 170
campo da golf, il 204
campo di badminton, il 201
campo di servizio destro, il 201
campo di servizio sinistro, il 201
campo sportivo, il 154
campus, il 162
Canada, il 302
canale, il 133
canale deferente, il 260
canarino, il 328
cancellare 180
cancro, il 267
candela, la 43
candelina di compleanno, la 90
cane, il 324
cane da soccorso, il 287
cane guida per ciechi, il 268
canestro, il 199
canestro da basket, il 161
canguro, il 327
canino, il 270
canna da pesca, la 216
canoa canadese, la 211
canone di locazione, il 39
canottaggio, il 212
cantante, il 169
cantante lirica, la 228
cantare 232
cantare in un coro 234
cantare insieme a qualcuno 232
cantiere stradale, il 108
cantina, la 39
canzone, la 232
capanno da spiaggia, il 246
capelli, i 22
capezzolo, il 252
capitale, la 298
capitale proprio, il 139
capitolo, il 189
capo team, il 170
Capo Verde 305
capodanno cinese, il 20
capoeira, la 213

cappa di estrazione, la 44
cappellino, il 27
cappello, il 32, 188
cappello da sole, il 27, 32
cappotto invernale, il 28
cappuccino, il 93, 96
capra, la 326
capriolo, il 326
caraffa, la 102
carambola, la 80
caramella, la 98
caramella alla menta, la 146
caratteri, i 181
carboidrato, il 103
carboncino, il 235
carbone, il 317
carbone di legna, il 248
carciofo, il 74
cardamomo, il 84
cardio, il 71
cardo, il 320
caricare la lavatrice 56
carico, il 129
carie, la 271
carino 24, 25
carnagione, la 279
Carne 68
carne d'agnello, la 68
carne di maiale, la 68
carne di manzo, la 68
carne di tacchino, la 69
carne di vitello, la 68
carne macinata, la 68
carnevale, il 20
carni e pollame 145
carota, la 75
carpa, la 70
carpa coi, la 331
carrello, il 124, 144
carrello anteriore, il 124
carrello elevatore, il 121
carrello portabagagli, il 123, 137
carriera, la 165
carriola, la 64
carro attrezzi, il 121
carta, la 244
carta abrasiva, la 58
carta bancomat, la 138
carta d'imbarco, la 126
carta da cucina, la 46
carta da forno, la 46
carta da gioco, la 244
carta di credito, la 139
carta igienica, la 53
cartamodello, il 239
cartapesta, la 234
cartella, la 33, 155, 180
cartella dei colori, la 61
cartella sospesa, la 173
cartellino "Non disturbare", il 137
cartellino del prezzo, il 145
cartellino giallo, il 195
cartellino rosso, il 194
cartello indicatore, il 123
carter, il 118

cartilagine, la 258
cartoleria, la 140
cartolina d'auguri, la 146
cartolina postale, la 190
cartoncino, il 236
cartone animato, il 241
cartuccia d'inchiostro, la 179
cartuccia toner, la 179
casa, la 38, 40
casa a schiera, la 38
casa bifamiliare, la 38
casa dello studente, la 163
casa singola, la 40
casa unifamiliare, la 38
cascata, la 315
caschetto, il 23, 213
casco, il 117, 218, 287
casco (da equitazione), il 214
casco da bicicletta, il 118
casco da pompiere, il 286
caseggiato, il 132
casella bianca, la 245
casella nera, la 245
casella postale, la 190
casello, il 107
casetta da giardino, la 63
cassa, la 144, 241
cassa acustica, la 233
cassa self service, la 144
cassaforte, la 137, 139, 172
casseruola, la 48
cassetta, la 53
cassetta degli attrezzi, la 60
cassetta del water, la 54
cassetta della posta, la 191
cassetta delle lettere, la 38
cassetta di sicurezza, la 139
cassettiera con rotelle, la 52
cassetto, il 44, 51
cassetto portaoggetti, il 112
cassiera, la 138
cassiere, il 144
castagna, la 82
castagnette, le 230
castano, il 237
castello, il 134
castello di sabbia, il 247
casual 30
catacombe, le 149
catamarano, il 128, 210
catastrofe nucleare, la 289
catena, la 118
catena da neve, la 113
catena montuosa, la 295
cateratta, la 272
cattedra, la 155
cattura, per la 217
cauzione, la 39
cavalcare senza sella 215
cavalcata, la 215
cavalletta, la 332
cavalletto laterale, il 116
cavallo, il 214, 245, 326
cavallo con maniglie, il 207
cavallo da corsa, il 215
cavalluccio marino, il 331
cavatappi, il 48, 147

caviale, il 70
caviglia, la 253
cavità nasale, la 255
cavo, il 184
cavo d'accensione, il 114
cavo elettrico, il 179
cavo LAN, il 182
cavolfiore, il 76
cavolino di Bruxelles, il 76
cavolo cappuccio, il 76
cavolo rosso, il 76
CD-ROM, il 179
cece, il 78
celibe 17
centesimo/-a 338
centimetro, il 344
cento 336
centomila 337
centravanti, i 195
centrifugare il bucato 56
centro città, il 132
centro commerciale, il 142
centro storico, il 132
centro uffici, il 134
centrocampista, il 195
cercare 180
cerchio, il 111, 118
cerchio centrale, il 194
cerchio di centrocampo, il 199
cereali, i 96
Cereali e farina 86
cereali per la colazione, i 145
cerniera, la 249
cerniera (lampo), la 240
cerniera lampo, la 32
cerotto, il 283
certuni 339
cervelletto, il 255
cervello, il 255
cesoie, le 64
cestino, il 118, 144, 172, 180
cestino da cucito, il 239
cestino da pesca, il 217
cesto della biancheria, il 56
cesto della biancheria sporca, il 56
cetriolo, il 77
champagne, lo 94
champignon, lo 74
Chanukah, la 20
Che ore sono? 340
Che tempo fa? 312
cheddar, il 73
Chiami i soccorsi! 289
Chiami i vigili del fuoco! 289
Chiami la polizia! 289
chiave a brugola, la 60
chiave di basso, la 231
chiave di casa, la 38
chiave di violino, la 231
chiave giratubi, la 58
chiave per dadi, la 58
chiave per dadi ruote, la 114
chicchi di caffè, i 93
chiesa, la 134
chignon, lo 23
chilogrammo, il 345

chilometraggio, il 114
chilometro, il 344
chilopoda, il 333
chimica, la 156
chiocciola, la 333
chiodi di garofano, i 84
chiodo, il 58, 196, 204
chioma, la 319
chirurgia, la 274
chirurgo, il 166, 274
chitarra acustica, la 229
chitarra elettrica, la 229
chitarrista, il 232
chiudere il rubinetto 55
chiuso 148
chiusura a strappo, la 32
chopper, il 116
Ci potrebbe portare la lista dei
vini? 102
Ciad, il 307
ciak, il 186
cialda, la 97
ciambella, la 209
cíano, il 237
Ciao! 19
ciascuna 339
ciascuno 339
Cibo e dieta 103
Cibi e bevande 68
cicala, la 332
cicatrice, la 24, 274
ciclismo, il 220
ciclone (tropicale), il 314
cicogna, la 329
cicoria, la 76
cieco 268
cifra, la 339
ciglio, il 22
cigno, il 329
Cile, il 303
ciliegia, la 79
cimice verde, la 333
cimitero, il 135
Cina, la 308
cinema, il 134, 241
cinghia, la 33
cinghia trapezoidale, la 113
cinguettare 328
cinquanta 336
cinquantacinquemila 337
cinquantamila 337
cinquantesimo/-a 338
cinque 336
cinque, le 340, 341
cinque (e) tre ottavi 338
cintura, la 33
cintura di servizio, la 284
cintura di sicurezza, la 112,
125
cintura nera, la 213
cioccolata calda, la 97
cioccolatino, il 98
cioccolato al latte, il 98
cioccolato bianco, il 98
cioccolato freddo, il 92
cioccolato semiamaro, il 98
ciotola, la 102

ciotola per mescolare, la 46
cipolla, la 75
cipolla rossa, la 75
cipollotto, il 75
Cipro 301
circolazione rotatoria, la 106,
108
circolazione sanguigna, la 259
circolo polare antartico, il 298
circolo polare artico, il 298
circoncisione, la 260
cirimoia, la 80
cistite, la 265
citofono, il 38
ciuccio, il 27
civetta, la 329
clacson, il 112
clarinetto, il 229
classe, la 154
classicistico 149
clavicola, la 257
clementina, la 81
clessidra, la 46, 181
cliccare 180
cliente, il 101, 144
climatizzatore, il 109
clitoride, il/la 261
coccige, il 257
coccinella, la 333
coccodrillo, il 330
coccola di sambuco, la 79
cocktail, il 94
cocktail shaker, il 147
coda, la 324
coda dell'aereo, la 124
coda di cavallo, la 23
coda di rospo, la 70
codice a barre, il 144
codice di avviamento postale, il
190
codice PIN, il 138
cofano, il 111, 120
cognata, la 16
cognato, il 16
coito, il 260
cola, la 92
colazione, la 96
colazione a sacco, la 160
colesterina, la 103
colibrì, il 328
colla, la 235
collage, il 236
collana, la 32
collega, la 175
collegio, il 154
colletto, il 29
collezionare francobolli 234
collina, la 316
collirio, il 272
collo, il 252
collo uterino, il 261
colloquio di lavoro, il 165
collutorio, il 271
colluttorio, il 55
Colombia, la 303
colonia, la 298
colonna, la 149, 188

colonna B, la 111
colonna vertebrale, la 257
colonnina di soccorso, la 106
colore, il 237
colore acrilico, il 235
colpa, la 285
colpire 205
colpo apoplettico, il 267
colpo di frusta cervicale, il 269
coltello, il 102
coltello da bistecca, il 102
coltello da cucina, il 47
coltello da formaggio, il 101
coltello tascabile, il 248
coltivare 65
coma, il 275
Come antipasto/piatto principale/
dessert prendo... 102
Come si chiama? 19
Come ti chiami? 19
cometa, la 294
comico, il 226
commedia, la 226, 241
commessa, la 142
commesso, il 168
Commonwealth, il 311
commozione cerebrale, la 269
comò, il 49
comodino, il 49, 273
comodo 30
Comore, le 305
compagnia aerea, la 124
compartimento postale, il 172
compitare 157
compito, il 157
compito in classe, il 154
compleanno, il 20
comporre il numero 184
composizione, la 233
compostiera, la 63
compressa vitaminica, la 276
computer, il 178
computer desktop, il 178
Comunicazione 177
con ghiaccio 94
con maniche corte/lunghe 28
con piombo 113
con stretch 30
concentrarsi 52
concerti, i 232
concerto rock, il 232
concezione, la 262
concierge, il/la 137
concimare 65
concime, il 65
concludere gli studi 163
condimento, il 85
condire 85
condizioni di lavoro, le 165
condizioni meteorologiche, le
288
conduttore, il 186
conduttrice, la 169, 186
conferenza 174
confettura, la 89
confusa 25

congedarsi 19
congedo parentale, il 175
congedo per maternità, il 175
congelatore, il 44
congiuntivite, la 265
conifera, la 319
coniglio, il 68, 324
coniugi, i 17
connessione flat, la 183
cono, il 91
conoscente, il/la 18
consegna, la 191
consegnare 99, 191
conservatorio, il 164
consiglio aziendale, il 171
consiglio direttivo, il 171
consolle centrale, la 112
consulente aziendale, la 166
consulente finanziario, il 139
contabilità, la 170
contagiri, i 114
contare 157
contatore dell'elettricità, il 62
contenitore per lenti a
contatto, il 272
continente, il 295
conto corrente, il 138
conto di risparmio, il 138
contorno, il 101
contraccezione, la 261
contrassegno per la virata a
dorso, il 208
contratto, il 174
contratto di locazione, il 39
controllo dei bagagli, il 127
controllo del biglietto, il 126
controllo del traffico aereo, il
124
controllo di gestione, il 170
controllo di sicurezza, il 126
controllo di tensione, il 238
controllore di volo, il 126
coperchio, il 93
coperchio del tombino, il 135
coperta, la 49
coperta peluche, la 50
copertina, la 189
copertina per neonato, la 27
coperto 312
copertura, la 203
copiare 180
copilota, il 124
coppa, la 195
coppa di gelato, la 91
coppia, la 18
copriletto, il 49
copriobiettivo, il 242
copripiumino, il 49
coprire, per 199
copriruota, il 111
coprtetto, il 167
copriwater, il 53
corazza, la 330
corda, la 161
corda di salvataggio, la 288
cordolo, il 106
cordone ombelicale, il 262

Corea del Nord, la 309
Corea del Sud, la 310
coriandolo, il 83
cornacchia, la 328
cornamusa, la 230
cornea, la 272
cornetta, la 184
cornetto, il 88, 96
cornflakes, i 96
cornice, la 42, 52
cornice digitale, la 243
corno, il 229, 324
coro, il 228
corona, la 271, 345
corpo, il 242, 252
Corpo e salute 252
Corredino 27
corrente, la 247
corrente marina, la 210
correttore, il 35
corridoio, il 39, 125, 144
corriere, il 168
corriere postale, il 191
corrugare la fronte 26
corsa a staffetta, la 206
corsa ad ostacoli, la 206
corsa al trotto, la 215
corsa da ralley, la 220
corsa di cavalli, la 215
corsa equestre ad ostacoli, la 215
corsa fuoristrada, la 220
corsa motociclistica, la 220
corsa piana, la 215
corsa su slittino, la 219
corsia, la 106, 208
corsia di sorpasso, la 107
corsia di sosta, la 107
corso, il 164
corso di borsa, il 139
corso di pronto soccorso, il 283
corteccia, la 319
corteccia di cannella, la 84
cortese 25
cortile, il 38
cortile a lucernario, il 142
cortile della scuola, il 160
cortile interno, il 149
corto 28
corvo, il 328
coscia, la 68, 69, 252
coscia di pollo, la 69
cosmo, il 292
costa, la 246, 315
Costa d'Avorio, la 304
Costa Rica, la 302
costernato 26
costola, la 257
costola fluttuante, la 257
costoletta, la 68
costume, il 227
costume da bagno, il 29, 30, 209
cotogna, la 79
cotoletta impanata, la 100
cotone, il 240
cotone organico, il 27

cottage cheese, il 72
cotto 77
couscous, il 86
cozza, la 71
cracker, il 88
crampo, il 265
cranio, il 257
cravatta, la 29
creare gioielli 234
creare una copia di sicurezza 180
credenza, la 43
credito, il 183
crema di cioccolato, la 89
crema di limone, la 89
crema idratante, la 34
crema per il viso, la 34
crema solare, la 34, 247
crème brûlée, la 91
crème caramel, la 91
crêpe, la 91
crepuscolo, il 342
crescione, il 74
crescione d'acqua, il 74
crespella, la 91, 97
cricco, il 113
criceto, il 324
cricket, il 200
criminale, il 284
criniera, la 214
crisalide, la 332
crisantemo, il 322
cristallino, il 272
crittografia, la 182
crivello, il 47
Croazia, la 299
croco, il 321
cronista campo, il 187
cronometrista, il 197
cronometro, il 158, 206
croquet, il 221
cross trainer, il 222
crosta, la 295
crosta terrestre, la 295
crostatina alla marmellata, la 90
cruciverba, il 247
crudo 75, 77
cruscotto, il 112, 116
Cuba 302
cubetto da costruzione, il 50
cucchiaino, il 344
cucchiaio, il 344
cucchiaio da dolce, il 102
cucchiaio da minestra, il 102
cucchiaio da portata, il 48
cucchiaio di misura, il 48
cucciolo, il 327
cucina, la 44, 172
cucina componibile, la 44
Cucinare 95
cucinare 234
cucire 240
Cucito e lavori a maglia 238
cucitura, la 30
cuffia, la 184, 233
cuffia da bagno, la 209

cugina, la 17
cunetta, la 106
cuocere a fuoco lento 95
cuocere in camicia 95
cuocere in forno 87
cuocere sulla griglia 69
cuociriso, il 45
cuoco, il 168
cuore, il 74, 258, 259
cuori, il 244
cupola, la 149
cura, la 278
cura del corpo, la 34
cura della pelle, la 277
cura di disintossicazione, la 278
curcuma, la 84
curioso 25
curling, il 219
curriculum vitae, il 165
curry, il 100
curry in polvere, il 84
cursore, il 181
curva, la 107
cuscino, il 49
cuscino del divano, il 42
custode, il 39
custode di cavalli, il 215
custodia, la 183
custodia per cellulare, la 32
custodia per laptop, la 179
custodia per macchina fotografica, la 243
cyclette 222

D
da allevamento all'aperto 69
Da ieri. 341
Da quando? 341
dado, il 58, 245
dai capelli rossi 23
Dal dentista 270
Dal medico 264
Dall'ottico 272
Danimarca, la 299
dardo, il 221
dare il biberon 263
dare le carte 244
dare precedenza 108
dare un bacio a qualcuno 19
dare una scorsa ad una pagina 189
dare zampa 324
darsi la mano 19
data, la 343
data di scadenza, la 277
datore di lavoro, il 175
dattero, il 82
dattilografare 180
davanzale, il 43, 51
deambulatore, il 268
decesso 274
decimo/-a 337
declivio, il 315
decollare 125
décolleté, il 30
decorazione per dolci, la 90

defaticarsi 223
defibrillatore, il 282
delattosizzato 103
delfino, il 327
deltaplanismo, il 220
deltoide, il 256
demenza, la 267
dente, il 22, 271
dente del giudizio, il 270
dente di leone, il 320
dente velenifero, il 330
dentifricio, il 34
dentista, il 166, 270
deodorante, il 34, 277
deodorante per ambienti, il 53
depilazione, la 34
depilazione con la ceretta, la 279
deposito container, il 129
depressione, la 267
Descrivere persone 22
deserto, il 316
Deserto del Sahara, il 297
dessert, il 101
destinatario, il 190
destinazione, la 115, 127
detergente, il 57
detergente WC, il 57
detersivi, i 145
detersivo in polvere, il 56
detersivo per le stoviglie, il 57
di cultura biologica 74
di fibre sintetiche 27
di fronte (in linea diagonale) 135
di produzione locale 74
diabete, il 267
diaframma, il 258, 261
diagnosi, la 264
dialisi, la 267
diamante, il 318
diarrea, la 265
dicembre, il 343
dichiarazione fiscale, la 52
diciannove 336
diciannovesimo/-a 337
diciassette 336
diciassettesimo/-a 337
diciottesimo/-a 337
diciotto 336
dieci 336, 340, 341
dieci e mezzo, le 341
Dieci minuti fa. 341
diecimila 337
diecimilionesimo/-a 338
diecimillesimo/-a 338
diesel, il 113
diesis, il 231
dietro le quinte, il 227
difensore, il 197, 198
difensore centrale, il 195
difesa, la 195
difesa in tuffo, la 198
difterite, la 266
digitale, il 239, 320
digiunare 103
diluente, il 61

dinamo, la 113, 118
dinaro, il 345
dipartimento, il 164
dipendente, il 175
dipinto, il 42
diploma, il 154
diploma di laurea, il 162
diploma universitario, il 164
diplomarsi 154
direttore, il 175
direttore d'orchestra, il 228
direzione, la 170
direzione amministrativa, la 170
direzione commerciale, la 170
direzione del marketing, la 171
direzione del personale, la 171
direzione di produzione, la 171
direzione IT, la 170
direzione vendite, la 171
dirigente scolastica, la 154
diritto, il 202
disabile 268
Disabilità 268
disattivare l'audio 185
discesa, la 218
discesa con la corda, la 220
dischetto del rigore, il 194
dischetto struccante, il 55
disco, il 161, 200, 222, 233
disco (music), la 231
disegnare 157
disegno a china, il 236
disegno a matita, il 236
disegno tecnico, il 157
disgustato 26
disinfettante, il 283
disinstallare un programma 181
disintossicazione, la 278
disopra, il 31
disoressia, la 267
dispenser per sapone, il 53
disperato 26
disperso/-a, il/la 288, 289
display, il 184
dispositivo automatico del check-in, il 126
dispositivo di navigazione, il 112
dispositivo di segnalazione luminosa, il 285
dissertazione, la 162
distensione, la 223
distintivo di polizia, il 284
distorsione, la 269
distributore di biglietti, il 115, 123
distributore di carburante, il 113
distribuzione dei pasti, la 160
distruttore di documenti, il 172
dito piccolo del piede, il 254
divano, il 42
divano letto, il 42
dividere 339
divieto di accesso, il 108
divieto di fermata, il 108

divieto di fumo, il 113
divieto di inversione, il 108
divieto di parcheggio, il 108
divieto di svolta a destra, il 108
divieto di svolta a sinistra, il 108
divisa scolastica, la 154
divorziare 21
divorziato 17
divorzio, il 21
Diwali, la 20
dizionario, il 155
DJ, il 187
dj, il 232
docce e servizi 248
doccia, la 53
doccia gel, il 34
doccino, il 55
docente, la 162
documentario, il 186
documenti allegati alla domanda di assunzione, i 165
documento, il 52, 172
dodicesimo/-a 337
dodici 336
dodici e cinque, le 341
dodici meno un quarto, le 341
dogana, la 126
doglie, le 262
dolce 99
dolce di compleanno, il 90
Dolci 91
dolci, i 90
Dolci e pasticceria 90
dolciumi, i 145
dollaro, il 345
dolori muscolari, i 223
domanda di assunzione, la 165
domani 342
domenica, la 343
Dominica, la 302
donazione degli organi, la 283
donazione del sangue, la 283
döner, il 99
donna, la 18, 252, 253
donna d'affari, la 174
dopobarba, il 55
dopodomani 342
doposcì, il 219
doppio, il 202, 339
doppio dribbling, il 199
dormire 51
dormire fino a tardi 51
dormire profondamente 51
dorsale, il 256
dorso del libro, il 189
dorso del piede, il 254
dottorato di ricerca, il 162
dottoressa, la 264
dottoressa capo, la 275
dottoressa di guardia, la 282
download, il 182
downswing, il 205
dressage, il 215
dritto di poppa, il 211
due 336
due, le 340, 341

due diciassettesimi 338
due quinti 338
due volte 339
duecentesimo/-a 338
duecentoventicinquesimo/-a 338
duecentoventidue 337
duna, la 246
duodeno, il 258
duomo, il 132
Durante la ricreazione 160
duro d'udito 268
duty-free shop, il 126
DVD, il 185

E
È libero questo posto? 123
È sereno/cupo/fa un freddo umido. 312
eBook reader, il 183
eccesso di velocità, l' 107
eccitato 25
eclair, l' 90
eclissi solare, l' 294
ecografia, l' 262
economia aziendale, l' 162
economia domestica, l' 157
economy class, l' 124
Ecuador, l' 303
eczema, l' 265
edera, l' 323
edicola, l' 135, 146
Edifici in centro 134
educazione civica, l' 156
effetto collaterale, l' 277
effetto occhi rossi, l' 243
effettuare il chipping 205
effettuare il colpo di partenza 205
effettuare il login 180
effettuare il logout 180
Egitto, l' 304
eiaculazione, l' 260
El Salvador, l' 302
elaborazione immagini, l' 243
elastico per capelli, l' 34
elefante, l' 326
elettricista, l' 167
elicottero di salvataggio, l' 287
emblema della marca, l' 110
embrione, l' 262
emettere un assegno 138
emettere una diagnosi 275
emicrania, l' 265
Emirati Arabi Uniti, gli 310
emisfero australe, l' 298
emisfero boreale, l' 298
emisfero occidentale, l' 298
emisfero orientale, l' 298
emittente, l' 187
emmental, l' 73
emorragia nasale, l' 265
emorragia, l' 269
energia rinnovabile, l' 62
enoteca, l' 140
entrambi 339
entrata, l' 107, 207, 41

entrata dell'acqua fredda, l' 54
epidemia, l' 289
epilessia, l' 267
equatore, l' 298
equipaggio, l' 210
erba cipollina, l' 83
erbacce, le 323
Erbe aromatiche 83
Erbe ed aromi 83
erbette da cucina, le 63
erbicida, l' 65
erezione, l' 260
erica, l' 320
Eritrea, l' 305
ernia del disco, l' 269
erogatore d'acqua, l' 172
erogatore di carburante, l' 113
erogatore subacqueo, l' 211
errore, l' 202
eruzione cutanea, l' 265
eruzione vulcanica, l' 314
esaltatore di sapidità, l' 103
esame, l' 154, 163
esame della vista, l' 272
esame ecografico, l' 262
esame orale, l' 163
esca, l' 217
escavatore, l' 121
escursione in racchette da neve, l' 219
escursionismo, l' 220
esercizio, l' 157
esercizio per il bicipite, l' 222
esofago, l' 255
espellere un CD/DVD 181
esperienza professionale, l' 165
esperimento, l' 158
esplosione, l' 289
Espressioni numeriche 339
espresso, l' 93, 190
espulsione, l' 194
essere dimesso 273
essere fuorigioco 199
essere licenziato 175
essere sotto shock 283
essere sveglio 51
estate, l' 342
esterno dell'automobile, l' 110
estetista, l' 168, 279
estintore, l' 113, 286
Estonia, l' 299
estragone, l' 83
Etiopia, l' 304
ettaro, l' 344
eucalipto, l' 319
euro, l' 345
Europa 299
evacuazione, l' 289
Eventi della vita 21
evidenziatore, l' 155, 173
Ex Repubblica Jugoslava di Macedonia, l' 299

F
fabbrica, la 134
fabbricato aggiunto, il 38

facciata, la 149
Faccio il bis. 147
faggio, il 319
fagioli cotti, i 97
fagiolino, il 78
fagiolo dall'occhio nero, il 78
fagiolo di Lima, il 78
fagiolo mungo, il 78
fagiolo nero, il 78
fagiolo rosso, il 78
fagotto, il 229
Fahrenheit 312
fairway, il 204
falce di luna, la 292
falegname, il 167
falena, la 332
fallo, il 195
falsa partenza, la 208
famiglia, la 16
Famiglia e fasi della vita 18
fan, i 232
fanale di retromarcia, il 111
fantino, il 215
fare (rifornimento di) benzina 113
fare ai ferri 95
fare domanda di assunzione 165
fare giardinaggio 234
fare i calcoli 157
fare il bucato 56
fare il check-in/out 137
fare il letto 51
fare il mazzo 244
fare jogging 151
fare la raccolta 65
fare lo swing 205
fare lo zapping 185
fare marcia indietro 107
fare segno ad un taxi 121
fare snorkeling 247
fare un inchino 19
fare un'iniezione a qualcuno 265
fare una boccaccia 22
fare una pausa 52
fare una proposta di matrimonio a qualcuno 21
faretto da incasso, il 44
farfalla, la 332
farina di frumento, la 87
farina di granoturco, la 87
farina di segale, la 87
farina integrale, la 87
farina senza glutine, la 87
faringe, la 255
farinoso 75
farmacia, la 141, 276
farmacista, la 166, 276
farmaco, il 276
farmaco omeopatico, il 278
faro, il 111, 120, 129
farro, il 86
farsi fare una foto 243
farsi il bagno 55
farsi la doccia 55
fascia di garza, la 283

fasciatoio, il 50, 142
fasciatura, la 283
fasi lunari, le 292
fastfood, il 99
fattura, la 139
fava, la 78
fax, il 184
fazzoletto, il 55
febbraio, il 343
febbre, la 266
fecondazione, la 262
fecondo 261
federa, la 49
fegato, il 68, 258
felice 25
femore, il 257
fendinebbia, il 110
fenicottero, il 329
fenomeno di carenza, il 266
ferita, la 269, 289
ferita da taglio, la 269
Ferite 269
ferito, il 289
fermacapelli, il 34
fermarsi 107
fermata d'autobus, la 115, 135
ferri chirurgici, i 274
ferri odontoiatrici, i 270
ferro, il 205
ferro arricciante, il 55
ferro da calza, il 239
ferro da stiro, il 56
ferro di cavallo, il 215
festa, la 20
festa del papà, la 20
festa della mamma, la 20
festa di Halloween, la 20
festa per la fine del Ramadan, la 20
festa sportiva, la 157
festival della musica, il 232
Festività 20
feta, la 72
fetta, la 89
fibbia, la 33
fibre alimentari, le 103
fico, il 80
fidanzarsi 21
fidanzato 17
fieri 25
Figi, le 310
figlia, la 16
figlio, il 16
fila, la 125, 148, 226, 241
filamento, il 62
file, il 181
filetto, il 68, 71
fili, i 274
Filippine, le 311
film d'amore, il 241
film dell'orrore, il 241
film di fantascienza, il 241
film in 3D, il 241
film nominali, i 241
filo da cucito, il 238
filo interdentale, il 55
filo metallico, il 60

filo per il bucato, il 56
filtro, il 242
filtro aria, il 110
fine settimana, il 343
finestra, la 40, 181
finestrino, il 124
finestrino laterale, il 111
finferlo, il 74
finger, il 126
Finlandia, la 299
finocchio, il 74, 83
fiocco, il 31, 210
fiore, il 321, 323
fiore di primavera 321
fiore notturno 321
fiori, i 244
fiorire 321, 323
firmare la ricevuta 190
fisarmonica, la 230
fischiare 232
fischietto, il 200
fisica, la 156
fisioterapista, il 166
fitness, il 222
fittone, il 319
fiume, il 132, 315
flash (estraibile), il 242
flash con ganascia, il 242
flashdrive, il 183
flauto di Pan, il 230
flauto traverso, il 229
flessione, la 223
flessione del busto, la 223
flipchart, il 174
foca, la 327
foce, la 315
foglia, la 74, 319, 321
foglia d'alloro, la 84
fogliame, il 319
foglie di tè, le 93
foglio di alluminio, il 46
foglio illustrativo, il 277
fon, il 55
fondo della tenda, il 249
fondotinta, il 35
fontana, la 150
food-court, la 142
football americano, il 200
football australiano, il 221
forare 59
foratura, la 114
forbici, le 58, 173, 239, 283
forbici per le unghie, le 34
forbici per rose, le 64
forcella, la 118
forchetta, la 102
forchettone per arrosto, il 48
forcone, il 64
formaggio, il 96
formaggio di capra, il 72
formaggio fresco, il 73
formaggio grattugiato, il 73
formaggio per raclette, il 73
formaggio quark, il 72
formale 30
formato orizzontale, il 243
formato tabloid, il 188

formato verticale, il 243
formazione della squadra, la 195
formazione professionale, la 164
formica, la 333
formichiere, il 327
Formula 1®, la 220
fornaio, il 168
fornello a gas, il 248
forno, il 44
fortuna, la 245
fortunella, la 81
forza di gravità, la 294
fossa dell'orchestra, la 228
fossetta, la 22
foto, la 52
Fotografia 242
fotografo, il 169
fototerapia, la 278
fragile 191
fragola, la 79
Francia, la 299
franco, il 345
franco (di) porto 190
franco svizzero, il 345
francobollo, il 190
frangia, la 23
frappè, il 92
frappè alla frutta, il 97
frassino, il 319
fratellastro, il 18
fratelli e sorelle, i 18
fratello, il 17
frattura, la 269
frazioni, le 338
freddo 312
free to air, il 185
frenare 118
freno a mano, il 112, 118
frequenza, la 187
fresco 71, 81
friggere 95
frigorifero, il 44
fringuello, il 328
frisbee®, il 221
frittata, la 97
frontale, il 256
frontalino, il 214
fronte, la 22
frontman, il 232
frullatore, il 45
frullatore a immersione, il 45
frumento, il 86
frusta, la 47
frustino, il 215
Frutta 79
frutta e verdura, la 145
Frutta esotica 80
frutta fresca, la 99
Frutti di mare 71
frutto della passione, il 80
fruttosio, il 103
fucile subacqueo, il 217
fuco, il 247
fuggire 285
full time, il 165

fulmine, il 313
fumaiolo, il 128
fumetto, il 146
fune, la 287
funerale, il 21
funghi, i 97
fungo, il 320
funivia, la 218
funzionario di polizia
  criminale, il 284
fuori pista 218
fuorigioco, il 196
fuoristrada, il 109
furetto, il 324
furiosa 26
furto, il 285
fuseaux, i 30
fusibile, il 62
fusilli, i 87
fusoliera, la 124

G

gabbia toracica, la 257
gabbiano, il 328
gabinetto, il 53
Gabon, il 305
galassia, la 294
galleggiante, il 208, 216
galleria, la 106, 108
galleria d'arte, la 134
gallina, la 329
gallo, il 329
galoppo, il 215
gamba, la 252
gamberetto, il 71
gambero, il 71
gambero di fiume, il 71
Gambia, la 305
gambo, il 321
gancio attaccapanni, il 41
gara, la 207
garage, il 39
garage sotterraneo, il 135
garam masala, il 84
garofano, il 322
gassosa, la 92
gatto, il 324
geco, il 330
gelato, il 91
gelo, il 313
gelosa 26
gemelle, le 18
gemelli biovulari, i 263
gemelli monovulari, i 263
gemello, il 32
genero, il 16
gengiva, la 271
genitori, i 17
gennaio, il 343
gentile 25
geografia, la 156
Georgia, la 308
geranio, il 322
gerbera, la 322
Germania, la 299
germe, il 65
germogli di frumento, i 96

germogli di soia, i 78
germogliare 321
germoglio, il 323
gessetto, il 235
gessetto ad olio, il 235
gesso, il 155, 317
gettare l'ancora 129
geyser, il 316
Ghana, il 305
ghepardo, il 325
ghiacciaio, il 315
ghiacciato 312
ghiaccio, il 313
ghiacciolo, il 98
ghiandola, la 258
giacca a vento, la 28
giacca da uomo, la 29
giacca di maglia, la 31
giacca di pelle, la 33
giacca in pelle, la 117
giacinto, il 322
giada, la 318
giaguaro, il 325
giallo, il 237
giallo arancio, il 237
giallo chiaro, il 237
Giamaica, la 302
Giappone, il 308
giardinaggio, il 65
giardini, i 150
giardiniere, il 168
giardino, il 63
giardino botanico, il 150
giardino pensile, il 63
giardino roccioso, il 63
gibbone, il 327
Gibuti, il 304
giglio, il 322
gilè, il 29
gilet, il 216
Gin Tonic, il 94
ginnasta, la 207
ginnastica, la 207
ginnastica a terra, la 207
ginnastica ritmica, la 221
ginocchio, il 252
giocare a calcio 196
giocare a campana 160
giocare a poker 244
giocatore di golf, il 205
giocatori in campo, i 197
giocattolo, il 50
Giochi 244
gioco da tavola, il 245
gioco della dama, il 244
gioielleria, la 141
Giordania, la 308
giornale, il 146, 188
giornale di qualità, il 188
giornale scandalistico, il 188
giornalista, la 169
giornata festiva, la 20
giorno, il 343
Giorno del ringraziamento, il 20
giorno di san Valentino, il 20
Giorno e notte 342

giorno feriale, il 343
giorno festivo 342
giostrina, la 50
giovane 24
giovane (donna), la 18
Giove 293
giovedì, il 343
giradischi, il 233
giraffa, la 326
girare dei film 234
girasole, il 322
girino, il 330
giro sul fiume, il 148
giro turistico della città, il 148
gita, la 148
gita scolastica, la 157
giubbetto di salvataggio, il 209, 288
giubotto di sicurezza, il 286
giudicare qualcuno dalle
  apparenze 24
giudice, la 166
giudice di linea, il 198
giugno, il 343
giurisprudenza, la 162
glande, il 260
glassa, la 90
glassare 95
glaucoma, il 272
Gli organi genitali 260
Gli organi interni 258
Gli sport invernali 218
Gli strumenti musicali 229
glucosio, il 103
gluteo, il 256
gocce, le 276
gol, il 195
gola, la 255, 316
golf, il 204
golf cart, il 205
golfo, il 295
gombo, il 77
gomito, il 253
gomma, la 118, 173
gomma da masticare, la 98, 146
gong, il 228
goniometro, il 155
gonna, la 31
gorgonzola, il 72
gorilla, il 327
gotico 149
gouda, il 73
gracidare 330
gradino, il 41, 120
grado, il 312
grado centigrado 312
graffetta, la 173
graffito, il 236
grafica, la 169
grafico a barre, il 174
grafico a torta, il 174
grafite, la 317
grammo, il 345
granato, il 318
grancassa, la 228
grande 28, 99

Grande barriera corallina, la 297
grande magazzino, il 143
grandine, la 313
granito, il 317
grano saraceno, il 86
grasso 24, 103
graticola barbecue, la 248
grattacielo, il 134
grattuggiare 95
grattuggiato 85
grattugia, la 47
gravidanza, la 21
Gravidanza e parto 262
Grecia, la 299
green, il 204
grembiule, il 46
Grenada 302
grigio, il 237
griglia del radiatore, la 110, 120
griglia per torte, la 46
grill elettrico, il 45
grillo, il 332
grondaia, la 40
grotta, la 315
gru, la 129
gruccia appendiabiti, la 41
gruppo di studio, il 164
gruppo industriale, il 170
guadagnare 175
guadino, il 216
guancia, la 22
guantino, il 27
guanto, il 32
guanto da bagno, il 55
guanto da baseball, il 200
guanto da giardinaggio, il 64
guanto da laboratorio chimico, il 158
guanto del portiere, il 196
guanto di gomma, il 57
guanto in pelle, il 117
guantone, il 213
guantone da cucina, il 46
guardare la televisione 185
guardia alpina, la 287
guardia costiera, la 129
guarigione, la 274
guarire 275
Guatemala, il 302
guava, la 80
guazzo, il 235
Gugelhupf, il 90
guida turistica, la 148
Guinea, la 305
Guinea Equatoriale, la 304
Guinea-Bissau, la 305
guscio d'uovo, il 72
guscio di noce, il 82
gusto, il 259
Guyana, la 303

H

Haiti 302
half pipe, l' 219
hall, la 136

hamburger, l' 99
handicap, l' 205
Hardware e accessori 179
heavy metal, l' 231
herpes zoster, l' 266
hi-hat, l' 230
Himalaya, l' 297
hip-hop, l' 231
hit-parade, la 187
Ho la pelle grassa/normale. 279
Ho la pelle sensibile/secca. 279
Ho prenotato una camera a nome di ... 136
Hobby, gli 234
hockey, l' 200
hockey su ghiaccio, l' 200
hole in one, l' 205
Honduras, l' 302
hot dog, l' 99

I
I capelli 23
I media 185
I muscoli 256
I numeri 336
I numeri cardinali 336
I numeri ordinali 337
I sistemi fisiologici 259
I vigili del fuoco 286
iarda, la 344
idrante, l' 135, 286
idraulico, l' 167
ieri 342
igiene orale, l' 271
iguana, l' 330
Il 9 settembre 2014. 342
Il conto, per favore. 102
Il motore non si avvia. 114
Il reparto di pronto soccorso 275
Il Suo volo è pronto all'imbarco. 124
illuminazione stradale, l' 132
illusionista, l' 226
imballaggio, l' 44
imbarazzata 25
imbastire 240
imbianchino, l' 167
imbucare una lettera 190
imbuto, l' 48
immagine, l' 188
immersione, l' 211
imparare ad andare in bicicletta 118
imparentato 17
impastare 87
impaurita 26
impaziente 26
impennaggio orizzontale, l' 124
impennaggio verticale, l' 124
impermeabile 249
Impianti di corrente e di riscaldamento 62
Impianti sanitari 54
impianto dentale, l' 271
impianto stereo, l' 112, 233

impiegata bancaria, l' 169
impiegato, l' 170
impiego fisso, l' 165
importo, l' 139
impostazioni, le 181
impotente 260
impronta digitale, l' 284
impugnatura a penna, l' 203
impugnatura europea, l' 203
In aereo 125
In aula 155
In bagno 55
In città 132
In giro 106
In mare 288
In montagna 287
in orario 123
In ospedale 273
in salamoia 69
In spiaggia 246
in vendita 38
inalatore, l' 267
incendio di bosco, l' 314
inchinarsi 19
inchiostro, l' 155
inchiostro di china, l' 235
incidente, l' 282
incidente stradale, l' 114
incidere 234
incinta 262
incisivo, l' 270
incollare 180
incontrarsi per un caffè 147
incontro scuola-famiglia, l' 157
incordatura, l' 201
incrocio, l' 107
incrocio autostradale, l' 107
incubatrice, l' 263
incubo, l' 51
indagine, l' 284
India, l' 308
indicatore dei litri, l' 113
indicatore del prezzo, l' 113
indicatore di direzione, l' 110, 117
indicatore livello carburante, l' 114
indicatore riserva carburante, l' 114
indicazioni di sicurezza, le 125
indice, l' 189, 254
indirizzo, l' 190
indirizzo e-mail, l' 182
indiziato/-a, l' 284
Indonesia, l' 308
Indumenti 28
infarto cardiaco, l' 267
infermiera di pronto soccorso, l' 282
infermiera di sala operatoria, l' 274
infermiere, l' 166, 168
infermiere di pronto soccorso, l' 282
infezione, l' 265
infiammazione, l' 266
infilare il filo 239

infilatore, l' 239
influenza, l' 266
influenza intestinale, l' 265
informatica, l' 156
informatico, l' 166
infradito, l' 33, 246
infuriato 26
infusione, l' 279
infuso d'erbe, l' 93
ingegnere, l' 167
ingegneria, l' 162
ingorgo, l' 107, 108
ingrandimento, l' 243
ingresso, l' 41, 148
ingresso della tenda, l' 249
inguine, l' 252
iniziare il parto 262
inline skating, l' 220
innamorarsi 21
innamorati 25
innestare una marcia più alta/bassa 118
innevato 312
inoltrare una e-mail 182
inondazione, l' 314
insalata, l' 101
insalata da contorno, l' 100
insalata eisberg, l' 76
insegnante, l' 154, 169
inserire 180
inserzione di lavoro, l' 165
Insetti e ragni 332
insonnia, l' 267
installare un programma 181
intagliare 234
integratore alimentare, l' 277
intensità di corrente, l' 62
interiora, le 69
internet, l' 182
interno dell'automobile, l' 112
interpreti, gli 227
interruttore, l' 62
interruttore dei lampeggiatori, l' 112
interruttore on/off, l' 178
interruttore per forno, l' 44
interruzione di gravidanza, l' 261
intervallo, l' 227
intervista, l' 186
intervistato, l' 186
intestino cieco, l' 258
intestino crasso, l' 258
intestino retto, l' 260
intestino tenue, l' 258
intollerante 26
intolleranza alimentare, l' 103
intonacare 61
intossicazione, l' 269
invalido 268
invasare 65
inverno, l' 342
inviare una lettera a qn 190
invidioso 26
ipnosi, l' 278
ipoteca, l' 138
ippoglosso, l' 70

ippopotamo, l' 326
Iran, l' 308
Iraq, l' 308
iride, l' 272
iris, l' 322
Irlanda, l' 299
irrigare il prato 65
irrigatore, l' 64
irruzione, l' 285
ischio, l' 257
Islanda, l' 299
isola, l' 295, 316
Isole Marshall, le 310
Isole Salomone, le 311
Israele 308
istituto di ricerca, l' 162
istituto professionale, l' 164
Istruzione e lavoro 154
Italia, l' 299

J
jack, il 244
jazz, lo 231
jeans, i 31
Jenga®, il 245
jiu jitsu, il 213
judo, il 213
jump shot, il 199

K
kajal, il 35
karate, il 213
kayak, il 211
Kazakistan, il 308
kendo, il 213
Kenya, il 305
ketchup, il 85
key account management, il 171
keycard, la 136
kickboxing, la 213
Kirghizistan, il 308
Kiribati, le 310
kit di pronto soccorso, il 283
kit per forature, il 119
kitesurf, il 212
kiwano, il 80
kiwi, il 80
knockout, il 213
koala, il 325
kung fu, il 213
Kuwait, il 309

L
La collego. 184
labbro, il 22
labbro vaginale, il 261
labirinto, il 151
laboratorio di costruzioni, il 156
laboratorio multimediale, il 154
laboratorio teatrale, il 156
laccio da scarpe, il 33
lacrosse, il 221
lago, il 150, 295, 315
lama, il 326
lama della sega, la 59
lamina, il 218

lampada, la 42, 159
lampada a petrolio, la 249
lampada da scrittoio, la 51,
172
lampada frontale, la 248
lampada odontoiatrica, la 270
lampada scialitica, la 274
lampadario, il 51
lampadario a bracci, il 43
lampadina (a incandescenza), la
62
lampadina a risparmio energetico,
la 62
lampadina per lettura, la 125
lampadina tascabile, la 249
lampione, il 106, 135
lampone, il 79
lana, la 239
lanciare 199
lanciare la lenza 217
lancio del disco e del martello, il
206
lancio del giavellotto, il 206
Laos, il 309
lapislazzuli, il 318
laptop, il 179
largo 28
laringe, la 255
lasagne, le 100
latifoglia, la 319
latitudine, la 298
lato autista, il 110
lato babordo, il 128
lato passeggero, il 110
lato tribordo, il 128
lattante, il 263
latte, il 72, 96
latte condensato, il 73
latte delattosizzato, il 73
latte di capra, il 73
latte di mucca, il 73
latte di soia, il 73
latte fermentato, il 73
latte in polvere, il 263
latte intero, il 73
latte macchiato, il 93
latte schiumato, il 93
latticini, i 145
Latticini e uova 72
lattuga, la 76
lattuga romana, la 76
laurea, la 21
laurea specialistica, la 162
laurea triennale, la 162
lavagna, la 155, 317
lavanda, la 83, 321
lavanderia, la 56
lavandino, il 53, 54
lavarsi 55
lavarsi i denti 55
lavastoviglie, la 44
lavatrice, la 56
lavatrice a carica frontale, la 56
lavello, il 44
lavorare 52
lavorare (occasionalmente) 164
lavorare ai ferri 240

Lavorare al computer 180
lavorare al tombolo 240
lavorare all'uncinetto 240
lavorare da casa 52
lavorare in proprio 52
lavoro a turni, il 165
lavoro interinale, il 165
lecca lecca, il 98
Lega Araba, la 311
leggere 157, 234
leggio, il 228
legno, il 205
legno compensato, il 60
Legumi 78
lente, la 158, 272
lente a contatto, la 272
lenticchia marrone, la 78
lenticchia rossa, la 78
lenticchia verde, la 78
lentiggini, le 22
lenza, la 216
lenzuolo, il 49
leone, il 325
leone marino, il 327
leopardo, il 325
lesione personale, la 285
Lesotho, il 305
lettera, la 190
lettera di accompagnamento, la
165
lettiera, la 49
lettino, il 264
lettino con sbarre, il 50
letto a castello, il 51
letto aggiuntivo, il 137
letto doppio, il 49
letto ospedaliero, il 273, 275
letto singolo, il 51
Lettonia, la 300
lettore carte chip, il 138
lettore CD, il 233
lettore DVD, il 185
lettore MP3, il 183, 233
leucoplasto®, il 283
leva del cambio, la 112, 118
leva del freno, la 118
leva del freno anteriore, la 117
leva dell'indicatore di
direzione, la 112
leva di comando del cambio a
pedale, la 116
leva frizione, la 116
leva tendifilo, la 238
levare l'ancora 129
levigatrice a nastro, la 59
levistico, il 83
lezione, la 163
Libano, il 309
libbra, la 345
libellula, la 332
liberare 217
Liberia, la 305
libero, il 195, 198
Libia, la 305
libreria, la 42, 51, 52, 141,
163
libro, il 146

libro di testo, il 155
libro per bambini, il 189
libro rilegato, il 189
libro tascabile, il 189
licenza di pesca, la 217
licenza media, la 154
licenziare qualcuno 175
licenziarsi 175
liceo, il 154
lichene, il 320
Liechtenstein, il 300
lievito, il 87
lievito in polvere, il 87
lilla, il 237
lillà, il 321
lima, la 277
limare 59
limetta, la 34, 81
limite di velocità, il 108
limone, il 81
linea, la 208, 231
linea aerea, la 122
linea centrale, la 199, 201,
203
linea d'attacco, la 198
linea dei 7 metri, la 197
linea del tiro da tre punti, la
199
linea del tiro di punizione, la
197
linea del tiro libero, la 199
linea dell'area di porta, la 197
linea dell'area di sostituzione, la
197
linea di arrivo, la 206
linea di fondo, la 199, 202,
203
linea di fuori campo, la 198
linea di partenza, la 206
linea di porta, la 194
linea di servizio, la 202
linea di servizio corto, la 201
linea di servizio lungo del doppio,
la 201
linea di servizio lungo del singolo,
la 201
linea laterale, la 194, 198,
199, 203
linea laterale del doppio, la
201, 202
linea laterale del singolo, la
201, 202
linea limite del portiere, la 197
linea mediana, la 194
linea mediana di servizio, la
202
lingua, la 255
linguaggio gestuale, il 268
lingue straniere, le 156
lino, il 240
liquido amniotico, il 262
liquirizia, la 98
liquore, il 94, 101
lira, la 345
lisci 23
lisciarsi i capelli 34
lista della spesa, la 144

litchi, il 80
litro, il 344
Lituania, la 300
livella, la 58
localizzatore ARTVA, il 287
locandina, la 241
locare 39
locataria, la 39
locatario, il 39
locatore, il 39
locatrice, la 39
locomotiva a vapore, la 122
lombo, il 253
longboard, il 220
longitudine, la 298
lontra, la 327
lotta, la 213
lotta contro gli incendi, la 286
lucchetto per bicicletta, il 119
luce d'ingombro, la 110
luce di arresto, la 111
luce diurna, la 52
luce posteriore, la 111, 116
lucernario, il 40
lucertola, la 330
luci abbaglianti, le 110
luci anabbaglianti, le 110
lucidalabbra, il 35
lucidare 57
lucido, il 174, 243
lucioperca, il 70
luglio, il 343
lumaca, la 333
luna calante, la 292
luna crescente, la 292
luna piena, la 292
lunedì, il 343
lunetta, la 194
lungo 28
lungomare, il 246
lunotto, il 111
luogo dell'incidente, il 282
lupo, il 325
Lussemburgo, il 300

M
macaron, il 90
macchina da caffè, la 45
macchina da cucire, la 238
macchina del caffè, il 147
macchina della polizia, la 121,
285
macchina di monitoraggio
cardiaco, la 275
macchina fotografica
analogica, la 242
macchina fotografica
digitale, la 242
macchina fotografica istantanea,
la 242
macchina fotografica
monouso, la 242
macchina fotografica
reflex, la 242
macchina posteggiata, la 106
macchina spazzatrice, la 120
macchina sportiva, la 109

macedonia di frutta, la   91
macellaia, la   168
macelleria, la   140
macinato   85
Madagascar, il   305
madre, la   17
madrina, la   18
magazzino, il   142
maggio, il   343
maggiolino, il   332
maggiorana, la   83
maglia, la   196
maglie, le   203
maglietta, la   29
maglione col collo alto, il   29
maglione con cappuccio, il   28
magnesia, la   207
magnete, il   158
mai   339
maiale, il   326
maionese, la   85
mais, il   77, 86
mal di denti, il   265
mal di gola, il   265
mal di stomaco, il   265
mal di testa, il   265
malato   266
malattia della tiroide, la   267
malattia infantile, la   266
malattia venerea, la   260
Malawi, il   305
Maledive, le   309
Malesia, la   309
Mali, il   305
Malta   300
Mammiferi   324
manager, il   170, 175
mancia, la   102
mandibola, la   22, 255
mandorla, la   82
manette, le   284
manganello, il   284
mangime, il   145
mango, il   80
mangostano, il   80
manica, la   30
Manica, la   296
manica a vento, la   124
manichetta antincendio, la   286
manichino, il   143, 239
manico, il   201, 203
manicotto, il   264
manicure, la   279
maniglia, la   111
mannaia, la   47
mano, la   254, 253
manometro, il   113
manometro da sub, il   211
manopola del gas, la   117
manopola di spinta, la   268
manovella, la   216
mantellina per pazienti, la   270
mantello terrestre, il   295
mantide religiosa, la   332
manubrio, il   116, 117, 118, 222
mappamondo, il   297

Mar Arabico, il   296
Mar Baltico, il   296
Mar Caraibico, il   296
Mar Caspio, il   296
Mar Mediterraneo, il   296
Mar Nero, il   296
Mar Rosso, il   296
maratona, la   206
marciapiede, il   106, 123, 132
marcio   81
mare, il   246, 295
Mare Antartico, il   296
Mare Artico, il   296
Mare del Nord, il   296
mare interno, il   295
margarina, la   89
marinare   85
marinato   69
marito, il   16
marmellata, la   89, 96
marmitta, la   111
marmo, il   317
Marocco, il   306
marrone, il   237
marrone nero, il   237
Marte   292
martedì, il   343
martellare   59
martello, il   58
marzapane, il   90
marzo, il   343
mascara, il   35
mascella, la   255
maschera d'ossigeno, la   125, 282
maschera del viso, la   279
maschera subacquea, la   211
mascherina chirurgica, la   270, 274
mascherina da notte, la   49
massa sigillante, la   60
massaggio, il   278
massaggio cardiaco, il   282
mastello, il   279
matematica, la   156
materassino, il   249
materassino isolante, il   249
materasso, il   49, 206
materiale di pronto soccorso, il   283
materia scolastica, la   157
matita, la   155, 173
matita a colori, la   235
matita cerata, la   235
matrigna, la   18
matta, la   244
matterello, il   48
materie scolastiche, le   156
mattino, il   342
maturo   81
Mauritania, la   306
Mauritius   306
mazza, la   200
mazza da baseball, la   200
mazza da hockey, la   200
mazzuolo, il   58
meccanico, il   167

mèches, le   23
medaglia, la   207
medicina, la   162
medicina a base di erbe, la   278
medicina alternativa, la   278
medicina cinese tradizionale, la   278
medicina palliativa, la   278
medico, il   166
medico di guardia, il   282
medio, il   254, 99
meditazione, la   278
mela, la   79
melagrana, la   80
melanzana, la   77
melissa, la   83
melodia, la   233
melone, il   96
melone giallo canarino, il   81
melone pepino, il   80
melone retato, il   81
memoria, la   183
memoria (esterna), la   179
memoria RAM, la   179
meningite, la   266
mensa, la   163
mensola del caminetto, la   42
menta, la   83
mento, il   22, 252
menu, il   101
mercato, il   140
mercato del lavoro, il   188
merce, la   144
mercerie, le   143
mercoledì, il   343
Mercurio   292
mercurio, il   317
meringa, la   90
merletto, il   30
merluzzo, il   70
mescolare   87
mese, il   343
messaggino, il   183
messaggio, il   182
messaggio spam, il   182
Messico, il   302
mestolo, il   47, 48
mestruazione, la   261
metallo, il   60
meteora, la   294
metro, il   238, 344
metro avvolgibile, il   58
metro cubo, il   344
metro quadro, il   344
metropolitana, la   122
metter su famiglia   21
mettere giù la cornetta   184
mettere i piatti a sgocciolare   44
mettere in buca   204
mettere in ordine la camera   51
mettere la sveglia   49
mettere qualcosa sul conto   147
mezz'ora   340
mezza, una   339
mezza dozzina   339
mezza pensione, la   137

mezzaluna, la   292
mezzanotte   341, 342
mezzo, un   338
mezzo di soccorso, il   282
mezzogiorno   340, 342
Mi chiamo...   19
Mi scusi, dov'è il bagno?   147
Mi scusi, vorrei parlare con...   184
microfono, il   184, 186, 232
microonde, il   45
microscopio, il   159
microtelefono, il   184
microutilitaria, la   109
miele, il   89
miele di bosco, il   89
miele liquido, il   89
miglio, il   86, 344
mignolo, il   254
miliardo, un   337
milione, un   337
milionesimo/-a   338
mille   337
millesimo/-a   338
millilitro, il   344
millimetro, il   344
milza, la   258
minerale di ferro, il   317
minestra, la   100, 101
minestrone, il   100
minibar, il   137
minuto, il   340
miope   272
mirtillo, il   79
mirtillo rosso, il   79
miscela di frutta secca e noci, la   82
misurare   59
misurare la pressione   264
misurazione del polso, la   282
misure, le   344
misurino, il   48, 263, 276
mittente, il   190
mixer, il   232
mobili da giardino, i   63
Mobili da ufficio   172
mobili da ufficio, i   172
mocio, il   57
moda premaman, la   30
modellare   234
modellare l'argilla   234
modellismo, il   234
modulo di bonifico bancario, il   139
moffetta, la   325
moglie, la   16
molare, il   270
Moldavia, la   300
molestare   285
molletta da bucato, la   56
molteplice   339
molti   339
moltiplicare   339
molto caldo   312
mondo del lavoro, il   165
moneta, la   139
moneta spicciola, la   145

Mongolia, la 309
monociclo, il 119
Monopoly®, il 245
monorotaia, la 122
monsone, il 314
montagna, la 315
montagne, le 315
Montagne Rocciose, le 297
montare 95
montare una tenda 249
montatura degli occhiali, la 272
Montenegro, il 300
monumento, il 135
monumento commemorativo, il 149
moquette, la 42, 51
mora, la 79
morbillo, il 266
morbo di Alzheimer, il 267
morbo di Parkinson, il 267
morire 21
morsetto, il 159
morso, il 214
mortaio, il 47
mosca, la 332
mosca artificiale, la 216
moschea, la 134
moschettone, il 287
mossa, la 245
mostra, la 148
moto da corsa, la 116
moto fuoristrada, la 116
moto ondoso, il 210
moto touring, la 117
motocarrozzetta, la 117
motocicletta, la 116
motocross, il 220
motore, il 111
motore propulsore, il 124
motoscafo, il 128
motovedetta, la 288
motrice, la 120
mountain bike, il 119
mountainbiking, il 220
mouse, il 178
mousse, la 91
Mozambico, il 306
mozzarella, la 73
mucca, la 326
muffin, il 90
mughetto, il 320
mulinello, il 216
multa, la 107
multispazio, la 109
municipio, il 133
mura cittadine, le 149
muratore, il 167
muricciolo, il 63
muschio, il 320
muscoli ischiocrurali, i 256
muscolo gastrocnemio, il 256
muscoloso 24
museo, il 134
musica, la 228, 156
musica classica, la 231
musica country, la 231

musica indie, la 231
musica pop, la 231
musica soul, la 231
musicassetta, la 233
musicista, la 169
musicista ambulante, il 148
müsli, il 96
muso, il 124, 324
muta, la 211
mutande, le 29
Myanmar, il 309

N
Namibia, la 306
narciso, il 322
narcosi totale, la 274
narice, la 22
narrativa, la 189
nascita, la 21, 262
nasiera, la 214
naso, il 22
nassa per gamberi, la 217
nastro adesivo, il 191
nastro dei bagagli, il 127
nastro per mascheratura, il 61
nastro riflettente, il 286
nastro segnalibro, il 189
nastro trasportatore, il 144
Natale, il 20
natica, la 253
natura morta, la 236
naufragio, il 288
Nauru 310
nausea, la 265
nave, la 128
nave da crociera, la 128
nave porta-container, la 129
nave traghetto, la 129
navicella spaziale, la 293
navigare in rete 182
nazione, la 298
Nazioni Unite (ONU), le 311
nebbia, la 294
nebbioso 312
negativo/negativa, il/la 243
Negozi e botteghe 140
negozietto all'angolo, il 140
negozio di animali, il 140
negozio di antiquariato, il 141
negozio di calzature, il 141
negozio di elettrodomestici, il 141
negozio di fiori, il 140
negozio di generi alimentari, il 140
negozio di giocattoli, il 141
negozio di mobili, il 141
negozio di prodotti naturali, il 140
negozio di regali, il 141
negozio di sanitaria, il 141
negozio di verdure, il 140
negozio per il fai da te, il 141
Nel laboratorio 158
neo, il 22
neonato, il 263
neonato prematuro, il 263

Nepal, il 309
nero, il 237
nervo, il 271
nervo ottico, il 272
nervosa 26
Nettuno 293
netturbino, il 167
neve, la 313
neve farinosa, la 218
Nevica. 312
Nicaragua, il 303
Niger, il 306
Nigeria, la 306
ninfea, la 321
nipote, il 16, 17
nocca, la 254
nocciola, la 82
nocciolo, il 78
noce, la 82
noce del Brasile, la 82
noce di cocco, la 80
noce di pekan, la 82
noce macadamia, la 82
noce moscata, la 84
Noci e frutta secca 82
Non piegare! 191
Non t'arrabbiare® 245
non udente 268
nonna, la 17
nonni, i 17
nonno, il 17
nono/-a 337
Norvegia, la 300
nota, la 231
nota adesiva, la 173
notazione, la 231
notifica di assenza, la 182
notiziario, il 186
novanta 336
novantesimo/-a 338
nove 336
nove, le 340, 341
nove e un quarto, le 341
novellino, il 284
novembre, il 343
nozze, le 20
nubile 17
nuca, la 253
nucleo esterno, il 295
nucleo interno, il 295
Numeri e misure 335
numero civico, il 38
numero d'emergenza, il 289
numero del binario, il 123
numero del conto, il 138
numero del posto, il 125
numero della pagina, il 189
numero di camera, il 137
numero di linea, il 115
nuotare 209
nuotare a stile libero 208
nuotatore di salvataggio, il 288
nuotatrice, la 209
nuoto, il 208
nuoto a farfalla, il 208
nuoto a rana, il 208

nuoto sincronizzato, il 209
nuoto sul dorso, il 208
nuova costruzione, la 40
Nuova Zelanda, la 310
nutria, la 327
nuvoloso 312
nylon®, il 240

O
obiettivo, l' 159, 242
oblò, l' 128
oboe, l' 229
oca, l' 69, 329
oca cruda, l' 69
occhi azzurri, gli 24
occhi grigi, gli 24
occhi marroni, gli 24
occhi verdi, gli 24
occhiali, gli 32, 272
occhiali da lettura, gli 272
occhiali da sci, gli 219
occhiali da sole, gli 32
occhiali progressivi, gli 272
occhiali protettivi, gli 60, 158
occhialini da nuoto, gli 209
occhiello, l' 216
occhio, l' 22, 272
occhio di tigre, l' 318
occorrente per ufficio, l' 173
Oceania 310
Oceano Atlantico, l' 296
Oceano Indiano, l' 296
Oceano Pacifico, l' 296
ocra, l' 237
oculare, l' 159
odorare 321
offerta speciale, l' 144
oggi 342
olfatto, l' 259
olio di oliva, l' 85
oliva, l' 77
olmo, l' 319
Oman, l' 309
ombelico, l' 252
ombrello, l' 32
ombrellone, l' 247
ombretto, l' 35
omero, l' 253
omicidio, l' 285
omogeneizzato 73
oncia, l' 344, 345
onda, l' 212
onda corta, l' 187
ondata di caldo, l' 314
onde lunghe, le 187
ondulati 23
onice, l' 318
online banking, l' 138
opaco 243
opale, l' 318
opera, l' 228
operaio, l' 61
operatore di salvataggio, l' 287
operazione, l' 274
operazione di salvataggio, l' 287
opuscolo pubblicitario, l' 188

ora, l' 340
ora di etica, l' 156
ora di lavoro straordinario, l' 52
ora di religione, l' 156
orang-utan, l' 327
orari di apertura, gli 148
orari di levata della posta, gli 191
orari di visita, gli 273
orario, l' 115
orario (delle lezioni), l' 157
orario di visita, l' 264
orbita, l' 294
orbiter, l' 293
orca, l' 327
orchestra, l' 228
orchestra sinfonica, l' 228
orchidea, l' 322
ordinare 99
ordinazione, l' 101
ordine del giorno, l' 174
orecchino, l' 32
orecchio, l' 22
organi genitali femminili, gli 261
organi genitali maschili, gli 260
organigramma, l' 170
organizzare 174
Organizzazione del Trattato dell'Atlantico del Nord (NATO), l' 311
Organizzazioni internazionali 311
origami, l' 234
origano, l' 83
orlo, l' 30
ormone, l' 260
oro, l' 207, 317
orologio, l' 340, 32
orologio a muro, l' 43
orologio cardiofrequenzi-metro, l' 223
orsacchiotto, l' 50
orsacchiotto gommoso, l' 98
orso, l' 325
orso polare, l' 325
Ortaggi 74
Ortaggi a foglia 76
Ortaggi a frutto 77
ortensia, l' 322
ortica, l' 320
orto, l' 63
ortopedico, l' 166
orzo, l' 86
ospedale, l' 133
ospite, l' 18
osservare gli uccelli 234
osservatorio astronomico, l' 294
osso nasale, l' 255
ostacolo, l' 206
ostacolo d'acqua, l' 204
osteopatia, l' 278
ostetrica, l' 262
ostrica, l' 71

otite media, l' 265
ottanta 336
ottantesimo/-a 338
ottavino, l' 229
ottavo, un 338
ottavo/-a 337
ottica, l' 166, 272
ottico, l' 141
otto 336
otto, le 340, 341
ottobre, l' 343
ouverture, l' 228
ovaia, l' 261
ovattare 240
overlock, l' 238
ovidotto, l' 261
ovulazione, l' 261
ovulo, l' 262
ozono, l' 313

P

pacchetto, il 191
pacco, il 190
padella, la 48
padiglione, il 150
padre, il 17
padrino, il 18
paesaggio, il 315
paese, il 298
Paesi Bassi, i 300
pagaia, la 211, 212
pagaia doppia, la 211
pagare 145
pagare il conto 147
pagella, la 157
pagina, la 189
pagliaccetto, il 27
pagnotta, la 89
paio, un 339
Pakistan, il 309
palato, il 255
Palau 310
palazzina, la 38
palazzo di giustizia, il 133
palco, il 226
palcoscenico, il 226
palestra, la 161, 136, 207, 222
paletta, la 57, 214, 246
paletta da giardino, la 64
paletto di sostegno, il 203
palla, la 50
palla da baseball, la 161
palla da golf, la 204
palla da palestra, la 222
palla da tennis, la 161, 202
palla ovale, la 161
pallacanestro, la 199, 161
pallamano, la 197
pallanuoto, la 209
pallavolo, la 198
palleggiare 198
pallido 24
pallina, la 203
pallina di gelato, la 91
pallone, il 196
pallone d'acqua, il 246

pallone da calcio, il 161
pallone da pallamano, il 161
pallone da pallavolo, il 161
palma, la 323
palmo della mano, il 254
palo della porta, il 196
palo della tenda, il 249
Panamà, il 303
panca, la 222, 279
pancetta, la 97
panchina, la 63, 150, 197
panchina per le riserve, la 198
pancreas, il 258
panda, il 325
pandemia, la 314
Pane 88
pane, il 96, 145
pane a lievitazione naturale, il 88
pane bianco, il 88
pane bigio, il 88
pane con semi vari, il 88
pane in carrozza, il 97
pane integrale, il 88
pane nero, il 88
pane tostato, il 88
pane turco, il 88
pangrattato, il 89
panificio, il 140
panino, il 88, 96, 160
panino imbottito, il 88, 89
panna, la 72
panna cotta, la 91
panna montata, la 91
pannello d'affissione, il 172
panni piegati, i 56
panno microfibra, il 60
panno per occhiali, il 272
panno spugna, il 47, 55
pannolino di stoffa, il 27
pannolino usa e getta, il 27
panpepato, il 90
pantaloncini, i 29
pantaloni, i 29
pantaloni a tubo, i 31
pantaloni a zampa d'elefante, i 31
pantaloni bootcut, i 31
pantaloni da neve, i 28
pantofola, la 28
papavero, il 323
papaya, la 80
papillon, il 29
pappa di avena, la 97
pappagallo, il 329
paprica, la 84
Papua Nuova Guinea, la 311
par, il 205
parabrezza, il 110, 120
paracadutismo, il 220
parafango, il 116, 118
paralisi infantile, la 266
paralisi spastica, la 268
paralizzato 268
parallele, le 207
parallele asimmetriche, le 207
parare 196

parastinchi, il 196
paraurti, il 110
paravalanghe, il 287
parcheggio, il 142
Parchi e campi da gioco 150
parchimetro, il 106
parco, il 133, 150
parco divertimenti, il 151
parco giochi, il 151
parco montano, il 150
parco nazionale, il 150
parco paesaggistico, il 150
parco reale, il 150
parco selvaggio, il 150
parecchi 339
pareggio, il 196
parente, il/la 17
parete d'arrivo, la 208
Parguay, il 303
parità, la 202
parkour, il 221
parmigiano, il 73
parotite, la 266
parrucca, la 23
parrucchiera, la 168
part time, il 165
partecipante, il 174
partenza, la 126
partitura, la 228
parto prematuro, il 263
pascolo, il 215
Pasqua, la 20
Pasqua ebraica, la 20
passafilo, il 238
passante della cintura, il 33
passaporto, il 126
passare l'aspirapolvere 57
passato 77
passeggiata sulla slitta trainata dai cani, la 219
passeggino, il 50
passera di mare, la 70
passero, il 328
passo, il 215
passo di affondo, il 223
pasta, la 87
pasta di riso, la 87
pasta fritta, la 99
pastello, il 235
Pasti e piatti 100
pasticca per la tosse, la 277
pasticceria, la 140
pasticcio, il 100
pastiglia, la 276
pastiglia effervescente, la 276
pastinaca, la 75
Pasto principale 100
pastorizzato 73
patata, la 75
patata dolce, la 75
patate arrosto, le 100
patatine, le 98
patatine di polistirolo, le 191
patatine fritte, le 99
patatine tortilla, le 99
patchwork, il 240
patrigno, il 18

pattinaggio artistico, il 219
pattinaggio di velocità, il 219
pattinare sul ghiaccio 219
pattumiera, la 44, 135
pausa pranzo, la 160
pavone, il 329
pay tv, il 185
paziente 25, 264, 270
paziente ambulatoriale, il 273
paziente stazionario, il 273
peccio, il 319
pecora, la 326
pedagogia, la 162
pedalare 118
pedale, il 118
pedale del freno, il 112
pedale dell'acceleratore, il 112
pedale della frizione, il 112
pedana, la 206
pedicure, la 279
pedone, il 245
peeling, il 279
pelle, la 22
pellicola, la 46, 243
pelo, il 324
penace, il 320
pendenza, la 108
pendio, il 218
pene, il 260
penisola, la 295
penna, la 173
penna stilografica, la 155
penna USB, la 179
pennarello, il 235
penne, le 87
pennello, il 35, 235
pennello da cucina, il 48
pennello piatto, il 61
pensieroso 25
pensile, il 44
pensilina, la 115
pensione completa, la 137
pentathlon invernale, il 219
pentola, la 48
pentola a pressione, la 45
penultimo/-a 338
pepaiola, la 85
pepe, il 84, 85
peperoncino, il 77, 84
peperoncino tritato, il 84
peperone, il 77
pepita, la 99
per posta aerea 191
Per strada 135
pera, la 79
percento, il 339
percorso sospeso, il 151
perdente, il 200
perdere 245
perforatore, il 173
pericolo, il 289
pericolo di neve, il 108
periodico, il 146, 163
perla, la 318
persiana avvolgibile, la 43
personale, il 175
Persone 15

pertosse, la 266
Perù, il 304
pesca, la 79
pesca con l'amo, la 216
pesca con l'amo in acqua
dolce, la 217
pesca con l'amo in alto mare, la
217
pesca con l'amo nella risacca, la
217
pesca con l'arpione, la 217
pesca con la mosca, la 217
pesca noce, la 79
pescare con la rete 217
pescatore, il 167, 216
Pesce 70
pesce affumicato, il 71
pesce con le patatine, il 99
pesce d'acqua dolce, il 331
pesce di mare, il 331
pesce galleggiante, il 217
pesce in scatola, il 71
pesce palla, il 331
pesce rosso, il 331
pesce vela, il 331
pesce volante, il 331
pescheria, la 140
Pesci 331
peso, il 191, 345
peso alla nascita, il 263
pessario, il 261
pestare 95
pestato 85
pestello, il 47
petalo, il 321
pettine, il 34, 71
pettirosso, il 328
petto, il 69, 252
pettorale, il 256
petunia, la 321
pezzo di pizza, il 99
pezzo di teatro, il 227
pezzo strumentale, il 233
pezzo vocale, il 233
Physalis, il/la 80
piadina, la 88
piadina arrotolata, la 99
piallare 59
pianerottolo, il 41
pianeta, il 294
piangere 19
piano, il 40
piano di lavoro, il 44
pianoforte a coda, il 230
pianta, la 39, 142
pianta da appartamento, la
43, 52
pianta del piede, la 254
pianta della città, la 148
pianta in vaso, la 64
piantare 65
Piante 319
Piante da giardino 323
Piante ornamentali 321
Piante selvatiche 322
pianterreno, il 40, 142
pianura, la 316

piastra per capelli, la 55
piastra per raclette, la 45
piastra sandwich, la 45
piastrellare 61
piatti, i 230
piattino per il pane, il 102
piatto, il 102, 159
piatto di formaggi, il 101
piatto principale, il 101
piazza, la 133
piccante 75
picche, le 244
picchetto, il 249
picchio, il 328
piccione, il 328
piccolo 28, 99
piccolo galoppo, il 215
pick-up, il 109
picnic, il 151
piede, il 254, 252, 344
piede di porco, il 59
piede quadro, il 344
piedino, il 238
piegaciglia, il 35
piegamento delle ginocchia, il
223
pietra arenaria, la 317
pietra calcarea, la 317
Pietre e minerali 317
Pietre preziose e semipreziose
318
pigiama, il 28
pilates, il 223
pillola, la 261
pilota, il 124, 168
pils(e)ner, la 94
ping pong, il 203
pinguino, il 329
pinna, la 211, 331
pinolo, il 82
pinta, la 344
pinza, la 158
pinza a lame laterali, la 59
pinza da cucina, la 48
pinzetta, la 34, 277
pioggia, la 313
piombatura, la 271
Piove. 312
piovoso 312
pipa, la 146
pipetta, la 159
pipistrello, il 324
pipita, la 254
piranha, il 331
piscina, la 136
piscina da competizione, la
208
piscina per non nuotatori, la
209
piscina per nuotatori, la 209
pisello, il 78
pisello dolce, il 78
pista, la 206, 218
pista ciclabile, la 106
pista di fondo, la 218
pista di carbonella, la 206

pista di decollo e atterraggio, la
125
pista per la rincorsa, la 206
pistacchio, il 82
pistola, la 284
pistola di partenza, la 206
pistola incollatrice, la 59
pistola per cartuccia, la 60
Pitaya, la 80
pittrice, la 169
pittura, la 61
pittura a olio, la 236
pittura astratta, la 236
pittura di nudi, la 236
pittura murale, la 236
pittura paesaggistica, la 236
più volte 339
piuma, la 328
piumaggio, il 328
piumino, il 57
pizza, la 99
placca ago, la 238
placca dentaria, la 271
placca occlussale, la 271
placenta, la 262
plastica, la 60
platea, la 226
pluriennale 323
pneumatico, lo 111
pneumatico di scorta, lo 114
pneumatico estivo, lo 113
pneumatico invernale, lo 113
pneumatico per tutte le stagioni,
lo 113
pochi 339
podio, il 228
poggia bagagli, il 137
poggiapiedi, il 268
poggiatesta, il 112, 279
poliestere, il 240
polipo, il 71
polizia, la 284
poliziotta, la 284
Pollame 69
pollice, il 254, 344
pollo, il 69
pollo arrosto, il 100
polmone, il 258
polo, la 29, 215
polo nord, il 295
polo sud, il 295
Polonia, la 300
polpaccio, il 253
polpastrello, il 254
polpetta, la 100
polso, il 253, 254, 282
poltrona, la 41, 42, 52
poltrona odontoiatrica, la 270
pomata, la 276
pomeriggio, il 342
pomodoro, il 77
pomodoro alla griglia, il 97
pomodoro ciliegino, il 77
pompa per bicicletta, la 118
pompa pneumatica, la 249
pompa tiralatte, la 263
pompelmo, il 81

pompiere, il 286
ponte, il 106, 128, 132
ponticello, il 247
pontile, il 129
pool, il 221
popcorn, il 241
pop-corn, il 98
poplite, il 253
poppa, la 210, 211
porcellino d'India, il 324
porcino, il 74
poro, il 22
porro, il 75
porta automatica, la 115
porta della veranda, la 52
porta di casa, la 41
porta esterna, la 40
porta TV, il 42
porta USB, la 178, 233
portabagagli, il 122
portabagali, il 111
portabastoni, il 205
portabebè, il 50
portachiavi da parete, il 41
portacipria, il 35
portacoltelli, il 47
portadocumenti, il 172
portafiori, il 43
portafoglio, il 33
portamerenda, il 160
portamonete, il 33
portaobiettivi a revolver, il 159
portaoggetti, il 159
portaombrelli, il 38, 41
portapacchi, il 118
portapenne, il 173
portarocchetto, il 238
portasciugamani, il 53
portatile, il 52
portello, il 124
portiera, la 111
portiere, il 195
porto container, il 129
porto per yacht, il 210
Portogallo, il 300
porzionatore per gelato, il 47
posacenere, il 147
posare il prato a rotoli 65
posizione laterale stabile, la
282
posologia, la 276
Posso montare qui la mia tenda?
249
posta, la 190, 133
posta in arrivo, la 182
posta in uscita, la 182
posta interna, la 172
posta lumaca, la 190
postazione barbecue, la 151
postazione di lavoro, la 172
posteggio per disabili, il 106
posteggio taxi, il 121
postina, la 167
posto, il 226
posto di polizia, il 133
posto tenda, il 248

postura, la 204
potare 65
potente 260
Potrebbe aiutarmi a cambiare lo
pneumatico? 114
Potrebbe aiutarmi ad avviare il
motore? 114
Potrebbe chiamare il soccorso
stradale? 114
Potrebbe confezionarlo come
regalo? 142
Potrebbe dirmi dov'è ...? 135
Potrebbe indicarmelo sulla
pianta? 135
Potrebbe richiamarmi? 184
Potrei cambiare? 139
Potrei cambiarlo? 142
Potrei provarlo? 28
pozzetto di comando, il 210
prateria, la 316
praticare il surf 212
prato, il 316, 323
prato fiorito, il 323
prato per sdraiarsi, il 150
pratolina, la 320
precedenza, la 107
prelevare del sangue a qualcuno
264
prelevare denaro 138
premolare, il 270
prendere 199, 217
prendere il sole 247
prendere in prestito 163
prendere un pesce 216
prenotare 163
prenotare un volo 127
prenotazione, la 127
prenotazione del posto, la 122
Preparazione 95
prepuzio, il 260
preriscaldare il forno 44
presa (di corrente), la 62
presa d'aria, la 117
presa di terra, la 62
presa multipla, la 62
presbite 272
presentare qualcuno 19
presentare una tesina 163
presentazione, la 174
preservativo, il 261
pressione alta/bassa, la 266
pressione degli pneumatici, la
113
prestare pronto soccorso 282
prestito, il 138
previsioni del tempo, le 312
prezzemolo, il 83
prezzo, il 145
prezzo di corsa, il 115
prigione, la 285
prima, la 227, 241
prima classe, la 122, 124
prima galleria, la 226
prima pagina, la 188
primato personale, il 206
primavera, la 342

primo giorno di scuola, il 21
primo piano, il 40, 142
primo/-a 337
primula, la 322
principato, il 298
Principato di Monaco, il 300
privo di semi 81
privo di sensi 275, 282
processore, il 179
procione, il 325
procuratore, il 171
Prodotti animali 68
prodotti biologici, i 145
Prodotti per la pulizia 57
prodotti per neonati, i 145
prodotto per i capelli, il 34
produzione, la 171
Professioni e mestieri 166
professore, il 162
profilo dello pneumatico, il 110
profondimetro, il 211
profumeria, la 141
profumo, il 34
programma, il 157, 181, 227
progressiva chilometrica, la
107
prolunga, la 62
promozione, la 175
pronto soccorso, il 275
Pronto soccorso 282
propano, il 248
proprietà, la 38
proprietaria, la 40
proprietario, il 40
prorogare 163
prosciutto, il 68, 96
prostata, la 260
proteggere dall'acqua 191
proteggi-labbra, il 277
protesi, la 268
protesi dentaria, la 277
protezione solare, la 277
prova, la 227
prova generale, la 227
provetta, la 158
provincia, la 298
provvigione, la 139
prua, la 128, 210, 211
prugna, la 79
prugna secca, la 82
psicologa, la 166
psoriasi, la 266
pubblico, il 186, 227
pube, il 252
pugilato, il 213
pulce, la 333
pulcino, il 328
pulire 57, 279
pulire con il filo interdentale
271
puliscivetri, il 57
pull senza maniche, il 29
pullman, il 115
pulmino, il 115
pulsante dello sciacquone, il 53
pulsante di chiamata, il 275

pulsante di emergenza, il 273
pulsante di richiesta di
fermata, il 115
pulsante di scatto, il 242
puma, il 325
punching ball, il 213
punta, la 74, 218
punta del trapano, la 59
puntare 199
puntaspilli, il 239
puntata, la 185
punteggio, il 200
puntina (da disegno), la 173
punto, il 240
punto centrale del terreno di
gioco, il 194
punto croce, il 240
punto di riunione, il 288
puntura d'insetto, la 269
pupazzo di peluche, il 50
pupilla, la 272
purè, il 77
putter, il 205
puzzle, il 244

Q
Qatar, il 309
Quad, il 116
quaderno, il 155
quadri, i 244
quadricipite femorale, il 256
quadro dei fusibili, il 62
quadruplo 339
quaglia, la 69, 329
quaglia cruda, la 69
Qual è il cambio attuale? 139
qualifica, la 165
Quando? 341
Quanti ne abbiamo oggi? 342
Quanto costa? 142
quaranta 336
quarantena, la 273
quarantesimo/-a 338
quartetto, il 228
quarto, un 338
quarto/-a 337
quarzo, il 318
quarzo citrino, il 318
quarzo rosa, il 318
quattordicesimo/-a 337
quattordici 336
quattro 336
quattro, le 340, 341
quattro volte 339
quercia, la 319
quiche, la 100
quindicesimo/-a 337
quindici 336
quinoa, la 86
quinta, la 226
quinto, un 338
quinto/-a 337
quintuplo 339
quizshow, il 186
quotidiano, il 188

R

rabarbaro, il 74
rabbia, la 266
raccattapalle, il 202
racchetta da badminton, la 201
racchetta da ping pong, la 203
racchetta da tennis, la 202
raccogliere 65
raccoglitore, il 173
raccomandata, la 190
rachitismo, il 266
racquetball, il 201
radersi 55
radiatore, il 62, 111
radiazione, la 275
radice, la 75, 319
radice del dente, la 271
radice laterale, la 319
radice quadrata, la 339
Radici commestibili 75
radio, la 187, 187, 233, 257
radio mobile, la 284
radiodramma, il 187
radiografia, la 271, 275
radiotelescopio, il 294
raffreddore, il 266
raffreddore da fieno, il 266
rafting, il 212
ragazza, la 18
ragazzo, il 18
raggi ultravioletti, i 313
raggio, il 118
raggiungere la maggiore età 21
ragnatela, la 333
ragno, il 333
rail, il 219
rambutan, il 80
rame, il 317
rammendare 240
ramo, il 319
rampicante, il 323
rana, la 330
rand, il 345
ranuncolo, il 320
rap, il 231
rapa, la 74, 75
rapina, la 285
Rapporti 18
rappresentazione, la 226
rasoio, il 55
rasoio elettrico, il 55
rastrellare le foglie 65
rastrelliera per biciclette, la 119
rastrello, il 64
rastrello a mano, il 64
rastrello per foglie, il 64
ratto, il 324
ravanello, il 75
rave, il 232
ravioli, i 87
razza, la 331
razzo, il 293
razzo illuminante, il 210
re, il 244, 245
real, il 345

realizzare un mosaico 234
reato, il 285
recinto, il 63
redine, la 214
refettorio, il 160
regalino, il 19
reggae, il 231
reggiseno, il 30
reggiseno sportivo, il 30
regina, la 244, 245
regione, la 298
regista, il 227
registrare 185
registrazione audio, la 187
registrazione in diretta, la 187
regno, il 298
Regno Unito, il 301
regolatore, il 54
regolatore del diaframma, il 242
regolatore del riscaldamento, il 112
regolatore del volume, il 181, 233
Reiki, il 278
relazione 174
relitti (portati a riva), i 247
remo, il 210
rene, il 258, 259
renna, la 326
reparto, il 273
reparto alimentare, il 143
reparto articoli sportivi, il 143
reparto bambini, il 143
reparto borse e valigeria, il 143
reparto calzature, il 143
reparto cartoleria, il 143
reparto cosmetici, il 143
reparto delle pubbliche relazioni, il 171
reparto di cardiologia, il 273
reparto di cure intensive, il 275
reparto di gastroenterologia, il 273
reparto di ginecologia, il 273
reparto di neurologia, il 273
reparto di oncologia, il 273
reparto di ortopedia, il 273
reparto di otorinolaringoiatria, il 273
reparto di pediatria, il 273
reparto donna, il 143
reparto legale, il 171
reparto marketing, il 171
reparto multimedia, il 143
reparto tessuti e tendaggi, il 143
reparto uomo, il 143
reperto, il 285
reporter, il 186
repubblica, la 298
Repubblica Ceca, la 301
Repubblica Centrafricana, la 307
Repubblica del Congo, la 306

Repubblica Democratica del Congo, la 304
Repubblica Dominicana, la 302
respingere 198
respingere con un bagher(o) 198
respiratore, il 211
respirazione, la 282
restaurare mobili 234
rete, la 196, 198, 199, 202, 203
rete di protezione, la 206, 287
rete elettrica, la 62
rete ferroviaria, la 123
reticella metallica, la 159
retina, la 272
Rettili e anfibi 330
reumatismo, il 267
revisore dei conti, il 166
revocare 181
riabilitazione, la 274
rianimazione, la 282
riavvio, il 180
ribaltabile, il 121
ribaltarsi 210, 288
ribes neri, i 79
ribes rossi, i 79
ricamare 240
riccio, il 324
ricciuti 23
ricerca, la 162, 288
ricetta medica, la 264
ricevere 182
ricevere un'iniezione 265
ricevere una lettera 190
ricevitore digitale, il 185
ricezione, la 136
ricezionista, la 136, 166
richiesta di visita specialistica, la 264
ricoverarsi 273
ricreazione, la 160
ridere 19
ridotto, il 226
ridurre una finestra ad icona 181
riduzione, la 148
riferimento bibliotecario 163
riflessologia plantare, la 278
riflettente, il 118
riflettore, il 232
rigatoni, i 87
righello, il 155
rilegatura, la 189
rimbalzo, il 199
rimessa in gioco, la 195
rimorchiare 107
rimorchio, il 121
rimorchio per bambini, il 119
rimorchio pianale, il 120
rimuovere la carta da parati 61
rinascimento, il 149
rinfrescarsi 55
ringhiera delle scale, la 41
rinoceronte, il 326
rinvenire 275

riparare la camera d'aria 118
ripetizione, la 155
riposo, il 278
riposo a letto, il 274
ripristinare 181
riprodurre 65, 185
risacca, la 247
riscaldamento a pavimento, il 62
riscaldamento centralizzato, il 62
riscaldamento del sedile, il 109
riscaldamento solare, il 62
riscaldarsi 223
riso, il 86
riso Basmati, il 86
riso naturale, il 86
riso selvatico, il 86
rispondere ad una lettera 190
ristorante, il 136
ristoro per sciatori, il 219
Ristrutturare 61
ristrutturazione, la 38
risultati, i 264
ritardo, il 123
ritornello, il 233
ritratto, il 236
rivelatore di fumo, il 39, 286
rivettare 59
rivettatrice, la 59
robot da cucina, il 45
rocca, la 134
roccia, la 315
rock, il 231
rococò, il 149
rodeo, il 215
rododendro, il 321
rognoni, i 68
Romania, la 300
romanico 149
romanzo, il 189
rondella, la 218
rondine, la 328
rosa, la 237, 321
rosa fucsia, il 237
rosaio, il 322
rosetta, la 74
rosmarino, il 83
rosolare 95
rosolia, la 266
rospo, il 330
rossetto, il 35
rosso, il 237
rosso sanguigno, il 237
rösti, i 97
rotaia, la 122
rotella di regolazione, la 159
rotella di scorrimento, la 178
rotella tagliapasta, la 46
rotolo di carta da parati, il 61
rotula, la 257
rouge, il 35
rough, il 204
roulotte, la 121, 248
router, il 182
rovescio, il 202

rovina, la 134
Ruanda, il 306
rubinetto, il 53
rubinetto di chiusura, il 54
rubino, il 318
rublo, il 345
rubrica, la 184, 188
ruche, la 30
rucola, la 76
ruga, la 22
rugby, il 200
rullante, il 228
rullo per pittura, il 61
rum, il 94
runner da tavolo, il 43
ruota, la 110
ruota anteriore, la 118
ruota dentata, la 118
ruota di prua, la 211
ruota di scorta, la 114
ruota posteriore, la 118
rupia, la 345
ruscello di montagna, il 316
russare 51
Russia, la 300

S

sabato, il 343
sabbia, la 246
sabbiera, la 151
sacca, la 205
sacchetto da neonato, il 27
sacchetto per congelare, il 46
sacco a pelo, il 249
sacco amniotico, il 262
sacco della spazzatura, il 60
sacco di sabbia, il 213
saconferenze, la 174
sada pranzo, la 43
saggio, il 189
saggistica, la 189
Saint Kitts e Nevis 303
sala cinemtografica, la 241
sala concerti, la 232
sala d'aspetto, la 264, 275
sala di lettura, la 163
sala operatoria, la 274
sala parto, la 263
sala risveglio, la 274
salamandra, la 330
salame, il 68
salare 95
salato 82, 99
saldare 59
saldatoio, il 60
saldo, il 102
sale, il 85
salice, il 319
saliera, la 85
salire 123
salire a bordo 129
salmone, il 70
salone da parrucchiere, il 141
salopette, la 27
salpare 129
salsa, la 85

salsa di soia, la 85
salsiccia, la 97
salto, il 207, 214
salto con gli sci, il 218
salto con l'asta, il 206
salto dal trampolino, il 209
salto in alto, il 206
salto in lungo ed il salto triplo, il 206
salutare con un cenno della mano 19
Salutare e congedare 19
salutare qualcuno 19
salvagente, il 210, 288
salvare 180, 289
salvaslip, il 277
salvia, la 83
salviettina umidificata, la 277
Samoa, le 311
San Marino 300
San Vincenzo e Grenadine 303
sand wedge, il 205
sandalo, il 33
sandalo da trekking, il 33
sangria, la 94
sangue, il 269
sanguinaccio, il 97
sanguinare 269
sano 266
Santa Lucia 303
São Tomé e Príncipe 306
sapone, il 34
sardina, la 70
sarta, la 169
sartoria, la 141
sassofono, il 229
satellite, il 294
Saturno 293
sauna, la 223, 279
savoiardo, il 90
sbarcare 129
sbarra, la 50
sbarra fissa, la 207
sbarramento della polizia, lo 285
sbattitore, lo 45
sbiancante, lo 56
sbucciare 77, 95
sbucciato 81
sbucciatore, lo 47
scacchi, gli 245
scacchiera, la 245
scaffale, lo 144
scaffale delle riviste, lo 146
scafo, lo 128, 210, 211
scala, la 41, 61, 103
scala a chiocciola, la 39
scala di corda, la 161
scala mobile, la 123, 142
scala passeggeri, la 126
scaldacqua elettrico, lo 54
scalinata, la 132
scalo, lo 127
scalogno, lo 75
scalpello, lo 158

scambio scolastico, lo 157
scanner, lo 144, 179
scapola, la 253
scarico, lo 54
scarlattina, la 266
scarola, la 76
scarpa con laccio, la 33
scarpa da calcio, la 196
scarpa da tennis, la 28, 33, 223
scarpa da trekking, la 249
scarpa décolleté, la 33
Scarpe e pelletterie 33
scarpina, la 27
scarpone, lo 218
scarpone (da montagna), lo 33
scatola del computer, la 178
scatola di pesca, la 217
scatolame, lo 145
scattare una foto 243
scena, la 186
scena del crimine, la 284
scendere 123
scenografia, la 227
scheda di memoria, la 243
scheda di memoria compact flash, la 243
scheda prepagata, la 183
scheda SIM, la 183
schedina del lotto, la 146
scheletro, lo 257
scherma, la 221
schermo, lo 178, 241
schermo per il programma di bordo, lo 125
schiaccianoci, lo 82
schiacciapatate, lo 47
schiacciare 95, 198
schiacciare una noce 82
schiacciata, la 199
schiena, la 253
schienale, lo 52
schiuma da barba, la 55
schizzo, lo 236
sci, lo 218, 219
sci da fondo, lo 218
sci nautico, lo 212
scialuppa di salvataggio, la 288
sciancrato 30
sciarpa, la 32
sciatore, lo 218
sciatore d'acqua, lo 333
scienze ambientale, le 156
scienze naturali, le 162
scienze politiche, le 162
scienze umane, le 162
scienziato, lo 169
scimpanzé, lo 327
sciroppo d'acero, lo 89
sciroppo per la tosse, lo 276
scivolo, lo 151
sclerosi multipla, la 267
scoglio, lo 315
scoiattolo, lo 324
scolapiatti, lo 48

scompartimento, lo 122
scomparto per il bagaglio, lo 125
scongelare il cibo 44
scontrino, lo 145
scooter, lo 116
scopa, la 60
scoperto, lo 138
scopino, lo 53, 57
scorpione, lo 333
scorrere 180
scorrere col dito 183
scossa elettrica, la 269
scotch®, lo 173
scottatura da sole, la 247
scottatura solare, la 269
scrapbooking, lo 234
scremato 73
scrittura creativa, la 234
scrivania, la 51, 52, 172
scrivere 157
scroto, lo 260
scucire 240
scucitore, lo 239
scuderia, la 215
scultore, lo 169
scultura, la 234
scuola, la 133
scuola materna, la 154
scuola primaria, la 154
scuola privata, la 154
scuola secondaria, la 154
scuolabus, lo 115
scuri 23
Scusi, come si arriva a ...? 135
Scusi, ho sbagliato numero. 184
Scusi, potrebbe mostrarmi...? 142
Scusi, quanto costa la camera? 136
secchiello, il 246
secchiello per il vino, il 147
secchio, il 57
seconda classe, la 122
seconda galleria, la 226
secondo, il 340
secondo piano, il 142
secondo/-a 337
sedano, il 74
sedere, il 253
sedia, la 43, 51
sedia a rotelle, la 268
sedia a sdraio, la 246
sedia da campeggio, la 248
sedia da ufficio, la 172
sedia girevole, la 52
sedicesimo/-a 337
sedici 336
sedile, il 53, 122, 125, 211
sedile del conducente, il 112
sedile del passeggero, il 112
seduta, la 174
sega a gattuccio, la 59
sega circolare, la 59
sega manuale, la 58

segare 59
seggiolino per bambini, il 119
seggiolone, il 43
seghetto, il 58
segnalazione di errore, la 181
segnale di pericolo di
  valanghe, il 287
segnale ottico dell'autoscatto, il
  242
segnaletica orizzontale, la 106
segnalibro, il 182
segnapagina adesivo, il 173
Segni stradali 108
segretaria d'azienda, la 168
segreteria, la 170
segreteria telefonica, la 184
sei 336
sei, le 340, 341
Seicelle, le 306
selettore dei programmi, il 242
selettore larghezza punto, il
  238
selettore punto, il 238
selezionare 180
sella, la 214
sellino, il 118
sellino anteriore, il 116
sellino posteriore, il 116
semaforo, il 106, 135
semaforo pedonale, il 106, 135
seme, il 78
seme di soia, il 78
semestre, il 164
semestre di stage, il 164
semi di coriandolo, i 84
semi di finocchio, i 84
semi di girasole, i 86
semi di zucca, i 86
seminare 65
seminario, il 163
semirimorchio, il 120
semplice 339
sempreverde, il 319
senape, la 85
Senegal, il 306
seno frontale, il 255
seno sfenoidale, il 255
sensibile 26
senso dell'equilibrio, il 259
Sentimenti e carattere 25
senza glutine 103
senza piombo 113
senza spalline 30
senza uova 103
senza zucchero 103
separatore decimale, il 339
separazione dei rifiuti, la 44
sepolcro, il 149
seppia, la 71
sequestro, il 285
sera, la 342
serbatoio esterno, il 293
serbatoio, il 54
serbatoio del carburante, il 111,
  117, 120

serbatoio del liquido dei freni, il
  110
Serbia, la 301
sereno 312
serial, il 185
serie, la 195
serie A, la 195
serigrafia, la 236
serpente, il 330
serra, la 63
serrandina, la 172
serratura, la 38
servire 202
servizio, il 186, 198
servizio a domicilio, il 99
servizio di assistenza ai clienti, il
  171
servizio di soccorso, il 282
servizio di vigilanza, il 142
servizio esterno, il 171
servizio in camera, il 137
servizio interno, il 171
servizio prestito, il 163
servizio sveglia, il 137
sessanta 336
sessantesimo/-a 338
sesto/-a 337
sestuplo 339
set, il 186, 202
seta, la 30, 240
setacciare 87, 95
setaccio, il 47
settanta 336
settantesimo/-a 338
sette 336
sette e mezzo 338
sette, le 340, 341
settembre, il 343
sette meno venti, le 341
setticemia, la 266
settimana, la 343
settimanale, il 188
settimo/-a 337
sfigmomanometro, lo 264
sfocato 243
sfogliare un libro 189
sformato, lo 100
sfortuna, la 245
sgabello, lo 49
sgabello da bar, lo 147
sgabello da cucina, lo 44
sgabello imbottito, lo 42
sgombro, lo 70
sguazzare 209
sguazzatoio, lo 151
shampoo, lo 34
sherry, lo 94
shock, lo 283
shorts, gli 31
Si prega di lasciare un messaggio
  dopo il segnale acustico. 184
sibilare 330
siccità, la 314
sicuro di sè 25
sidecar, il 117
sidro, il 94

sidro frizzante, il 92
siepe, la 63
sieronegativo 267
sieropositivo 267
Sierra Leone, la 306
sifone, il 54
sigaretta, la 146
sigaro, il 146
sigillante, il 61
sigla (musicale), la 187
signor... 18
signora... 18
siluro, il 331
simbolo, il 149
simpatico 25
sinagoga, la 134
Singapore 309
singolo, il 202
Sintomi e malattie 265
sintomo, il 277
sipario, il 226
sirena, la 285
Siria, la 310
siringa, la 276
sistema cardiocircolatorio, il
  259
sistema digerente, il 259
sistema endocrino, il 259
sistema linfatico, il 259
sistema nervoso, il 259
sistema operativo, il 181
sistema respiratorio, il 259
sistema riproduttivo
  femminile, il 259
sistema riproduttivo maschile, il
  259
sistema solare, il 292
sistema urinario, il 259
sitcom, il 186
Situazioni di emergenza 282
sit-up, il 223
skateboard, lo 220
skidoo®, lo 287
slacklining, lo 151
slalom, lo 218
slip, lo 30
slitta di salvataggio, la 287
slitta flash, la 242
slogarsi il braccio/una vertebra
  269
slogarsi/fratturarsi il piede
  269
Slovacchia, la 301
Slovenia, la 301
smacchiatore, lo 56
smalto, lo 35
smalto dentario, lo 271
smartphone, lo 183
smeraldo, lo 318
smerigliare 59
smog, lo 313
smottamento, lo 314
snello 24
snooker, lo 221
snowboard, lo 219
snowbordista, lo 219

sobborgo, il 132
social media, i 182
società a nome collettivo (S.n.c.),
  la 170
società a responsabilità limitata
  (S.r.l.), la 170
società a responsabilità limitata e
  in accomandita semplice (S.r.l.
  a.s.), la 170
società in accomandita semplice
  (S.a.s.), la 170
società per azioni (S.p.A.), la
  170
socio, il 171
sodio, il 103
sodo 75
soffione, il 320
soffitto, il 42
softball, il 200
software, il 183
soggiorno, il 42
soglia, la 40
sogliola, la 70
sognare 51
solaio, il 39
solarium, il 279
solco interglúteo, il 253
soldatessa, la 167
sole, il 292, 313
solista, la 228
sollevamento pesi alla panca, il
  222
sollevamento sulle braccia, il
  223
solvente, il 61
solvente per unghie, il 34
Somalia, la 306
sommario, il 189
sonaglio, il 27, 230
sonaglio a campanelli, il 230
sonata, la 228
sonnifero, il 277
Sono arrabbiato/contento/
  triste. 25
Sono in panne. 114
Sono le due. 340
sopracciglio, il 22
sopravvivere 283
sorbetto, il 101
sorella, la 17
sorellastra, la 18
sorgente termale, la 316
sorgere del sole, il 342
sorpreso 25
sorridere 25
sospensione, la 197
sospensione delle ruote, la
  110, 116
sospensione temporanea, la
  197
sostituto, il 197
sottobicchiere, il 48
sottoesposto 243
sottolavabo, il 53
sottomano, il 172
sottomarino, il 129

sottopancia, il/la 214
sottopassaggio, il 107
sottoporsi a disintossicazione 278
sottrarre 339
souvenir, il 148
sovracoperta, la 189
sovraesposto 243
sovrapassaggio, il 107
spaccata, la 207
spaghetti, gli 87
spaghetti alla bolognese/al ragù, gli 100
Spagna, la 301
spalla, la 252
spalliera svedese, la 161
spallina, la 31
spargere 95
spargimento di polline, lo 313
sparring, lo 213
spartitraffico, lo 107
spatola, la 61
spatola da cucina, la 48
spatola di gomma, la 48
spazio tra i sedili, lo 125
spazzaneve a fresa, lo 120
spazzare 57
spazzola per capelli, la 34
spazzolino da denti, lo 55
spazzolone in legno, lo 57
specchietto laterale, lo 111, 112
specchietto retrovisore, lo 110, 116
specchio, lo 35, 41, 42, 53
specialità, le 102
specialità gastronomiche, le 145
spedizione gratuita 191
spegnere il riscaldamento 62
spermatozoo, lo 262
spettatori, gli 194
Spezie 84
spia temperatura refrigerante motore, la 114
spiaggia, la 246
spiaggia di sassi, la 247
spiaggia naturista, la 247
spianare 95
spicchi di patate, gli 100
spicchio, lo 81
spicchio d'aglio, lo 75
spiedino, lo 47
spilla di sicurezza, la 239
spillatrice, la 173
spillo, lo 239
spillo da cravatta, lo 32
spina, la 62, 71, 147, 321
spinaci, gli 76
spinare un pesce 71
spingere 262
spinning®, lo 223
spirale, la 261
spogliatoio, lo 223
sport acquatici, gli 208
sport con la palla, gli 194

sport con racchette, gli 201
sport di combattimento, lo 213
Sport e fitness 193
sport equestri, gli 214
sportello, lo 138
sportello del check-in, lo 126
sportivo agonista, lo 169
sposa, la 21
sposarsi 21
sposato 17
sposo, lo 21
spostare un file 180
spot pubblicitario, lo 187
spray, lo 276
spray repellente per insetti, lo 248
spremiaglio, lo 47
spremifrutta, lo 92
spremuta di pompelmo, la 92
sprint, lo 206
spruzzare 65
spruzzino, lo 57
spugna, la 57
spugna da doccia, la 55
spumante, lo 94
Spuntini e snack 98
squadra, la 155, 200
squadra di soccorso, la 289
squalifica, la 197
squalificare un calciatore 195
squalo bianco, lo 331
squalo tigre, lo 331
squama, la 71
squamare 71
squame, le 330
squash, lo 201
squillare 184
Sri Lanka, lo 309
stabilimento termale, lo 279
stadio, lo 194
staffa, la 214
stage, lo 164
stagno da giardino, lo 63
stagno per saldare, lo 60
stampa, la 188
stampante a getto d'inchiostro, la 179
stampante laser, la 179
stampare un file 180
stampelle, le 268
stampino per sformati, lo 48
stampo muffin, lo 46
stampo per cialde, lo 45
stampo tartelette, lo 46
stanco 26
stanghetta, la 231
stanza da bagno, la 53
starnuto, lo 278
Stati Federati di Micronesia, gli 310
Stati membri dell'ONU 299
Stati Uniti, gli 303
station wagon, la 109
stativo, lo 159, 242
stato, lo 298
stazione autolinee, la 115

stazione dei pompieri, la 133, 286
stazione spaziale, la 294
stelo, lo 201, 321
stendere la biancheria 56
stendibiancheria, lo 56
stepper, lo 223
sterile 283, 261
sterlina, la 345
sterno, lo 257
stetoscopio, lo 264
stile libero, lo 219
stile liberty, lo 149
stipendio, lo 175
stirare 56
stivale alto, lo 33
stivale da cavallerizzo, lo 214
stivale da pesca, lo 216
stivale da sub, lo 211
stivale di gomma, lo 33
stivaletto, lo 31
stoffa, la 239
stomaco, lo 258
stone, la 345
storia, la 156
storia dell'arte, la 162
Stoviglie e posate 102
strada, la 132
strada a senso unico, la 106, 108
strada laterale, la 132
Strade e traffico 106
strato d'ozono, lo 313
stratosfera, la 313
stressato 26
stretch limousine, la 109
stretto, lo 295, 28
strice pedonali, le 106
striscia riflettente, la 117
strisciare 330
strofinaccio, lo 44, 46
strofinare 57
strudel di mele, lo 91
struzzo, lo 329
stuccare 61
stucco in pasta, lo 61
studente (universitario), lo 163
studiare 164
studio, lo 52
studio fotografico, lo 243
studio medico, lo 264
stufa, la 44, 279
stufare 69
stuoia, la 222
stuoia per fasciatoio, la 50
stupro, lo 285
stuzzicadenti, lo 102
succo d'arancia, il 92, 96
succo di carota, il 92
succo di mele frizzante, il 92
succo di pomodoro, il 92
succo di ribes, il 92
succoso 81
succursale, la 170
Sudafrica, il 307
Sudan, il 307

Sudan del Sud, il 307
sudoku, il 247
suite, la 137
sul lato destro/sinistro 135
sultanina, la 82
suocera, la 16
suocero, il 16
suola, la 33
suolo, il 295
suoneria, la 183
supermercato, il 144, 140
supplemento, il 188
supplenza, la 175
supposta, la 276
surf, il 212
surf sulla folla, il 232
surfista, il 212
surgelati, i 145
surgelato 71
suricato, il 325
Suriname, il 304
sushi, il 99
sveglia, la 49
svegliarsi 51
svendita, la 142
svenire 269
Svezia, la 301
Svizzera, la 301
svolazzare 328
Svolte 21
Swaziland, lo 307

T
tabacco, il 146
tabellone, il 161, 199, 200
tabellone degli orari, il 127
tablet, il 183
tacchino, il 69, 329
tacco, il 33
taccuino, il 173
tachimetro, il 114, 117
taco, il 99
taekwondo, il 213
Tagikistan, il 310
taglia, la 30
tagliabiscotti, il 46
tagliacarte, il 173
tagliando del bagaglio, il 127
tagliare 59, 65, 77, 95, 180, 240
tagliare con lo stampino 95
tagliare l'erba 65
tagliatelle, le 87
tagliauova, il 47
tagliere, il 47
taglierino, il 58
taglio cesareo, il 263
taglio di capelli corti, il 23
taglio scalato, il 23
tai-chi, il 213, 278
Tailandia, la 310
talk show, il 186
tallone, il 253, 254
talpa, la 324
talvolta 339
tamburello, il 230

tandem, il 119
tanica per acqua, la 249
Tanzania, la 307
tap-in, il 199
tapis roulant, il 127, 222
tappetino (per il mouse), il 179
tappetino da bagno, il 55
tappeto, il 49
tappezzare 61
tappo del serbatoio, il 113, 117
tappo per le orecchie, il 277
targa, la 110
tartaruga, la 330
tartaruga acquatica, la 330
tartufo, il 74
tasca da pasticciere, la 46
tassista, il 168
tasso, il 325
tasso d'interesse, il 138
tastiera, la 178, 184
tastierino numerico, il 138
tasto CONTROL, il 178
tasto di arresto, il 185
tasto di cancellazione all'indietro, il 178
tasto di pausa, il 185
tasto di tabulazione, il 178
tasto ESCAPE, il 178
tasto fissamaiuscole, il 178
tasto invio, il 178
tasto maiuscole, il 178
tatto, il 259
tavola, la 43
tavola da salto, la 207
tavola da surf, la 212
tavolato, il 43
tavoletta da nuoto, la 209
tavoletta per WC, la 53
tavolino, il 41
tavolino da sofà, il 42
tavolino ribaltabile, il 122
tavolino servipranzo, il 273
tavolo da conferenza, il 174
tavolo da ping pong, il 203
tavolo da tappezziere, il 61
tavolo operatorio, il 274
tavolo per due, il 101
tavolozza, la 35, 235
taxi, il 121
tazza, la 344
tè alla menta, il 93
tè freddo, il 92
tè nero, il 93
team, il 170
team leader, il 174
teatro, il 226, 134
teatro all'aperto, il 226
teatro dell'opera, il 134
tecnohouse, la 231
tee di partenza, il 204
teglia da forno, la 46
tegola, la 40
teiera, la 93
tela, la 236
telaio, il 201, 203
telecomando, il 185

telefonare a qualcuno 19, 184
telefonino, il 183
telefono, il 184
telefono senza filo, il 184
teleprompter®, il 186
televisione, la 185
televisione via cavo, la 185
televisore, il 185
telo da mare, il 246
telo esterno, il 249
telo interno, il 249
telo protettivo, il 61
tema, il 154
temperamatite, il 173
temperatura, la 312
temperino, il 60
tempesta, la 288, 314
tempesta di neve, la 314
tempestoso 312
tempia, la 22
tempio, il 134
tempo, il 312, 340, 196, 231
Tempo libero 225
tempo supplementare, il 196
temporale, il 313
tenaglia, la 58
tenda, la 42, 248
tenda da doccia, la 55
tenda da spiaggia, la 247
tenda divisoria, la 273
tenda indiana, la 248
tendine, il 258
tendine d'Achille, il 256
tennis, il 202
tensione, la 62
tequila, la 94
terapia, la 278
tergere 57
tergicristallo, il 110
terminal, il 126
Terminali mobili 183
termine di restituzione, il 163
termite, la 333
termocoperta, la 49
termometro, il 158, 277
termostato, il 54
terra, la 295
Terra, la 292
Terra e natura 291
terrazza, la 40
terrazzo, il 63
terrazzo soleggiato, il 147
terremoto, il 314
terreno, il 38
terreno di gioco, il 194
territorio, il 298
terzino, il 195
terzo, un 338
terzo/a 337
tesina, la 164
tessera bibliotecaria, la 163
tessera del domino, la 244
tessera universitaria, la 164
tessere 240
tessere un tappeto 240
tessuto, il 258

test di gravidanza, il 262
testa, la 255, 238, 252
testardo 26
testicolo, il 260
testiera, la 49
testimone, il 206, 284
testo, il 232
tetano, il 266
tetto, il 40, 110
tettoia per auto, la 39
thermos®, il 47
thriller, il 241
tibia, la 252
tibiale anteriore, il 256
tie break, il 202
tiglio, il 319
tigre, la 325
timbro postale, il 190
timer da cucina, il 46
timido 25
timo, il 83
Timor Est 309
timpano, il 228, 230
Tipi di automobili 109
tiramisù, il 91
tirare 217
tirare di testa 196
tirare i dadi 245
tirare in porto 196
tirare un dente 271
tirare un pesce 217
tirarsi le sopracciglia 34
tiro al volo, il 202
tiro con l'arco, il 221
tiro dai sette metri, il 197
tiro in doppio appoggio, il 197
tiro in estensione, il 197
tiroide, la 258
titolo, il 139, 188
toast, il 97
Tocca a te. 245
togliere le erbacce 65
Togo, il 307
tollerante 25
tomografia a risonanza magnetica, la 275
tomografia assiale computerizzata, la 275
Tonga, le 311
tonnellata, la 345
tonno, il 70
top, il 31
topazio, il 318
topo, il 324
torace, il 252
torcia, la 211
tormalina, la 318
tornado, il 314
torneo, il 200
toro, il 326
torre, la 132, 245
torre della televisione, la 132
torre di controllo, la 126
torre di guardia, la 288
torre per i tuffi, la 209

torso(lo), il 74
torsolo, il 81
torta al cioccolato, la 90
torta alla frutta, la 90
torta alle prugne, la 90
torta di ricotta, la 90
torta foresta nera, la 90
torta linzer, la 90
tortellini, i 87
tortiera apribile, la 46
tosaerba, il 64
tosaerba a filo, il 64
tosse, la 266
tostapane, il 45
tostato 82
touch screen, il 183
tovaglia, la 102
tovagliolo, il 102
Tra dieci minuti. 341
trachea, la 258
traffico di punta, il 107
traffico in senso opposto, il 108
tragedia, la 226
tram, il 122
tramonto, il 246, 342
trampolino, il 161, 209
trapano a batteria, il 59
trapano elettrico, il 59
trapezio, il 256
trapianto, il 267
traslocare 21
trasmettere 182, 187
trasmissione, la 187
trasmissione dal vivo, la 186
trattamento, il 264
trattamento del viso, il 279
trattamento della radice, il 271
trattamento post-operatorio, il 274
trattore, il 121
traumatizzato 283
traversa, la 196
tre 336
tre, le 340, 341
tre quarti 338
tre volte 339
treccia, la 23
trecentesimo/-a 338
tredicesimo/-a 337
tredici 336
trenino elettrico, il 234
treno, il 122
treno ad alta velocità, il 122
treno merci, il 122
trenta 336
trentesimo/-a 338
treppiedi, il 159
triangolo, il 230
triathlon, il 221
tribuna, la 194
tric trac, il 244
tricheco, il 327
triciclo, il 119
tricipite, il 256
trifoglio, il 320
Trinidad e Tobago 303

triplo 339
triste 26
trolley, il 127
trolley da golf, il 205
tromba, la 120, 229
tromba delle scale, la 39
trombone, il 229
tronco, il 319
tronco encefalico, il 255
tropici, i 298
tropico meridionale, il 298
tropico settentrionale, il 298
troposfera, la 313
troppopieno, il 54
trota, la 70
trousse, la 34
trovarsi in pericolo di naufragio 288
truccarsi 55
Trucchi 35
truciolato, il 60
tsunami, lo 288, 314
tuba, la 229
tubercolosi, la 266
tubo, il 113, 159
tubo da giardino, il 64
tubo del troppopieno, il 54
tubo di scappamento, il 111
tubo di scarico, il 120
tubo galleggiante, il 209
tubo reggisella, il 118
tucano, il 328
tuffarsi 209
tuffo di partenza, il 208
tulipano, il 322
Tunisia, la 307
tuono, il 313
tuorlo, il 72
turbolenze, le 125
turchese, il 318
Turchia, la 301
Turkmenistan, il 310
tuta, la 28, 61
tuta da ginnastica, la 207
tuta da sci, la 218
tuta moto, la 117
tutina da neve, la 27
tutti 339
Tuvalu 311

U
Uccelli 328
Ucraina, l' 301
udito, l' 259
uditorio, l' 162
ufficiale di correzione, l' 284
ufficio, l' 172
ufficio d'informazioni turistiche, l' 148
ufficio del personale, l' 171
ufficio di cambio, l' 139
ufficio vendite, l' 171
Uganda, l' 307
uguale 339
ulcera, l' 267
ulna, l' 257

Ulteriori veicoli 121
ultimo/-a 338
umido 312
Un bicchiere di..., per favore. 147
Un biglietto di andata per... 123
una, l' 340
una dozzina, una 339
una grossa, una 339
Una porzione di patatine fritte con ketchup e maionese, per favore. 99
Una tazza di ..., per favore. 147
una volta 339
undicesimo/-a 337
undici 336
undici, le 340, 341
UNESCO, l' 311
Ungheria, l' 301
unghia, l' 254
unghia del piede, l' 254
uniforme, l' 284
Unione Africana, l' 311
Unione Europea (UE), l' 311
unità CD/DVD, l' 178
università, l' 133
universo, l' 294
uno 336
uomo, l' 18, 252, 253
uomo d'affari, l' 174
uova di pesce, le 331
uova strapazzate, le 97
uovo d'oca, l' 72
uovo di gallina, l' 72
uovo di quaglia, l' 72
uovo fritto, l' 97
uovo sodo, l' 96
uragano, l' 314
Urano 293
uretere, l' 259
uretra, l' 260, 261
Uruguay, l' 304
uscita, l' 107, 126, 207
uscita d'emergenza, l' 125
uscita dell'acqua calda, l' 54
uscita di sicurezza, l' 286
ustione, l' 269
Utensili da cucina 45
Utensili da cucina e pasticceria 46
utero, l' 261
utilitaria, l' 109
uva, l' 79
uva passa, l' 82
uva spina, l' 79
Uzbekistan, l' 310

V
Va bene, lo prendo. 28
vacanze, le 157
Vacanze 246
vacanze annuali, le 175
vacanze universitarie, le 164
vaccinazione, la 263

vagina, la 261
vaglia postale, il 191
vagone, il 122
vagone viaggiatori, il 122
valanga, la 287, 314
valerianella, la 76
valigia, la 32
valle, la 315
valuta, la 345, 139
valvola di sicurezza, la 54
vanga, la 64
vangare 65
vano bagagli, il 124
vano portaoggetti, il 120
Vanuatu 311
vaporiera, la 45
varicella, la 266
varietà, il 226
vasca da bagno, la 53
vaschetta del detersivo, la 56
vaschetta di Petri, la 159
vaschetta per pittura, la 61
vaschetta portacorrispondenza, la 172
vasetto, il 89
vasino, il 50
vaso, il 53
vassoio, il 46, 147, 160
vassoio delle uova, il 73
vecchia costruzione, la 39
vedovo 17
vegan 103
vegetariano 103
vela, la 210, 212
vela maestra, la 210
veleno, il 330
velista, il 210
velocità, la 114
velocità del vento, la 313
vena, la 259
venerdì, il 343
Venere 292
Venezuela, il 304
ventesimo/-a 337
venti 336
ventidue 336
ventiduesimo/-a 337
ventilatore, il 42, 111
ventimila 337
ventitré 336
vento, il 210, 313
ventoso 312
ventre, il 252
ventunesimo/-a 337
ventuno 336
verbale, il 174
verbalizzare 174
verde, il 237
verde giallo, il 237
verde olivastro, il 237
verde smeraldo, il 237
verdure stufate, le 74
verme, il 333
vernice, la 60, 235
vernice acrilica, la 61
vernice ad olio, la 235

verniciare 59
versare denaro 138
Verso mezzogiorno. 341
vertebra cervicale, la 257
vertebra lombare, la 257
verticale (sulle mani), la 207
vertigini, le 265
verza, la 76
Vesakh, il 20
vescica biliare, la 258
vescica urinaria, la 259, 260, 261
vescicola, la 269
vescicola seminale, la 260
vespa, la 332
vestito, il 29, 31
veterinario, il 166
vetrina, la 42, 43, 140
vetro usato, il 44
vetta, la 315
via lattea, la 294
viaggiare clandestinamente 123
viaggiatore, il 123
viaggio d'affari, il 174
viale, il 132
vibrisse, le 324
vicedirezione, la 171
vicino, il 18, 135
vicolo, il 132
videocamera di sorveglianza, la 289
videogioco, il 185
videoproiettore, il 174
Vietnam, il 310
vigile, il 107
Vigilia di Capodanno 20
villaggio, il 136
villaggio balneare, il 247
vin brûlé, il 93
vincere 245
vincitore, il 200
vino allungato con acqua minerale gassata, il 94
vino bianco, il 94
vino rosato, il 94
vino rosso, il 94
viola, il 237
viola del pensiero, la 322
violenza, la 285
violino, il 229
violoncello, il 229
viottolo, il 63, 150
virata, la 208
virola della lampadina, la 62
virus, il 265
visiera, la 117, 286
visita della città, la 148
viso, il 22
vista, la 259
visto, il 127
vita, la 253
vita d'ufficio, la 175
vite, la 58
vittima dell'incidente, la 282
vodka, la 94

vogatore, il 222
volano, il 161, 201
volante, il 112
volantino, il 238
volare 125
volo a lungo raggio, il 127
volo internazionale, il 127
volo nazionale, il 127
volo per non fumatori, il 125
volontariato, il 164
volpe, la 325
volt, il 62
volta, la 149
volta plantare, la 254
voltare a destra/sinistra 135
volume, il 185
volume illustrato, il 189
vongola, la 71
Vorrei … 147
Vorrei aprire un conto. 139
Vorrei ordinare qualcosa da
   portare via. 99
Vorrei una camera matrimoniale
   per una notte. 136

voto, il 154
vulcano, il 316

W
wakeboard, il 212
watt, il 62
WC da campeggio, il 249
web check-in, il 127
webcam, la 179
western, il 241
whisky, il 94
wifi, il 182
windsurf, il 212
wing chun, il 213
wok, il 48
würstel, il 68

X
xilofono, lo 228

Y
yacht a motore, lo 128
Yemen, lo 308
yen, lo 345
yoga, lo 278

yogurt, lo 72
yogurt alla frutta, lo 96
yogurt gelato, lo 98
yuan, il 345

Z
zaffiro, lo 318
zainetto scuola, lo 50
zaino, lo 32, 127, 249
Zambia, lo 306
zampa, la 324
zanzara, la 332
zanzaricida, lo 277
zanzariera, la 249
zappa, la 64
zatterone, lo 33
zebra, la 326
zecca, la 333
zenzero, lo 84
zerbino, lo 38
zero 336
zia, la 17
zigomo, lo 257
Zimbabwe, lo 306

zio, lo 17
zoccolo, lo 214, 324
zolfo, lo 317
zona, la 298
zona commerciale, la 132, 133
zona dei locali, la 133
zona di attacco, la 198
zona di difesa, la 198, 202
zona industriale, la 133
zona libera, la 198
zona pedonale, la 135
zona residenziale, la 133
zona ristoro, la 143
zona umida, la 316
zoo, lo 150
zoom, lo 242
zoppicare 268
zucca, la 77
zucchero, lo 103
zucchina, la 77
zucchina trombetta, la 77

PHOTO CREDITS

* – © Fotolia.com

16 */Alexander Raths, 16 */Jeanette Dietl, 16 */Forgiss, 16 */paulmz, 16 */fotodesign-jegg.de, 16 */mimagephotos, 16 */Syda Productions, 16 */iko, 16 */Jeanette Dietl, 16 */drubig-photo, 16 */oocoskun, 17 */damato, 17 */vbaleha, 17 */Rido, 17 */Ljupco Smokovski, 17 */Jeanette Dietl, 17 */Janina Dierks, 17 */Valua Vitaly, 17 */Rido, 17 */Andres Rodriguez, 17 */Syda Productions, 17 */Valua Vitaly, 18 */Dmitry Lobanov, 18 */Samuel Borges, 18 */DenisNata, 18 */Pavel Losevsky, 18 */Gabriel Blaj, 18 */WONG SZE FEI, 18 */vgstudio, 18 */Picture-Factory, 18 */Ariwasabi, 19 */endostock, 19 */mma23, 19 */Jasmin Merdan, 19 */Tom Wang, 19 */Michael Gray, 19 */JanMika, 19 */BeTa-Artworks, 19 */michaeljung, 19 */Savannah1969, 19 */patpitchaya, 19 */Sabphoto, 19 */Cello Armstrong, 19 */eyetronic, 20 */Danilo Rizzuti, 20 */Ruth Black, 20 */Smileus, 20 */chesterF, 20 iStockphoto/Catherine Yeulet, 20 */Denis-Nata, 20 */Melinda Nagy, 20 */Kaarsten, 20 */MISHELA, 20 */Eray, 20 */Unclesam, 20 */satin_111, 20 */Michael Fritzen, 21 */yanlev, 21 */BeTa-Artworks, 21 */Margit Power, 21 */Brenda Carson, 21 */Africa Studio, 21 */Piotr Marcinski, 21 */Fotowerk, 21 */AVRORA, 21 */stockyimages, 21 */Tyler Olson, 21 */ExQuisine, 21 */Glenda Powers, 21 Thinkstock/iStockphoto, 22 */Valua Vitaly, 22 */codiarts, 23 */Jaimie Duplass, 23 */krimar, 23 */magann, 23 */Stefan Balk, 23 */Kaponia Aliaksei, 23 */koji6aca, 23 */yuriyzhuravov, 23 */yuriyzhuravov, 23 */Ermolaev Alexandr, 23 */V.R.Murralinath, 23 */badmanproduction, 23 */Anton Zabielskyi, 23 */auremar, 23 */koji6aca, 24 */mimagephotos, 24 */Tiler84, 24 */velazquez, 24 */giorgiomtb, 24 */apops, 24 */dusk, 24 */Knut Wiarda, 24 */stokkete, 24 */Taiga, 24 */Taiga, 24 */Taiga, 25 */Karramba Production, 25 */Robert Kneschke, 25 */cantor pannatto, 25 */Garrincha, 25 */Picture-Factory, 25 */bevangoldswain, 25 */WavebreakMediaMicro, 25 */Rido, 25 */Minerva Studio, 25 */cantor pannatto, 25 */Fotowerk, 25 */Fotowerk, 26 */Gelpi, 26 */stockyimages, 26 */WavebreakmediaMicro, 26 */pathdoc, 26 */llike, 26 */pathdoc, 26 */Andres Rodriguez, 26 */Garrincha, 26 */cantor pannatto, 26 */pressmaster, 26 */vladimirfloyd, 26 */Elnur, 26 */Klaus Eppele, 27 */boumenjapet, 27 */Vera Anistratenko, 27 */carol_anne, 27 */Andrey Armyagov, 27 Thinkstock/NikolayK, 27 */srdjan111, 27 */Zbyszek Nowak, 27 */Pamela Uyttendaele, 27 */Michaela Pucher, 27 */Katrina Brown, 28 */ghoststone, 28 */nito, 28 */zhekos, 28 */chiyacat, 28 */Alexandra Karamyshev, 28 */BEAUTYofLIFE, 28 */Lucky Dragon, 29 */Karramba Production, 29 */BEAUTYofLIFE, 29 */Khvost, 29 */Khvost, 29 */Elnur, 29 */Popova Olga, 29 */Artem Gorohov, 29 */Elnur, 29 */Ruslan Kudrin, 29 */Gordana Sermek, 29 */Alexandra Karamyshev, 30 */alaterphotog, 30 */Elnur, 30 */Elnur, 30 */Ruslan Kudrin, 30 */Alexandra Karamyshev, 30 */Alexandra Karamyshev, 30 */Oliver Preißner, 30 */Robert Lehmann, 30 */Alexandra Karamyshev, 31 */mimagephotos, 31 */Alexandra Karamyshev, 31 */Alexandra Karamyshev, 31 */ludmilafoto, 31 */okinawakasawa, 31 Thinkstock/Alexandru Chiriac, 31 */cedrov, 31 */Khvost, 31 */hifashion, 31 */Alexandra Karamyshev, 31 */Alexandra Karamyshev, 32 */Little_wine_fly, 32 */Jiri Hera, 32 */rangizzz, 32 */Jiri Hera, 32 */Andrew Buckin, 32 Thinkstock/Danny Chan, 32 */Artem Merzlenko, 32 */Cobalt, 32 */fotomatrix, 32 */Rozaliya, 32 */adisa, 32 */Kira Nova, 32 */Shariff Che'Lah, 32 */venusangel, 32 */Unclesam, 32 */srki66, 33 */adisa, 33 */adisa, 33 */lalouetto, 33 */PRILL Mediendesign, 33 */Africa Studio, 33 */adisa, 33 */Andrey Bandurenko, 33 */Nadinelle, 33 */design56, 33 */Sergey Rusakov, 33 */Jiri Hera, 33 */gemenacom, 33 */Andre Plath, 33 */Alexander Raths, 33 */Liaurinko, 33 */thaikrit, 33 */humbak, 34 */wiedzma, 34 */kontur-vid, 34 */Tharakorn, 34 */picsfive, 34 */pattarastock, 34 */NilsZ, 34 */picsfive, 34 */picsfive, 34 */ksena32, 34 */cristi180884, 34 */bpstocks, 34 */nito, 34 */Tarzhanova, 34 */bpstocks, 34 */terex, 34 */ibphoto, 35 */Gennadiy Poznyakov, 38 */JSB, 38 */stocker1970, 38 */photo 5000, 38 */Tiberius Gracchus, 38 */Ralf Gosch, 38 */visivasnc, 38 */Lasse Kristensen, 38 */Speedfighter, 38 */Bokicbo, 38 */typomaniac, 38 */O.M., 38 */designsstock, 38 */Tatty, 39 */Kurhan, 39 */selensergen, 39 */Brilliant Eagle, 39 */Iriana Shiyan, 39 */terex, 39 */Sashkin, 39 */bcdesign, 39 */pyzata, 39 */Thomas Aumann, 39 */Tiberius Gracchus, 39 */Igor Kovalchuk, 39 */Maksym Yemelyanov, 39 */pabijan, 40 */Magda Fischer, 41 */Kasia Bialasiewicz, 41 */bennnn, 41 */Bert Folsom, 41 */Aleksandar Jocic, 41 */yevgenromanenko, 41 */Aleksandr Ugorenkov, 42 */Iriana Shiyan, 42 */luchshen, 42 */sokrub, 42 */sokrub, 42 */okinawakasawa, 43 */pics721, 43 */Delphimages, 43 */arteferretto, 43 */Kitch Bain, 43 */Chris Brignell, 44 */stock_for_free, 44 */kornienko, 45 */mrgarry, 45 */mariocigic, 45 Thinkstock/Hemera, 45 */Alexander Morozov, 45 */Denis Gladkiy, 45 */Sergii Moscaliuk, 45 */sutsaiy, 45 */sutsaiy, 45 */okinawakasawa, 45 */Alexander Morozov, 45 */venusangel, 45 */bergamont, 45 */Alexander Morozov, 45 */sutsaiy, 45 */manipulateur, 45 */kmiragaya, 46 */fotyma, 46 */Denisa V, 46 */jonnysek, 46 */Kitch Bain, 46 */pholien, 46 */Alona Dudaieva, 46 */M.R. Swadzba, 46 Thinkstock/iStockphoto, 46 */bennyartist, 46 */Nikola Bilic, 46 */cretolamna, 46 */Igor Syrbu, 46 */Piotr Pawinski, 47 */cretolamna, 47 */Harald Biebel, 47 */gavran333, 47 */M.R. Swadzba, 47 */IrisArt, 47 */Diana Taliun, 47 */cretolamna, 47 */M S, 47 */nito, 47 */Bombaert Patrick, 47 */scol22, 47 */cretolamna, 47 */picsfive, 48 */Sunshine Pics, 48 */VRD, 48 */petrsalinger, 48 */cretolamna, 48 */gavran333, 48 */Uwe Landgraf, 48 */nito, 48 */Schwoab, 48 */cretolamna, 48 */Stefan Balk, 48 */karandaev, 48 */Lucky Dragon, 48 */PhotoSG, 49 */2mmedia, 50 */Andres Rodriguez, 50 */simmittorok, 50 */Liliia Rudchenko, 50 */venusangel, 50 */Ljupco Smokovski, 50 */Maksim Kostenko, 50 Thinkstock/Stockbyte, 50 */Xuejun li, 50 */Ljupco Smokovski, 50 */Coprid, 50 */Yingko, 51 */poligonchik, 52 */arsdigital, 53 */adpePhoto, 53 */Africa Studio, 53 */Tiler84, 53 */NilsZ, 53 */Africa Studio, 53 */Coprid, 54 */magraphics.eu, 54 */sommersby, 54 */ermess, 54 */AndG, 55 */ILYA AKINSHIN, 55 */Lusoimages, 55 */Hamster-Man, 55 */jlcst, 55 */Foto-Ruhrgebiet, 55 */Dmytro Akulov, 55 */picsfive, 55 */ibphoto, 55 */Jonathan Stutz, 55 */Jackin, 55 */ganko, 55 */artmim, 55 */Klaus Eppele, 56 */Sashkin, 56 */Creatix, 56 */Andreja Donko, 56 */Katrina Brown, 56 */Ljupco Smokovski, 57 */Okea, 58 */kmit, 58 */luckylight, 58 */tuja66, 58 */tuja66, 58 */corund, 58 */tuja66, 58 */Rynio Productions, 58 */mick20, 58 */Denis Dryashkin, 58 */tuja66, 58 */claudio, 58 */CE Photography, 58 */tuja66, 58 */Бурдюков Андрей, 58 */vav63, 59 */Rynio Productions, 59 */Rynio Productions, 59 */Rynio Productions, 59 */PRILL Mediendesign, 59 */fefufoto, 59 */antonsov85, 60 */andersphoto, 60 */scis65, 60 */venusangel, 60 */Coprid, 60 */f9photos, 60 */tuja66, 60 */Konovalov Pavel, 60 */Freer, 60 */Nik, 60 */

chungking, 60 */mariusz szczygieł, 61 */auremar, 61 */Africa Studio, 61 */ankiro, 61 */Ionescu Bogdan, 61 */piai, 61 */Denys Rudyi, 62 */Nomad_Soul, 62 */gradt, 62 */twister025, 62 */egorovvasily, 62 */womue, 62 Thinkstock/iStockphoto, 62 Thinkstock/iStockphoto, 62 */cherezoff, 62 */by-studio, 63 */coco, 63 */D. Ott, 63 */D. Ott, 63 */federicofoto, 63 */babsi_w, 63 */Stibat Studio, 63 */Kara, 63 */Jeanette Dietl, 63 */sonne fleckl, 63 */keller, 63 */miket, 63 */WoGi, 63 */M. Schuppich , 63 */Marco Becker , 63 */kobra78 , 63 */ Kalle Kolodziej, 64 */mallivan, 64 */Zbyszek Nowak, 64 */opasstudio, 64 */hsagencia, 64 */photka , 64 */photka , 64 */photka , 64 */ photka , 64 */Gerald Bernard , 64 */Jaimie Duplass , 64 */steamroller , 64 */tompet80 , 64 */schankz, 64 */keerati, 65 */hopfi23, 65 */Alex Petelin, 65 */Patryssia, 65 */D. Ott, 65 */Horticulture, 65 */Kasia Bialasiewicz, 65 */mopsgrafik, 65 */B. Wylezich, 65 */fotoschab, 65 */Miredi, 65 */udra11, 65 */NinaMalyna, 65 */rupbilder, 68 */unpict, 68 */Teamarbeit, 68 */Christian Jung, 68 Dreamstime/ Christianjung, 68 */HLPhoto, 68 */ExQuisine , 68 */rdnzl, 68 */uckyo, 68 */ExQuisine, 68 */lefebvre_jonathan, 68 */Cornerman, 68 */ Mara Zemgaliete, 68 iStockphoto/Vasko, 68 */Diana Taliun, 68 */oksix, 68 Shutterstock/marco mayer, 69 */ExQuisine, 69 */ExQuisine, 69 */fotomaster, 69 */Eric Isselée, 69 */boguslaw, 69 */Eric Isselée, 69 */nito, 69 */Irina Khomenko, 69 */Viktor, 69 */Oran Tantapakul, 69 */lightpoet, 70 */Rémy MASSEGLIA, 70 */Natalia Merzlyakova, 70 Dreamstime/Witoldkr1, 70 */Picture Partners, 70 */antonio scarpi, 70 */Gaetan Soupa, 70 */o.meerson, 70 */ExQuisine, 70 Dreamstime/Pipa 100, 70 */lunamarina, 70 */HelleM, 70 */Dalmatin.o , 70 */Witold Krasowski, 70 */Andrei Nekrassov, 70 */Dionisvera, 70 */Dionisvera, 71 */angorius, 71 */Dani Vincek, 71 */felinda, 71 */ Andrey Starostin, 71 */pedrolieb, 71 */ExQuisine, 71 Dreamstime/Onepony, 71 */dulsita, 71 */Giuseppe Lancia, 71 */margo555, 71 */ BSANI , 71 */womue, 71 */Jiri Hera, 72 */ExQuisine, 72 Dreamstime/Sethislav, 72 */volff , 73 */dimakp, 73 Shutterstock/Multiart, 73 Shutterstock/Krzysztof Slusarczyk, 73 */Daddy Cool, 73 */Brad Pict, 73 Dreamstime/Jack14, 73 */cynoclub, 73 */Picture Partners, 73 */ Lsantilli , 73 */Coprid, 73 */Fotofermer, 73 */Brad Pict, 73 */Mara Zemgaliete, 74 */Dani Vincek , 74 */Natika, 74 */Luis Carlos Jiménez, 74 */angorius, 74 */marrfa, 74 */Natika, 74 */fotogal, 74 */Shawn Hempel, 74 */Jessmine, 74 */Daorson, 74 */Jérôme Rommé, 74 */gcpics, 74 */Picture Partners, 75 */valeriy555, 75 */valeriy555, 75 */Barbara Pheby, 75 */volga1971, 75 Dreamstime/ Robynmac, 75 */Anna Kucherova, 76 */jerome signoret, 76 */boguslaw, 76 */fotomatrix, 76 */World travel images, 76 */margo555 , 76 */margo555 , 76 */margo555 , 76 */margo555 , 76 */Wolfgang Jargstorff, 77 */valeriy555, 77 */silencefoto, 77 */valeriy555, 77 */ valeriy555, 77 */silencefoto, 77 */valeriy555, 77 */photocrew, 77 */valeriy555, 77 */Anna Kucherova, 77 */valeriy555, 77 */Malyshchyts Viktar, 77 */charlottelake, 77 */valeriy555, 78 */tycoon101, 78 */Zbyszek Nowak, 78 */M.R. Swadzba, 78 */Schlierner, 78 */ Ekaterina Lin, 78 */Andrey Starostin, 79 */azureus70, 79 */azureus70, 79 */valeriy555, 79 */Dionisvera, 79 */valeriy555, 79 */ valeriy555, 79 */Andrea Wilhelm, 79 */valeriy555, 79 */valeriy555, 79 */valeriy555, 79 */valeriy555, 79 */valeriy555, 79 */valeriy555, 79 */Anna Kucherova, 80 */Malyshchyts Viktar, 80 */Malyshchyts Viktar, 80 */Malyshchyts Viktar, 80 */Malyshchyts Viktar, 80 */Malyshchyts Viktar, 80 */Malyshchyts Viktar, 80 */Malyshchyts Viktar, 80 */Malyshchyts Viktar, 80 */Malyshchyts Viktar, 80 */Malyshchyts Viktar, 80 */Natika, 80 */Malyshchyts Viktar, 80 */Malyshchyts Viktar, f9photos, 80 */Malyshchyts Viktar, 80 */Oleksiy Ilyashenko, 80 */Tim UR, 80 */valeriy555, 80 */valeriy555, 80 */Natika, 80 */valeriy555, 81 Dreamstime/Skyper1975, 81 */Werner Fellner, 81 */ marilyn barbone, 81 */nblxer, 81 */goodween123, 82 */Popova Olga, 82 */Popova Olga, 82 */Popova Olga, 82 */mates, 82 */Popova Olga, 82 */Popova Olga, 82 */Popova Olga, 82 */Popova Olga, 82 */pimponaco, 82 */Schlierner, 82 */svl861, 82 */svl861, 82 Dreamstime/Margouillat, 83 */Team 5, 83 MDB/sli8, 83 */unpict, 83 */Tomboy2290, 83 */nbriam, 83 */Vera Kuttelvaserova, 83 */Vesna Cvorovic, 83 */Maceo, 83 */scis65, 84 Thinkstock/iStockphoto, 84 Thinkstock/iStockphoto, 84 Thinkstock/iStockphoto, 84 Thinkstock/ iStockphoto, 84 Thinkstock/iStockphoto, 84 Thinkstock/iStockphoto, 84 Thinkstock/iStockphoto, 84 Thinkstock/iStockphoto, 84 Thinkstock/iStockphoto, 84 Thinkstock/iStockphoto, 84 Thinkstock/iStockphoto, 84 Thinkstock/iStockphoto, 84 Thinkstock/iStockphoto, 84 Thinkstock/iStockphoto, 84 Thinkstock/iStockphoto, 84 Thinkstock/iStockphoto, 85 Dreamstime/Sergioz, 85 */Africa Studio, 85 */ Orlando Bellini, 85 */Inga Nielsen, 85 */Inga Nielsen, 85 */Inga Nielsen, 85 */Boris Ryzhkov, 86 */Popova Olga, 86 */Popova Olga, 86 */Popova Olga, 86 */Popova Olga, 86 */Popova Olga, 86 */Popova Olga, 86 */Popova Olga, 86 */Popova Olga, 86 */Popova Olga, 86 */ Popova Olga, 86 */Popova Olga, 86 */Popova Olga, 86 */Popova Olga, 86 */Elena Schweitzer, 86 */Picturefoods.com, 87 Dreamstime/Jirkaejc, 87 Dreamstime/Glasscuter, 87 */Andrzej Tokarski, 87 Dreamstime/Pryzmat, 87 */Stefano Neri , 87 */Roxana, 87 */enzo4, 87 */Stefano Neri, 87 */akulamatiau, 87 */zorandim75, 87 */marilyn barbone, 88 */pico, 88 */Sergejs Rahunoks, 88 Dreamstime/Givaga, 88 */Piovanello, 88 */Piovanello, 88 */the_pixel, 88 */Liaurinko, 88 */nemez210769, 88 */midosemsem, 88 */Jiri Hera, 88 */juri semjonow, 88 */Brad Pict, 88 Dreamstime/Travelling-light, 88 Dreamstime/Synchronista, 88 */Julian Weber, 88 */IrisArt , 89 */BeTa-Artworks, 89 */Sergii Moscaliuk, 89 */Diana Taliun, 89 */Daniel Wiedemann, 89 Dreamstime/Nagme, 89 */lantapix, 89 */Olegich, 89 */scis65, 89 */Vidady, 89 */komar.maria, 90 */Petrov Vadim, 90 */unpict, 90 */Smart7, 90 */tycoon101, 90 */M. Schuppich, 90 */digifood, 90 */Schwoab, 90 */photocrew, 90 */chrisdorney, 90 */anakondasp, 90 */unpict, 90 */sorcerer11, 90 */ Lucky Dragon, 91 */MarFot, 91 */ppi09, 91 */Kesu, 91 */Andrea Wilhelm, 91 */kehr design, 91 */gtranquillity, 91 */Corinna Gissemann, 91 */Lucky Dragon, 91 */Jiri Hera, 91 */sergojpg, 91 */Daryl Musser, 91 */robysaba, 91 */unpict, 92 */Jiri Hera, 92 */Nitr, 92 */Nitr, 92 */ExQuisine, 92 */Natika , 92 */Inga Nielsen, 92 */Nitr, 92 */Nitr, 92 */Taffi, 92 */karandaev, 92 */unpict, 92 */baibaz, 92 */ Africa Studio, 92 */pabijan, 93 */amenic181, 93 */Viktor, 93 */blende40, 93 */Fotofermer, 93 */Rob Stark, 93 */gtranquillity, 93 */ gtranquillity, 93 */gtranquillity, 93 */gtranquillity, 93 */gtranquillity, 93 */Inga Nielsen, 93 Thinkstock/puchkovo48, 94 */neirfy, 94 */Nitr, 94 */Nitr, 94 */Nitr, 94 */Taffi, 94 */Taffi, 94 */Taffi, 94 */Taffi, 94 */karandaev, 94 */karandaev, 94 */karandaev, 94 */Hemeroskopion, 95 */Hemeroskopion, 95 */Hemeroskopion, 95 */Hemeroskopion, 95 */Hemeroskopion, 95 */Hemeroskopion, 95 */Hemeroskopion, 95 */Hemeroskopion, 95 */Hemeroskopion, 95 */Hemeroskopion, 95 */Hemeroskopion, 95 */Hemeroskopion, 95 */ kab-vision, 96 Shutterstock/Multiart - Shutterstock.com, 96 */Volodymyr Shevchuk, 96 */Sergejs Rahunoks, 96 */sspice, 96 */Corinna Gisseman, 96 */azureus70, 96 */Popova Olga, 96 */baibaz, 97 */Whitebox Media, 97 */angorius, 97 */Andrea Wilhelm, 97 Dreamstime/Margouillat, 97 */Viktor, 97 */Kesu, 97 */Peredniankina, 97 */margo555, 97 */Aleksandar Jocic, 98 */Jiri Hera, 98 */victoria p.,

Martina Berg, 234 */st-fotograf, 234 */imagika, 234 Thinkstock/iStockphoto, 234 */WavebreakMediaMicro, 234 */jillchen, 234 */ Alexander Raths, 235 */Warren Millar, 235 Thinkstock/Stockbyte, 235 Thinkstock/iStockphoto, 235 Thinkstock/iStockphoto, 235 Thinkstock/iStockphoto, 235 Thinkstock/iStockphoto, 235 */ksena32, 235 Thinkstock/iStockphoto, 235 */AllebaziB, 235 */Barbara Pheby, 235 Thinkstock/Hemera, 235 */womue, 235 */Liliia Rudchenko, 235 Thinkstock/iStockphoto, 235 */jogyx, 235 */Marius Graf, 236 */Regina Jersova, 236 */bittedankeschön, 236 Thinkstock/iStockphoto, 236 */franzgustincich, 236 */openlens, 236 */bruniewska, 236 */Amid, 236 Thinkstock/iStockphoto, 236 */Gino Santa Maria , 236 Thinkstock/iStockphoto, 236 */krimzoya46, 236 */sandis94, 236 */tsaplia, 236 */tigger11th, 236 */neirfy, 236 */bahrialtay, 237 */akekoksom, 238 Thinkstock/iStockphoto, 238 Thinkstock/ iStockphoto, 238 */Sergiogen, 238 Thinkstock/iStockphoto, 238 */babimu, 239 */luckyo, 239 */RTimages, 239 */Africa Studio, 239 */ Africa Studio, 239 */luiscarceller, 239 */Neyro, 239 */kornienko, 239 Thinkstock/thinstock Ablestock.com @ Getty Images, 239 */ Mushy, 239 */maestria_diz, 239 Thinkstock/iStockphoto, 239 */U. Hardberck, 239 */Andreja Donko, 239 */koosen, 239 Thinkstock/ iStockphoto, 239 Thinkstock/Hemera @ Getty Images, 240 */Printemps, 240 */Africa Studio, 240 Thinkstock/iStockphoto, 240 */ shooarts, 240 */Vyacheslav Plyasenko, 240 */ rtranq, 240 Thinkstock/JupiterImages © Getty Images, 240 */Firma V, 240 */ronstik, 240 */lunamarina, 240 */iampuay, 240 */Kuzmick, 240 */marysa03, 241 Thinkstock/Fuse, 241 Thinkstock/Creatas Images, 241 Thinkstock/Fuse, 241 */Kzenon, 241 */nyul, 241 */Sergey Nivens, 241 */Nejron Photo, 242 */Robert Neumann, 242 */ratana_k, 242 */Marius Graf, 242 Thinkstock/iStockphoto, 242 */Unclesam, 242 */indigolotos, 242 */Birgit Reitz-Hofmann, 242 */fotomanu21, 242 */Hamik, 243 */Lichtmaler, 243 */Cmon, 243 Thinkstock/iStockphoto, 243 */DoraZett, 243 */NoName, 243 */RTimages, 243 */ avtor_ep, 243 Thinkstock/Comstock, 243 */Dan Race, 243 Thinkstock/Digital Vision/Ryan McVay, 243 Thinkstock/Ingram Publishing, 243 Thinkstock/iStockphoto, 243 */seen, 244 Thinkstock/Zoonar, 244 */donfiore, 244 Thinkstock/iStockphoto, 244 */eldadcarin, 244 */eldadcarin, 244 */Anja Roesnick, 244 */Anja Roesnick, 244 */Anja Roesnick, 244 */Africa Studio, 244 */Foto-Ruhrgebiet, 244 Thinkstock/Zoonar, 244 */eldadcarin, 244 */STUDIO12, 245 Thinkstock/iStockphoto, 245 */sergign, 245 */schoki_01, 245 */alecic-cotelli, 245 */Fyle, 245 */frank peters, 245 */Christer Tvedt, 246 */benjaminnolte, 246 Thinkstock/iStockphoto, 246 Thinkstock/Digital Vision/Alexander Hassenstein, 246 */Aleksandar Todorovic, 247 Thinkstock/iStockphoto, 247 */f9photos, 247 Thinkstock/iStockphoto, 247 */photocrew, 247 Thinkstock/iStockphoto, 247 */Aleksandar Todorovic, 247 */mikesch112, 247 */rangizzz, 247 */chulja, 247 Thinkstock/iStockphoto, 247 */pressmaster, 247 Thinkstock/iStockphoto, 247 */arnau2098, 248 */B. Wylezich, 248 */philipus, 248 */ Angus , 248 */od - pictureworks, 248 */bergamont , 248 */risto0, 248 */good full image, 248 */Coprid, 248 */f9photos, 248 */sss78, 248 */federicofoto, 249 */Africa Studio, 249 */Ljupco Smokovski, 249 */Danicek, 249 Thinkstock/iStockphoto, 249 */Alexey Potapov, 249 */ scphoto48 , 249 */tolism, 252 */CLIPAREA.com, 252 */CLIPAREA.com, 253 */CLIPAREA.com, 253 */CLIPAREA.com, 254 Thinkstock/ Zoonar, 254 Thinkstock/Hemera @ Getty Images, 254 Thinkstock/iStockphoto, 255 */mrgarry, 255 */turhanerbas, 256 */adimas, 257 */adimas, 258 */pixelcaos, 259 */3drenderings, 259 */3drenderings, 259 */3drenderings, 259 */3drenderings, 259 */3drenderings, 259 */3drenderings, 259 */arsdigital, 259 */pixelcaos, 260 */pixelcaos, 261 */pixelcaos, 261 */Diana Taliun, 262 */vectorus, 262 */ Lsantilli, 262 */Sven Bähren, 262 */Tyler Olson, 262 */GordonGrand, 262 */iStockphoto, 263 */reflektastudios, 263 */JPC-PROD, 263 */Robert Angermayr, 263 */silverrobert, 263 */Popova Olga, 263 */gradt, 264 */Alexander Raths, 264 */fhmedien_de, 264 */Creativa, 264 */ISO K° - photography, 264 */Sashkin, 264 */Africa Studio, 265 */Monkey Business, 265 */dalaprod, 265 */drubig-photo, 265 */ drubig-photo, 265 */vladimirfloyd, 266 */Africa Studio, 266 */iko, 266 */DoraZett, 266 */Creativa, 266 */Gina Sanders, 266 */Subbotina Anna, 266 */drubig-photo, 266 */Ocskay Bence, 266 */detailblick, 266 */Kurhan, 267 */Creativa, 267 */underdogstudios, 267 */ Dmitry Lobanov, 267 */rangizzz, 267 */Dan Race, 267 */Eisenhans, 267 */smikeymikey1, 268 Thinkstock/iStockphoto, 268 */Guido Grochowski, 268 */Dmitry Vereshchagin, 268 */HBK, 268 */treetstreet, 268 */Peter Atkins, 268 */Bandika, 268 */wckiw, 269 */ ksena32, 269 */Igor Mojzes, 269 */st-fotograf, 269 */Vidady, 269 */Maridav, 269 Thinkstock/iStockphoto, 269 Thinkstock/iStockphoto, 269 */Kondor83, 269 */Gelpi, 269 */Volker Witt, 269 */apops, 269 */juefraphoto , 269 */Joss, 270 */CandyBox Images, 270 */ alswart, 270 */hitdelight, 270 */unclepodger, 271 */Igor Zakowski, 271 */Rade Lukovic, 271 */draw05, 271 */blende40, 271 */ Kurhan, 271 */Jessmine, 271 */contrastwerkstatt, 271 */apops, 272 */Alexandr Mitiuc, 272 Thinkstock/iStockphoto, 272 */Tyler Olson, 272 */Africa Studio, 273 */malajscy, 273 */Gerhard Brée, 273 */ep stock, 273 */ksl, 274 */Gennadiy Poznyakov, 274 */Tobilander, 274 */malajscy, 274 */starman963, 274 */Jim Vallee, 275 */danutelu, 275 */spotmatikphoto, 275 */Robert Kneschke, 275 */Dmitry Vereshchagin, 275 */itsmejust, 275 */Robert Kneschke, 275 */WONG SZE FEI, 276 */Africa Studio, 276 */Africa Studio, 276 */ contrastwerkstatt, 276 */khuntapol, 276 */Coprid, 276 */Anatoly Repin, 276 */adisa, 276 */Borys Shevchuk, 276 */Manuel Schäfer, 276 */Nataraj, 277 */Gordon Saunders, 277 */seen, 277 */only4denn, 277 Thinkstock/Hemera, 277 */Coprid, 277 */blondina93, 277 */by-studio, 277 */Jiri Hera, 277 */Johanna Goodyear, 277 */Nazzu, 277 */Tharakorn, 277 */Tarzhanova, 277 */terex, 278 */Tatjana Balzer, 278 */Tyler Olson, 278 */Schlierner, 278 */Kzenon, 278 */modul_a, 278 */Nikki Zalewski, 278 */Khorzhevska, 278 */bertys30, 278 */Tran-Photography, 278 */Zdenka Darula, 278 */WONG SZE FEI, 278 */pearl, 278 */Taffi, 279 */Gennadiy Poznyakov, 279 */ ecobo, 279 */pukall-fotografie, 279 */goodluz, 279 Thinkstock/Dorling Kindersley RF, 279 Thinkstock/iStockphoto, 279 */Artem Merz-lenko, 282 */CandyBox Images, 282 */Roman Milert, 282 */Volker Witt, 282 */AK-DigiArt, 282 */Dario Lo Presti, 282 */benjaminnolte, 283 */Michael Schütze, 283 */brozova, 283 */Rodja, 283 Thinkstock/iStockphoto, 283 */cristi180884, 283 */Lisa F. Young, 284 Thinkstock/iStockphoto, 284 Thinkstock/Photodisc, 284 */VRD, 284 */Andre Bonn, 284 Thinkstock/iStockphoto, 285 */Lukas Sembera, 285 Thinkstock/liquidlibrary, 285 */marog-pixcells, 285 Thinkstock/iStockphoto, 285 */koszivu, 285 */Photographee.eu, 285 Thinkstock/ iStockphoto, 285 */Monkey Business, 285 */Photographee.eu, 285 */Gerhard Seybert, 285 */Artem Furman, 286 */Photographee.eu, 286 */ Pavel Losevsky, 286 */davis, 286 */Arcady, 286 */playstuff, 286 */beermedia, 286 */Lucky Dragon USA, 286 */Igor Kovalchuk, 287 */ Christa Eder, 287 */Svetlana Gryankina, 287 */creAtive, 287 */Berry, 287 */Maygutyak, 287 */WoGi, 287 */Tobboo, 287 */jogyx, 287 */rouakcz, 287 */Silvano Rebai, 288 */Fiedels, 288 */nupsik284, 288 */Birgit Reitz-Hofmann, 288 */Claudio Divizia, 288 */GP, 288

First edition for the United States of America and Canada published in 2015
by Barron's Educational Series, Inc., Hauppauge, NY.

© Copyright PONS GmbH, Stuttgart, Federal Republic of Germany, 2014

First published in German under the title, *Bildwörterbuch English Deutsch*.

All inquiries should be addressed to:
Barron's Educational Series, Inc.
250 Wireless Boulevard
Hauppauge, NY 11788
www.barronseduc.com

ISBN: 978-1-4380-0602-4

Library of Congress Control Number: 2014946938

31901055993325

Printed in Italy

9 8 7 6 5 4 3 2 1